Wer immer eine Mittelmeer-Kreuzfahrt unternimmt, wer die archaischen Städte und Stätten besucht und zu den berühmten Inseln der Zyklopen und Phäaken reist, der kreuzt auf den Spuren des Odysseus, der vor 4000 Jahren auf dem Weg in die Heimat so zahllose Abenteuer zu bestehen hatte.

Sieben Jahre lang folgte Ernle Bradford, englischer Archäonaut, in seinem Segelboot dem verschlungenen Kurs des »Listenreichen«: zu Circe und Kalypso, zu Scylla und Charybdis, vorbei an den lockenden Sirenen zu den Gestaden und Inseln des Lichts... Was er alles fand und erlebte, was er aufs erstaunlichste bei Homer bestätigt fand und was an eigenen Abenteuern und Bildungserlebnissen hinzukam, das hat Bradford in diesem spannenden und liebenswürdigen Reiseführer dargestellt. Entstanden ist ein prächtiger Begleiter, der besser als viele andere Lektüre die Gegenwart mit lebendiger Geschichte durchtränkt.

insel taschenbuch 2508

Ernle Bradford

Reisen mit Odysseus

REISEN MIT ODYSSEUS

Zu den schönsten Inseln,

Küsten und Stätten

des Mittelmeers

Von Ernle Bradford

Aus dem Englischen

von Fritz Güttinger

Insel Verlag

insel taschenbuch 2508
Erste Auflage 1999
Insel Verlag Frankfurt am Main und Leipzig 1999

Lizenzausgabe mit freundlicher Genehmigung
des Scherz Verlags, Bern und München

Hinweise zu dieser Ausgabe am Schluß des Bandes
Vertrieb durch den Suhrkamp Taschenbuch Verlag
Umschlag nach Entwürfen von Willy Fleckhaus
Satz: Hümmer GmbH, Waldbüttelbrunn
Druck: Nomos Verlagsgesellschaft, Baden-Baden
Printed in Germany

1 2 3 4 5 6 – 04 03 02 01 00 99

INHALT

VORWORT

Den Freunden großer Dichtung sowie den Altphilologen mag dieses Buch als ein überflüssiger Kommentar zur »Odyssee« vorkommen. In gewissem Sinn ist es allerdings überflüssig, die Fahrten des Odysseus auf der Karte nachzeichnen zu wollen, wo doch jedermann es von jeher zufrieden war, die »Odyssee« als reine Fabel zu lesen. Anderseits mag bei einem so unvergänglichen Denkmal jeder, auch der geringfügigste Zuwachs an Kenntnis seinen Sinn haben. Zwar kann man füglich behaupten: »Dichtung sollte nach der Mitte streben, nicht von der Mitte weg; sie hat es nicht mit Höhlen in Kaschmir oder Upasbäumen auf Java oder Schlupfwinkeln in den Sümpfen Floridas zu tun, sondern mit dem, was allen Menschen gemeinsam ist.« (John Livingston Lowes, *»The Road to Xanadu«*.) Derselbe Schriftsteller fährt dann jedoch fort: »Das ist eine beherzigenswerte Einstellung. Sie bedarf aber der Ergänzung. Welches Meer umspülte die gestaltlosen Gestade, die Kirke und Kalypso beherbergten, und auf welcher Karte ist Prosperos Insel verzeichnet? Auch das sind Fragen, die ihre Berechtigung haben.« – Ich finde, es kann nichts schaden, nach einem wohlbehüteten Gerippe zu suchen, mag auch der Schrank, in dem es verborgen ist, noch so prunkvoll sein. Ich habe Korallengebilde gesehen, die das Gerippe alter Schiffe umkleideten, staunte aber nicht weniger über die Schönheit der Korallen, auch wenn ich das Holzwerk und Stahlgerüst gefunden hatte, das von den Polypen überkrustet worden war.

Meine Suche nach Odysseus begann vor langer Zeit. In Alexandrien hat sie angefangen. Ich war damals gerade neunzehn und Matrose geworden, stolz darauf, eine Uniform und Erkennungsmarke zu besitzen und zur Bedienungsmannschaft eines Geschützes zu gehören, als ich zum erstenmal die Averoff-Bar in der Nähe des Mehemet-Ali-Platzes betrat und Andreas kennenlernte. Manchmal frage ich mich, wie es ihm wohl seit 1941 ergangen sein mag. Damals muß er zwischen dreißig und vierzig gewesen sein. Er war etwa einsachtzig groß, wirkte aber infolge seines Wanstes eher kleiner; sein dunkler, aufgezwirbelter Schnurrbart verriet, daß er zu den Schürzenjägern von altem Schrot und Korn gehörte. Er stützte gerade seinen Wanst auf die Marmorplatte der Theke, als ich ihn zum erstenmal sah, und schlürfte ein Glas Zibib.

Ich war damals noch nicht lange genug der Schulbank entrückt, um nicht unter dem nachwirkenden Einfluß all des Gelernten zu stehen. Für mich bedeutete Alexandrien noch immer die Stadt des großen griechischen Eroberers. Was die Franzosen, Engländer und Ägypter im 19. Jahrhundert daraus gemacht hatten, war für mich kaum vorhanden. Alexandrien, das war etwas Sagenhaftes und Geheimnisvolles – Antonius und Kleopatra, der Stier des Serapis, die Pompejussäule, bärtige Anachoreten, der Leuchtturm auf Pharos, und eine Ahnung von unendlich verfeinerter Liebeskunst. Ich brannte darauf, mein erst kürzlich in der Oberprima erworbenes Altgriechisch in eine Sprache umzuwandeln, die sich in dieser Stadt, in welche ich verschlagen worden war, praktisch verwenden ließ. Es war lediglich dieser Wunsch, meine nagelneuen Kenntnisse an den Mann zu bringen, was mich veranlaßte, Andreas mit »Kalispera« zu begrüßen.

Nach einem angenehm verbrachten Abend begab ich mich mit einer Mietdroschke zum Hafen hinunter, wo ich das Libertyboot erreichte, das mich an Bord brachte, während ich der quirlenden Kielspur nachschaute, bis sie sich in dem schmuddlig-schaumigen Gewässer verlor. Im Boot war das Rauchen verboten, doch bevor ich mich an Bord in die Hängematte legte, steckte ich mir eine Papastratos an, die Andreas mir geschenkt hatte. Ihr heller strohfarbener Rauch erfüllte die Luft in dem Gang, wo ich schlief, mit seinem Aroma. Als Matrose hatte ich damals nur wenig Bücher mit. In dem Halter, der die Beleuchtungskabel über meinem Kopf trug, war meine ganze Bibliothek verstaut. Andreas hatte von Odysseus gesprochen. So langte ich denn nach dem ersten Band einer zweisprachigen Ausgabe der »Odyssee« und hielt ihn mir in der schwankenden Hängematte vor die Augen. (Eine sachte Dünung stand nach dem tagelangen Nordwind noch in den Hafen herein.)

Damals brauchte ich die Übersetzung nicht so oft heranzuziehen wie heute, und ich gefiel mir in dem Gedanken, dadurch, daß ich die Sprache der Griechen verstand, noch immer Zugang zu einem gesunden Menschenverstand zu haben, wie er all dem, was ich täglich in meiner eigenen Sprache las, längst abhanden gekommen war. Andreas hatte Homer nie gelesen, doch die Geschichte von Odysseus kannte er nahezu auswendig. Das war weiter nicht verwunderlich; in den griechischen Schulen spielt der homerische Held nämlich eine ähnliche Rolle wie in den englischen Alfred der Große oder in Amerika Abraham Lincoln.

Andreas hatte von Odysseus als einem »gerissenen Kerl« gesprochen, einem griechischen Pantagruel gewissermaßen. Diese Auffassung war mir damals noch nicht geläufig. Andreas betrachtete ihn als schlauen Drückeberger, nicht als Helden. Für ihn war Odysseus der Grieche, der sich in Alexandrien noch über Wasser halten könnte, lange nachdem alle andern pleite gegangen waren, die Krämerseele mit dem Daumen auf der Waagschale, der es auf die Mädchen abgesehen hatte und in einer dunklen Hintergasse sein Messer zu gebrauchen wußte, gleichzeitig aber in wesentlichen Fragen, weiß der Himmel wieso, meistens Treu und Redlichkeit – oder war es Konsequenz? – aufbrachte.

Von jenem Augenblick an wurde mir Odysseus zum Leidensgefährten. Mit ihm im Seesack lebte ich auf demselben Meer und unter ähnlichen Verhältnissen, wie er sie gekannt hatte. Sogar als ich selber ein kleiner König wurde – Navigationsoffizier eines Zerstörers – und die Ohren unverstopft lassen konnte, während die Leute an den Riemen den Sirenengesang nicht hören durften, auch da noch begleiteten mich stets die beiden hellgrünen Bände der zweisprachigen »Odyssee«. Vom Seesack des Matrosen in den zerbeulten Koffer des Offiziers gewandert, zogen sie mit mir nach Sizilien und Kreta, nach dem Dodekanes, nach Lemnos weit im Norden des Ägäischen Meers. Sie zogen nach Malta und Sardinien, nach den Äolischen Inseln, und immer wieder durch jene Meerenge, wo Skylla und Charybdis gegen die Kraft eines Zerstörers nichts ausrichten konnten.

Indessen war es Andreas gewesen, der mir gewissermaßen den Zugang zum Menschen hinter den Sagen erschlossen hatte. Es war Andreas, der an jenem heißen Nachmittag an der kleinen Theke stand und sagte: »Meine Mutter stammte von Ithaka, weißt du.«

Wenn man im Alter von neunzehn Jahren mit der »Odyssee« im Seesack das Mittelmeer befahren hat, und wenn man dann in seinen Zwanziger- und Dreißigerjahren aus freien Stücken zu demselben Meer zurückgekehrt ist, immer noch mit demselben Buch im Fach am Fußende der Koje, dann ist es nicht erstaunlich, daß man sich nachgerade fragt, ob einiges daran nicht auf Tatsachen beruhen könnte. Vor allem ist das der Fall, wenn man die Erfahrung macht, daß die Dichtung sich streckenweise wie ein Tatsachenbericht zu lesen scheint.

Zwischen 1950 und 1960 verbrachte ich die meiste Zeit auf dem Mittelmeer, wobei das größte Fahrzeug, das ich mein eigen nannte, ein alter Kutter von 20 Tonnen war und das kleinste eine Schaluppe von 7 Tonnen. Einmal, während ich den mittleren und östlichen Teil des Mittelmeers befuhr, verbrachte ich im Laufe von zweieinhalb Jahren nur fünf Nächte an Land. Ich habe dieses Meer, und dabei auch die »Odyssee«, gründlich kennengelernt, fast so gründlich wie die Seekarten, die mich durch die Straße von Messina brachten oder über das Ionische Meer nach den Inseln und Ithaka. Im Laufe meiner Fahrten bin ich zu bestimmten Erkenntnissen gekommen, was Homers Geographie und die Seemannschaft des Odysseus anbetrifft.

Es zeugt wohl von der Lebenskraft des Homerischen Helden, daß solch scheinbar entlegene Dinge jemanden sogar noch im 20. Jahrhundert beschäftigen können, zu einer Zeit, wo die Weltraumschiffahrt Tatsache geworden ist. Ein künftiger Odysseus ist wohl bereits geboren. Man kann nur hoffen, daß er wieder zu seinem Ithaka zurückstreben wird, statt den Trümmern eines Troja zu entfliehen, das die ganze Erde umfaßt. Jedenfalls wird er von Glück sagen können, wenn die Geschichte seiner Fahrten dereinst so geschildert wird, daß man sie noch 3000 Jahre nach seinem Tode liest.

Es war jedoch Andreas, »dessen Mutter von Ithaka stammte«, der für mich den Helden zum erstenmal aus der Welt dichterischer Erfindung heraushob und ihn mit beiden Füßen in die des Mittelmeers hineinstellte, wie es heute noch vorhanden ist. Schon aus diesem Grund schulde ich ihm vor allen andern großen Dank.

E. B.

STAMMBAUM

Als die Griechen zu ihren langen, dunklen Schiffen hinunterkamen, während hinter ihnen die Trümmer Trojas verglommen, war Odysseus ein Mann mittleren Alters. Wieviel Jahre er zählte, weiß man nicht genau; über dergleichen Einzelheiten ist Homer erhaben. Dagegen weiß man, daß Odysseus in seinem Inselreich eine Frau und einen jungen Sohn zurückgelassen hatte und zehn Jahre lang an der Belagerung Trojas beteiligt gewesen war. Er sollte weitere neun Jahre lang im Mittelmeer unterwegs sein, bis es ihm vergönnt war, seine Heimat wiederzusehen. Und doch geht aus seinem Verhalten bei der Landung auf Ithaka hervor, daß der Heimkehrer Odysseus ein Mann in den besten Jahren war; dafür spricht schon die Energie, mit der er sich an denen rächte, die sein Reich zugrunde gerichtet hatten. Bekannt ist auch, daß sein Vater, Laertes, noch lebte, als Odysseus heimkehrte; er wird zwar als ein alter Mann bezeichnet, aber ein »alter Mann« dürfte damals kaum viel älter als sechzig gewesen sein.

Als Odysseus nach Ithaka zurückkehrte, war er wahrscheinlich in den Vierzigern. Zur Zeit, als Troja fiel, wird er ungefähr dreißig bis fünfunddreißig Jahre alt gewesen sein. Er war Herrscher über ein kleines Reich, das er zehn Jahre lang nicht mehr gesehen hatte, und sehnte sich wie alle andern Griechen danach, den Krieg hinter sich zu bringen und sich wieder der Verwaltung seiner Insel zuzuwenden

Wer aus einem Krieg zurückkommt, wird zunächst

nach seinen Leistungen im Felde eingeschätzt. Binnen kurzem wird dann unweigerlich ein anderer Maßstab angelegt, so daß sich der Kriegsheld im Frieden oft als ein Versager erweist. Doch zuerst kann man den Heimkehrer nur danach beurteilen, wie er sich als Kämpfer verhalten hat. Odysseus, der für seine Irrfahrten zur See bekannt werden sollte, hatte sich vorher bei seinen Zeitgenossen in anderer Hinsicht einen Namen gemacht. Der Ruf, den er sich im Krieg erworben hatte, war höchst bemerkenswert und unterschied sich sehr von dem eines Ajax oder Achill. Die Göttin Athene, wenn sie sich in den für Odysseus schmeichelhaftesten Ausdrükken ergeht, spricht von ihm nicht als »beherzt« oder »kampfesmutig«, sondern als »listenreich« und »erfinderisch«.

Manchmal gibt die Abstammung eines Menschen eine Erklärung für sein Tun und Treiben. In andern Fällen ist das Herkommen tüchtiger und genialer Köpfe in Dunkel gehüllt, so daß sie niemand etwas zu verdanken scheinen. Nun heißt es allerdings, es könne einer von Glück sagen, wenn er seinen Vater kenne, und wenn die wahre Abstammung der Großen immer bekannt wäre, würde sich manche scheinbar unerklärliche Begabung als erbliche Veranlagung herausstellen. Der Stammbaum des Odysseus ist durch frühe Quellen und klassische Scholien verhältnismäßig gesichert. Wenn sich je aus dem Herkommen auf Charakter und Lebensgestaltung eines Menschen schließen ließ, dann bei Odysseus.

Sein Vater war Laertes, der König von Ithaka, und seine Mutter hieß Antikleia. Die Abstammung eines Menschen kann nur durch die mütterliche Linie mit einiger Sicherheit verfolgt werden, und Antikleia erfreute sich bei den Ahnenforschern des Altertums nicht eines durchweg makellosen Rufes. Es gab welche, die behaupteten, sie habe sich mit Sisyphus eingelassen, bevor sie Laertes heiratete. Odysseus wird deshalb gelegentlich als »der Sohn des Sisyphus« bezeichnet. Nun war Sisyphus jener König von Korinth, der als Förderer von Schiffahrt und Handel berühmt war, gleichzeitig aber als geizig, betrügerisch und treulos galt. Dieser letzteren Eigenschaften wegen wurde er dazu verdammt, im Hades einen schweren Felsblock eine Anhöhe hinaufwälzen zu müssen, der ihm jeweils kurz unter dem Gipfel immer wieder mit Donnergepolter entglitt. Als Erzeuger des listenreichen Odysseus ist Sisyphus durchaus denkbar. Dennoch kann wohl Antikleias Ruf geschont werden; Laertes selber kam nämlich aus einem ebenso aufschlußreichen Stall. Wichtig sind aber vor allem die Vorfahren der Mutter.

Der Charakter des Odysseus wird zum großen Teil enträtselt, wenn man bedenkt, daß seine Ahnen mütterlicherseits höchst ungewöhnlich waren. Seine Mutter war die Tochter des Erzgauners der Antike, einer beinahe sagenhaften Gestalt, deren Meisterstreiche in späteren Jahrhunderten zum Teil auf Odysseus übertragen wurden. Dieser Großvater mütterlicherseits war Autolykos. Er wohnte am Parnaß, und sein Name bedeutet »der wahre Wolf«. Von diesem seinem Großvater leitet sich Odysseus' eigener Name her.

Der Name, den er bei Homer führt, Odysseus (in Anlehnung an *odyssomai*, zürnen), paßt nicht schlecht auf einen Mann, dem es beschieden war, in der Rolle eines

Rächers aufzutreten. Im Westen, namentlich im volkstümlichen Sprachgebrauch, hieß er allgemein Olysseus, woraus lateinische Schriftsteller dann Ulysses machten. Nun ist auch der Name Olysseus, wie der seines Großvaters mütterlicherseits, von dem griechischen Wort für »Wolf« *(o lykos)* abgeleitet. Während Autolykos »der wahre Wolf« ist, bedeutet Olysseus einfach »der Wolf«. Ein wölfischer Einschlag zeigt sich denn auch in manchen der Geschichten von unserem Helden. Odysseus war aber auch bekannt für seine Zungenfertigkeit. Das wird bei Homer deutlich genug, und später hat Ovid es erneut festgestellt: »Ulysses war nicht schön, doch war er beredt.«

Bezeichnend ist auch, daß Autolykos, »der wahre Wolf«, als Sohn des Hermes und der Nymphe Chione galt. Die Griechen gingen wirklich mit einer schönen Folgerichtigkeit vor, wenn sie Stammtafeln aufstellten, auch wenn diese in sagenhafte Urzeit zurückreichten. Der listenreiche Held hat einen berüchtigten Gauner zum Großvater, und sein Urgroßvater ist gar Hermes selber, der Gott der List und Lüge. Dieser Hermes hat nicht viel mit dem später klassischen Gott zu tun, dem Götterboten und Seelenführer; er galt als Schutzheiliger der Diebe und Betrüger. Die Nymphe Chione, die ihm den Autolykos gebar, war berühmt für ihre Schönheit. Mit der Anmaßung, die Schönheit mit sich bringt, war sie später unbedacht genug, sich mit der Göttin Artemis zu vergleichen, von der sie sogleich umgebracht wurde. Weiter zurück als bis zu Hermes braucht man die Abstammung des Odysseus nicht zu verfolgen, es sei denn, man stelle noch fest, daß Hermes ein Sohn des Zeus und der Nymphe Maia war, die von Zeus in einer Grotte auf dem Berg Kyllene in Arkadien vergewaltigt wurde.

Wenn die Vorfahren mütterlicherseits klarmachen, woher Odysseus seine Verschlagenheit, Zungenfertigkeit und moralische Laxheit hatte, sind es diejenigen väterlicherseits, die erklären, wie er zu seinen seemännischen Tugenden kam. Laertes, sein Vater, gehörte nämlich zum Geschlecht der Könige von Argos. Väterlicherseits war Odysseus also mit Haus und Geblüt des bedeutendsten Königreichs auf dem Peloponnes verwandt. Selber herrschte er nur über eine kleine Insel, aber seine verwandtschaftlichen Beziehungen lassen es als begreiflich erscheinen, wieso er zum Befehlshaber der zwölf Schiffe wurde, die von den Ionischen Inseln aus gegen Troja zogen.

Nicht nur, daß Laertes von den Königen von Argos abstammte, ist in diesem Zusammenhang erheblich; er war auch einer der letzten noch lebenden Argonauten und hatte Jason auf der Suche nach dem Goldenen Vlies begleitet. Nun galt die »Argo« als das erste Kriegsschiff, das je gebaut wurde, und die Männer, die mit ihr segelten, sollten für die Griechen später alle zu Helden und Halbgöttern werden. Laertes hatte an der größten Abenteuer- und Entdeckungsfahrt teilgenommen, die man damals kannte, und galt mit Recht als Pionier unter den Seeleuten des Altertums. Er verdient es, einen Odysseus zum Sohn zu haben. Aus diesem Grund gehe ich über die üble Nachrede der alten Scholiasten hinweg, die behaupten, seine Frau Antikleia habe ihm den unehelichen Sohn, den sie von Sisyphus hatte, als seinen eigenen angedreht. Der Überlieferung zufolge hatte Odysseus vom Vater her königliches Seefahrerblut in den Adern und einen gewalttätigen und etwas gaunerhaften Einschlag (wenn auch göttlichen Ursprungs) von seiten seiner Mutter.

JUGENDJAHRE

Odysseus war kurzbeinig und rothaarig. Wahrscheinlich hatte er auch ein rotes Gesicht und hinkte ein wenig. Er trug einen kecken krummen Spitzbart von der Art, die bei den Griechen *pogon* hieß – ein Wort, das aus leicht ersichtlichen Gründen auch auf gewisse Halbinseln angewandt wurde. Er war breitschultrig und muskulös und kam wahrscheinlich mit dem schlingernden Gang dessen einher, der lange Jahre auf See zugebracht hat.

Es läßt sich kaum jemand denken, der weniger dem Bild des blonden griechischen Helden mit edlen Gesichtszügen entspricht, wie man ihn sich gemeinhin vorstellt. Ein großer Liebhaber wie Nelson, hatte er wenig von dessen feinem Wesen. Er war kein wissenschaftlicher Erforscher des Seewesens wie der Portugiese Prinz Heinrich der Seefahrer, auch war er kein Kostverächter. Dem Aussehen nach glich er wohl am ehesten Sir Francis Drake, seinem Naturell nach eher John Paul Jones; doch ist anzunehmen, daß er bei Katharina der Großen erfolgreicher gewesen wäre als der amerikanische Seeheld, hätte er dessen Gelegenheiten gehabt.

Über die frühen Jahre des Odysseus ist wenig bekannt; das erste, was man von ihm erfährt, ist, daß er an den Hängen des Parnaß von einem wilden Eber verwundet wurde. Der Vorfall spielte sich ab, als Odysseus seinen Großvater Autolykos auf dem Festland besuchte. Auf der Jagd wurde Odysseus von einem Eber angefallen und am Oberschenkel verletzt. Die Narbe blieb ihm bis an sein Lebensende.

Obwohl ein solches Mißgeschick nichts Unwahrscheinliches hat, steckt vielleicht doch mehr dahinter als ein bloßer Jagdunfall. Bringt er Odysseus nicht in Zusammenhang mit Gottheiten des Ostens, mit Tammuz, Adonis und dem kretischen Zeus? Alle wurden sie von einem Eber angefallen und tödlich verwundet. Die Geschichten sind phönizischen Ursprungs und scheinen auf den sagenhaften »Jahrgott« zurückzugehen, dessen Tod jeweils nach der Erntezeit erfolgte. Es war ein urzeitlicher Kult, bei dem der heilige König der Erd-Mutter als Opfer dargebracht wurde. Man denke an den Besuch des Odysseus in der Unterwelt, eine der wenigen Episoden, die sicher nicht auf geschichtlicher Grundlage beruhen, sondern ebenfalls aus einer früheren Quelle in die Dichtung hineingeraten sind. Die Oberschenkelwunde deutet auf eine Gleichsetzung mit dem Gott des Jahres hin. Aus diesem Grunde ist die Auffassung vertreten worden, Odysseus sei nichts anderes als ein Sonnengott, und die Geschichte seiner Wanderschaft entspreche den Sagen, in denen dieser die zwölf Monate durchläuft. Einiges aus diesem Sagenkreis mag sich an die Gestalt des Odysseus geheftet haben; trotzdem bin ich überzeugt, daß es Odysseus als Menschenwesen gegeben hat. Seine Wanderungen lassen eine einfache geographische Auslegung zu.

Autolykos sorgte für seinen Enkel, bis dessen Wunde verheilt war, und schickte ihn dann mit Geschenken beladen nach Hause. Von Autolykos erhielt Odysseus den Namen, den er bei Homer führt (»der Zürnende« – »gegenwärtig bin ich nämlich voller Zorn auf viele«, erklärte er). Der Name verdankt seine Entstehung also, wie das damals oft vorkam, einer Augenblicksregung. Odysseus selber scheint nicht von aufbrausender Gemütsart gewesen zu sein; jedenfalls war er meistens klug genug, seine Gefühle zu verheimlichen. Vielleicht war sein rotes Haar schuld daran, daß ihm ein aufbrausendes Wesen zugeschrieben wurde, stehen doch Rotschöpfe heute noch im Ruf, leicht in Zorn zu geraten. Als ich mich in Sizilien aufhielt, wo sich – was im Süden auffällt – gelegentlich Rothaarige finden, konnte ich feststellen, daß sie allgemein als gewalttätig galten.

Als für Odysseus die Zeit kam, ans Heiraten zu denken, schickte ihn sein Vater nach Sparta, wo der dortige König, Oibalos, eine Enkelin im heiratsfähigen Alter hatte. Es war nur natürlich, daß es Laertes bei seiner argivischen Abkunft wünschenswert erschien, eine Verbindung seines kleinen Inselreichs mit dem mächtigen Sparta herzustellen.

Die Enkelin des Oibalos hieß Penelope. Nach anderen Erzählungen, zum Beispiel der von Atalante, zu schließen, war es damals offenbar üblich, einen sportlichen Wettkampf abzuhalten, um festzustellen, wer die Hand einer jungen Schönen erringen sollte. Bei Penelope geschah dies in der Form eines Wettlaufs durch eine der Straßen von Sparta; Sieger war Odysseus. Mißgünstige Kommentatoren haben später behauptet, es habe sich um eine abgekartete Sache gehandelt, da ein Onkel der Penelope eine Vorliebe für Odysseus gehabt habe.

Penelope wurde jedenfalls Odysseus angetraut, in Sparta, und das Paar traf Vorkehrungen zur Heimreise. Penelopes Vater, Ikarios, trennte sich jedoch ungern von seiner Tochter und bat Odysseus, in Sparta zu bleiben.

Odysseus indessen hatte von der heißen Talebene des Eurotas bereits genug und sehnte sich zweifellos nach seiner felsigen Insel, wo von Norden her ein kühler Wind wehte. Im Augenblick der Abreise kam es zu einem typischen Familienzwist; Odysseus hatte nämlich gerade die Pferde angespannt, als Ikarios eine letzte flehentliche Aufforderung an seine Tochter richtete. Ungehalten über die Verzögerung und im Bewußtsein, daß eine Frau wissen möchte, wer Herr im Haus ist, wandte sich Odysseus an Penelope und sagte: »Entschließe dich! Komm entweder mit nach Ithaka, oder bleibe in Sparta bei deinem Vater!«

Penelopes Antwort bestand darin, daß sie ihr Gesicht mit dem Schleier bedeckte, um ihr Erröten zu verbergen, und damit ihrem Vater zu verstehen gab, daß sie mit ihrem Gatten zu ziehen gedenke. Ikarios fand sich wohl oder übel mit dem Verlust seiner Tochter ab und errichtete ihr sogar ein Denkmal, das eine junge, verschleierte Frau darstellte. Diese Statue, bekannt als Standbild der Züchtigkeit, wurde zu einem Wahrzeichen Spartas, über das sich auch der griechische Reiseschriftsteller Pausanias geäußert hat, der die Stadt im zweiten nachchristlichen Jahrhundert besuchte. Die jungen Eheleute kehrten nach Ithaka zurück, wo sie sich als Thronanwärter im Palast der Eltern des Odysseus, Laertes und Antikleia, häuslich einrichteten. Nach einiger Zeit brachte Penelope einen Knaben zur Welt. Er wurde Telemachos genannt, das heißt Fernkämpfer, ein prophetischer Name für einen, dem es bestimmt war, seinem Vater im Kampf gegen Penelopes Freier beizustehen.

Ungefähr um 1200 v. Chr. wurde Troja nach einer zehnjährigen Belagerung geplündert und niedergebrannt. »Am Anfang des 12. Jahrhunderts, gleichzeitig mit dem Zusammenbruch des Hethiterreichs und dem Vordringen der Raubfahrer gegen Ägypten, wurde die Stadt VIIa durch Feuer zerstört... Archäologisch deutet nichts darauf hin, daß die Zerstörung Trojas durch die Griechen eine spätere Erdichtung gewesen sei; im Gegenteil, sie steht als geschichtliches Ereignis fest, das zu einer Zeit stattfand, als Griechen und Trojaner miteinander verkehrten... Daß der Untergang Trojas auf antiker Überlieferung beruht, ist unbezweifelt; nach dieser wird die Zerstörung der Stadt einem Zusammenschluß von Griechen des Festlandes und einiger Inseln zugeschrieben, und das wurde von den Griechen allezeit für wahr gehalten. Eine anderslautende Überlieferung besteht nicht« (H. L. Lorimer).

Gegen 1200 v. Chr. verheiratete sich also Odysseus mit Penelope und wohnte mit ihr auf Ithaka. Sicher wurde damals unter den Griechen ausgiebig darüber gesprochen, ob es ratsam sei, Troja anzugreifen. Odysseus mag davon gehört haben, als er in Sparta weilte. Ob die Entführung der Helena geschichtlich war oder nicht, bleibe dahingestellt; der Angriff auf Troja und dessen Zerstörung ist jedenfalls Tatsache, und die Gründe dafür sind nicht weit zu suchen.

Die Stadt Troja, südlich der Dardanellen auf dem kleinasiatischen Festland gelegen, beherrschte den Handelsweg zwischen dem Ägäischen Meer, dem Marmarameer und dem Schwarzen Meer. Dieser Schiffahrtsweg war für die Griechen wichtig, und solange Troja ihnen gegenüber freundlich eingestellt war, stand alles zum besten. Sobald jedoch Troja sich feindselig verhielt und die Einfahrt in die Dardanellen zu sperren drohte, wurde der Krieg unvermeidlich. Möglicherweise haben die Trojaner damit gedroht, vom Durchgangsverkehr eine Gebühr zu erheben, oder eine bestehende Gebühr zu erhöhen; vielleicht wollten die Griechen auch bloß einer solchen Bedrohung ihres Handelswegs zuvorkommen. Jedenfalls wurde die Frage eines Angriffs auf Troja in den Jahrzehnten vor 1200 v. Chr. unter den Königen von Argos, Mykene und ihren Lehnsherren bestimmt erörtert. Schließlich fielen die Würfel, und Agamemnon, der König von Mykene und der mächtigste Herrscher in Griechenland, entschied sich für den Krieg. Er suchte sämtliche Lehnsfürsten auf, die ihm Beistand schuldeten, um ihre Beteiligung mit einer entsprechenden Anzahl bemannter Schiffe zu erwirken.

Unter denen, die Agamemnon aufsuchte, befand sich auch Odysseus, der bereits im Ruf besonderer Tapferkeit und Geschicklichkeit stand, so daß er bei jedem Heereszug begehrt sein mußte. Nun war ihm aber geweissagt worden, falls er in den Krieg gegen Troja ziehe, werde er erst nach zwanzig Jahren wieder in die Heimat gelangen, und zwar allein und mittellos. Für einen jungen Mann, glücklich verheiratet und Regent eines Inselreiches, hatte diese Aussicht begreiflicherweise nichts Verlockendes. Sobald ihm zu Ohren kam, Agamemnon sei zusammen mit seinem Bruder Menelaos und mit Palamedes, dem Sohn des Königs von Euböa, gelandet, um sich seines Beistandes zu versichern, war ihm klar, daß er mit ihrem Krieg nichts zu schaffen haben wollte.

Aus gesundheitlichen Gründen konnte er sich dem

Kriegsdienst nicht entziehen; er war in jeder Hinsicht tauglich. So verfiel er auf den Gedanken, sich verrückt zu stellen. Als Agamemnon und sein Gefolge den Palast verließen, nachdem man ihnen gesagt hatte, Odysseus sei draußen beschäftigt, bot sich ihnen ein seltsamer Anblick. Der Mann, den sie suchten, der künftige Herrscher über Ithaka und die umliegenden Inseln, war dabei, den Sandstrand zu pflügen. Gekleidet wie ein Bauer, mit einem alten, kegelförmigen Hut auf dem Kopf, stapfte er hinter einem Pflug her, den Sack eines Sämanns umgebunden. Das war schon befremdlich genug, aber dann fiel ihnen auf, daß das Gespann aus einem Esel und einem Ochsen bestand. Sie riefen ihn an, doch schien er sie nicht zu erkennen. Auch bemerkten sie, daß er nicht Saatkörner ausstreute, sondern grobes Salz. Sein Aussehen und Verhalten waren ganz das eines Geistesgestörten.

Palamedes, der wohl gemerkt hatte, daß nicht alle Griechen davon erbaut waren, in den Krieg ziehen zu müssen, verfiel nun auf eine List, die für uns unwillkürlich etwas Salomonisches hat. Er nahm der Penelope, die in der Nähe stand, den kleinen Telemach aus den Armen und legte ihn unmittelbar vor dem anrückenden Gespann auf den Boden. Sogleich zügelte Odysseus die Tiere, um ein Unglück zu verhüten, und hob seinen kleinen Sohn auf, wodurch er sich verriet. Nun konnte er seine Teilnahme an dem Kriegszug nicht länger verweigern. Palamedes mag auf den Stockzähnen gelächelt haben, wenn er dachte, wie er den jungen Schlaukopf überlistet hatte. Er ahnte nicht, wie fürchterlich die Rache des Odysseus ausfallen werde.

Drei Inseln (Dulichion, Same und Zakynthos, das heutige Zante) standen unter der Oberhoheit des Odysseus. Von diesen und von Ithaka rüstete er zwölf Schiffe aus, mit Mannschaft und Kriegsvolk. Ein Held wider Willen, lief er mit seinem Geschwader nach Süden aus, umschiffte das Vorgebirge Malea an der Südspitze des Peloponnes und zog nach Aulis, dem Hafen an einer Bucht des Euripos, wo sich die griechische Flotte zur Fahrt gegen Troja sammelte.

Während dieser Vorbereitungszeit geschah es, daß Odysseus von Agamemnon als Werber ausgesandt wurde. Die Ironie, die darin lag, ausgerechnet Odysseus eine solche Aufgabe zu übertragen, entging Agamemnon sicher nicht. Er bedachte wohl, daß keiner sich besser zum Werbeoffizier eignet als einer, der selber höchst ungern ausgezogen ist. Odysseus, sagte er sich, werde schon dafür sorgen, daß keiner sich drückt, wo ihm das doch selber nicht gelungen war.

Merkwürdigerweise gehörte auch Achilleus, der größte der griechischen Helden, zu denen, die sich der Teilnahme am Krieg entziehen wollten. Seine Mutter, Thetis, hatte erfahren, daß ihm entweder großer Ruhm bei frühem Tod oder ein langes, aber unrühmliches Leben beschieden sein werde. Mit dem angestammten Wirklichkeitssinn der Frau war sie zum Schluß gekommen, ein langes, wenn auch bedeutungsloses Leben sei einem frühen Tod vorzuziehen. Dementsprechend hatte sie es eingerichtet, daß Achilleus, als Mädchen verkleidet, sich unter den Frauen am Hofe des Königs von Skyros versteckte.

Die Insel Skyros liegt etwa zwanzig Meilen östlich von

Euböa, und es kam Odysseus bald zu Ohren, daß sich Achilleus dort im Königspalast verborgen halte. Die Aufgabe, Achilleus zu entlarven, war jedoch nicht leicht, da Männer die Frauengemächer nicht betreten durften; auch wäre es unmöglich gewesen, unter den verschleierten und in wallende Gewänder gehüllten Gestalten diejenige des Achill zu entdecken. Während Nestor und Ajax, ebenfalls nach Skyros ausgesandt, noch unschlüssig waren, verstand es Odysseus, mit einem schlauen Einfall ans Ziel zu kommen. Lykomedes, der König von Skyros, gestattete ihnen, den Palast zu durchsuchen, wobei er ständig beteuerte, von dem Gesuchten nichts zu wissen. Als die Suche so ergebnislos verlief, wie Odysseus es erwartet hatte, entschuldigte er sich bei Lykomedes und bat gleichzeitig, für die Damen des Hofes ein paar Geschenke hinterlassen zu dürfen.

Reichverzierte Kleider, Schmuck, Parfüm und andere passende Dinge wurden in die Halle hereingebracht, und jede der Damen durfte sich etwas aussuchen. Seltsamerweise befand sich unter den Gaben auch ein Speer und ein Schild. Während die Damen nun herantraten, hielt sich Odysseus im Hintergrund. Da erscholl draußen auf ein verabredetes Zeichen hin ein Trompetenstoß. Die bewaffneten Gefolgsleute des Odysseus begannen Waffenlärm zu veranstalten, als drohe ein Überfall auf den Palast. Während nun die Frauen kreischend in ihre Gemächer flüchteten, sah man, wie eine von ihnen sich den Schleier herunterriß, den Oberkörper freimachte und nach dem Speer und dem Schild griff, die Odysseus vorsorglich bereitgelegt hatte. Achilleus war entlarvt. Es blieb ihm nichts anderes übrig, als sich dem Willen der

Götter zu fügen, die ihm ein kurzes, aber glorreiches Leben zugedacht hatten.

Den ganzen Krieg hindurch zeichnete sich Odysseus durch dergleichen Einfälle aus, während andere sich ausschließlich auf ihre Körperkraft verließen. Zwar fehlte es ihm keineswegs an Tapferkeit; Homer weiß viel von seinen Heldentaten zu erzählen, so viel, daß man sich manchmal fragt, wer nun der Held der »Ilias« sein soll, Achill oder Odysseus. Es war Odysseus, der das Palladium entwendete, das Schutzbild der Göttin Athene, auf dem die Sicherheit der Stadt beruhte. Es war Odysseus, der die Kriegslist mit dem trojanischen Pferd ausheckte. Er war es auch, der die verborgenen Helden daran hinderte, sich zu verraten, als Helena ihnen eine Falle stellen wollte.

Der Mann, wie er in der »Ilias« geschildert wird, ist eine der ungewöhnlichsten Heldengestalten der Literaturgeschichte. Der Dichter hat ihm nichts geschenkt, keine Warze noch sonst etwas. Deshalb wirkt Odysseus als Mann und Mensch viel glaubhafter als manche, die uns zeitlich näher stehen. Eine der unerfreulichsten »Warzen« ist die Rache des Odysseus an Palamedes. Durch einen bestochenen Diener ließ er einen Brief von Priamos, dem König von Troja, unter dem Bett des Palamedes verstecken, so daß dieser von den Griechen für einen Verräter gehalten und zu Tode gesteinigt wurde. Mit Odysseus war nicht zu spaßen, wie sich während seiner langen Irrfahrt bestätigte; er gehörte zu denen, die eine Kränkung nie verzeihen.

DAS SCHWARZE SCHIFF

Die Insel Tenedos liegt knapp drei Kilometer vor der Küste Kleinasiens. Zwischen der Insel und der Küste macht sich immer noch eine starke Strömung von den Dardanellen her bemerkbar, wie schon damals, als die Griechen von Troja aufbrachen. Tenedos (heute Bodscha Ada) ist eine der beiden türkischen Inseln im Ägäischen Meer. Sie ist von geringer Bedeutung und hat überhaupt geschichtlich Glück gehabt, insofern als sie im Kriegsgeschehen der Jahrhunderte kaum eine Rolle spielte, außer damals, als die Griechen den Anschein erwecken wollten, sie hätten die Belagerung von Troja aufgegeben. Nachdem sie auf Anweisung des Odysseus ihr Lager in Brand gesteckt und sich zu ihren Booten zurückgezogen hatten, als gäben sie sich geschlagen, ging ihre Fahrt nach Tenedos. Sie liefen bei Einbruch der Nacht aus, und am nächsten Morgen fanden die Trojaner das Lager verbrannt und verlassen; nur das rätselhafte hölzerne Pferd stand noch vor den Stadtmauern. Die Trojaner schauten aufs Meer hinaus; da aber von der feindlichen Flotte nichts mehr zu erblicken war, nahmen sie an, die griechischen Schiffe seien bereits unter der Kimm, auf der Fahrt nach Hause. Sie ahnten nicht, als sie das Pferd in die Stadt hineinschleppten, daß die griechische Flotte hinter dem niedrigen Rücken von Tenedos verborgen lag.

Es ist keine gebirgige Insel; die höchste Erhebung ragt kaum mehr als hundertzwanzig Meter empor. Allerdings war sie damals, wie die übrigen ägäischen Inseln, grün und mit Bäumen bestanden. Nicht ganz fünf Kilometer lang, bot sie an ihrer Südwestküste dennoch Ankerplatz für eine recht beträchtliche Flotte. Sie weist da zahlreiche größere und kleinere Buchten auf, wo Schiffe vor nördlichen Winden und der nach Süden setzenden Strömung geschützt sind. Da die Kriegslist mit dem hölzernen Pferd dem einfallsreichen Kopf des Odysseus entstammte, ist anzunehmen, daß er es war, der Agamemnon darauf aufmerksam machte, wo die Schiffe ungefährdet und außer Sicht ankern konnten. Nicht umsonst hatte Odysseus seine jungen Jahre auf den Ionischen Inseln verbracht, die bis ins 19. Jahrhundert den Seeräubern als Schlupfwinkel dienten. Es gab wohl nur wenig Griechen, die über Wind und Wetter besser Bescheid wußten als Odysseus, ebenso wie über geeignete Liegeplätze, wo Freibeuter sich versteckt halten und den günstigsten Zeitpunkt abwarten konnten.

In der Nacht, als Odysseus und die andern Griechen aus dem Bauch des Pferdes herausstiegen, um die Stadttore zu öffnen, ruderten Agamemnons Leute lautlos aus dem Hinterhalt bei Tenedos hervor. Sie setzten ihre Schiffe am Ufer auf Grund und unternahmen dann den letzten und siegreichen Angriff auf die schlafende Stadt des Feindes. Wahrscheinlich lag die griechische Flotte in der kleinen Bucht südlich der Yukyeri genannten Landspitze. Sie bildet für kleine Fahrzeuge immer noch einen guten Ankerplatz, mit sandigem, tangbewachsenem Grund und einem Ufer, das gegen Norden durch die Landzunge geschützt ist, auf der jetzt die Trümmer einer kleinen Festung sichtbar sind. Wenn auch der Küstenstrich sich im Laufe der letzten dreitausend Jahre etwas verändert haben mag, wird dies doch der Ort sein, wo die

griechische Flotte während der Belagerung von Troja lag. Die niedrige Landzunge bietet immer noch Schutz vor dem Wind und der Strömung, die hier nicht so stark ist. Draußen, in der Mitte zwischen Tenedos und dem Festland, entwickelt sie bis zu zweieinhalb Knoten Geschwindigkeit, was nicht ungefährlich ist für Schiffe, die unter Segel oder Riemen wohl kaum mehr als vier oder fünf Knoten gemacht haben.

Von diesem Strand aus schiffte sich Odysseus mit seinem Volk nach der Zerstörung Trojas ein. Hinter ihnen sah man noch die Stadt qualmen, deren Mauern ächzend in sich zusammensanken. Ein Südostwind wehte heiß vom Festland her, als sie die Steinklötze einholten, die ihnen als Anker dienten, und die Trossen loswarfen, mit denen die Schiffe an Uferfelsen festgemacht gewesen waren.

Zehn Jahre lang war Odysseus nun dazu verdammt, die gekrüllten Gewässer des Mittelmeers zu befahren, immer, jeden Morgen und jeden Abend, mit demselben Geruch von Salzwasser, Pechtanne und nassem Holz in der Nase. Selbst die Orte, an denen er unterwegs zurückgehalten wurde, waren nichts als kleine Ankerplätze unter Felsvorsprüngen, von denen aus das Meer immer sichtbar blieb. Sein Schiff, das ihm im Laufe der Jahre vertrauter wurde als andern ihr Haus, war nicht unähnlich den Fahrzeugen, mit denen in späteren Jahrhunderten die Wikinger die Nordsee und den Atlantischen Ozean überquerten und sogar bis in die warmen Gewässer um Sizilien vordrangen, wohin es nun Odysseus verschlagen sollte.

Im Gegensatz zu dem Schiff, das seinen Vater auf der

Suche nach dem Goldenen Vlies getragen hatte, ist für das Schiff des Odysseus kein Name überliefert. Manche Autoren, namentlich die Anhänger Samuel Butlers, haben das als Beweis dafür angeführt, daß der Verfasser (beziehungsweise die Verfasserin) der »Odyssee« nicht viel vom Seewesen verstand oder nicht viel dafür übrig hatte. Zu Unrecht; die Gewohnheit, den Schiffen einen Namen zu geben, ist nämlich verhältnismäßig modern, obwohl auch aus antiker Zeit Schiffe bekannt sind, die Namen trugen. Ich bin in den letzten Jahren von Trapani und den Ägadischen Inseln im Westen von Sizilien aus mit Booten gefahren, die den von den Homerischen Helden verwendeten ähnlich waren, und konnte feststellen, daß sie lediglich die Nummern trugen, die sie von Amts wegen führen mußten. Manche dieser sizilianischen Boote stehen wohl den homerischen Fahrzeugen noch näher als die Segelboote, denen man heute im Ägäischen Meer begegnet. Obwohl sie ein Lateinsegel setzen – ein Vermächtnis der Araber –, sind sie oft ohne Motor und bei Windstille auf die Muskelkraft der Mannschaft angewiesen. Wie bei den homerischen Fahrzeugen handelt es sich um offene, flache Boote ohne Kiel, die so gebaut sind, daß sie auf den Strand gesetzt werden können. Und doch fahren diese Fischer des 20. Jahrhunderts damit hundert oder mehr Kilometer weit hinaus, um die reichen Fischgründe unter der nordafrikanischen Küste auszubeuten. Sie verfügen über ein mittleres Steuerruder, wie es Odysseus nicht kannte, und zuweilen, aber nicht immer, über einen Kompaß.

Die Zahl der Leute, mit denen die Boote in Odysseus' Geschwader bemannt waren, wechselte wahrscheinlich von Fall zu Fall, doch wiesen die Boote wohl selten mehr als zwanzig Riemen auf, zehn an jeder Seite. Das bedingte eine Besatzung von zwanzig Mann, da aber ein Boot oft längere Zeit ständig fortbewegt werden mußte, wird wohl jedes die doppelte Zahl an Bord gehabt haben, damit sie mit Rudern abwechseln konnten. Auch sonst wäre das notwendig gewesen, um nämlich jederzeit frische Leute zur Verfügung zu haben, wenn es galt, einen Landungstrupp auszuschicken, um Beute zu machen. Geht man von der Voraussetzung aus, daß Odysseus mit zwölf Schiffen von Troja auslief, das heißt, mit derselben Zahl, die er mitgebracht hatte, dann kann man die Gesamtzahl seiner Leute wohl auf rund fünfhundert veranschlagen. Es könnten auch mehr gewesen sein, falls einige der Schiffe größer waren als andere, doch darüber gibt Homer keine Auskunft.

Griechenland war damals noch bewaldet und besonders reich an Kiefern. Kiefernholz hat sich schon immer besonders gut für die Beplankung und Bemastung von Schiffen geeignet, wenn auch Eiche für Kiel und Spanten vorzuziehen ist und wahrscheinlich auch verwendet wurde. Stehende Beiwörter, die in den Homerischen Epen auf Schiffe angewendet werden, sind »schnell«, »gut gebaut«, »hohl« und »schwarz«. »Schnell« wird dabei offenbar gebraucht, um ein Kriegsschiff von den bauchigeren Handelsschiffen zu unterscheiden. »Gut gebaut« nennt man auch heute noch ein Fahrzeug, das sich leicht handhaben läßt, besonders im Fall von Segelschiffen. Mit »hohl« wird sicher ein offenes Boot ohne Deck gemeint sein. Das traf bei den homerischen Schiffen zu, nur daß sie vermutlich vorne und achtern teilweise überdeckt waren. Die Vorpiek diente zweifellos als Lagerraum, während die Achterpiek dem Schiffer, dem Steuermann und andern Notabeln vorbehalten blieb. Eine ganz geschlossene Kajüte, wie man sie heute auch auf kleinen Jachten findet, gab es nicht. Das homerische Schiff war für kurze Fahrten bestimmt. Nachts wurde es, wenn immer möglich, auf den Strand gezogen, während die Mannschaft an Land ging, Feuer machte zum Abkochen und im Freien schlief, irgendwo in einer Grotte oder auch unter dem Großsegel, das, durch Ruder gestützt, in eine Art Zelt verwandelt wurde.

Das Beiwort »schwarz« bezieht sich bestimmt auf den Umstand, daß die Schiffe zum Schutz gegen Verwitterung geteert waren. Die warmen Gewässer des Mittelmeers sind ja auch heute noch ein Lieblingsaufenthalt für Würmer, unter anderem für den gefürchteten, »*teredo*« genannten Holzwurm. Teer ist seit Urzeiten als Schutzmittel gegen den Holzwurm gebraucht worden, und Odysseus war insofern vom Schicksal begünstigt, als eine der unter seiner Oberhoheit stehenden Inseln einen natürlichen Pechsee aufwies. Das »schön bewaldete Zakynthos«, wie die Insel stets genannt wurde, liegt etwa dreißig Kilometer südlich von Ithaka, das heutige Zante. Sein Pechsee wird schon bei Herodot erwähnt, im 5. Jahrhundert v. Chr., doch darf angenommen werden, daß er ausgebeutet worden war, solange der Mensch die Wirksamkeit von Pech als Holzschutzmittel kannte. Das Pech, das auf Zante von kleinen Teichen abgeschöpft wird, dient immer noch wie zu Herodots Zeiten zum Kalfatern der dortigen Fischerboote und Handelsfahrzeuge.

Die griechischen Schiffe waren jahrelang von ihrem Heimathafen weg, bis die Belagerung Trojas zu Ende war, und der Schluß drängt sich auf, daß sie getrocknetes Pech in großen Mengen mitgenommen hatten, um das Holzwerk gegen Wurm und Fäulnis zu schützen. Unter der heißen Sonne des Ägäischen Meers und im lauwarmen Wasser des Hochsommers hätte nicht ein einziges Schiff all die Jahre überdauert, wenn sie nicht alle von Zimmerleuten, Schiffbauern, Kalfaterern und Taklern sorgfältig instand gehalten worden wären. Zweifellos wurden einmal im Jahr große Stücke Pech am Strand geschmolzen, um damit das Holz erneut zu behandeln. (An meinem eigenen, mit Tannenholz beplankten Segelboot habe ich schon nach zwölf Monaten im Mittelmeer wurmstichige Stellen festgestellt.)

Zuweilen wird das Schiff des Odysseus auch als »blau« beschrieben. Die Bordwand über der Wasserlinie war offenbar indigo gestrichen, was eine der frühesten, den Mittelmeervölkern bekannten Naturfarben war. Höchstwahrscheinlich war auch beiderseits des Bugs ein *oculus* oder Auge aufgemalt. Dieser Brauch, der sich im Mittelmeer bis auf den heutigen Tag erhalten hat, stammt von dem Auge des Ra, des Sonnengottes, her, das die Ägypter schon Jahrhunderte vor der Zeit Homers auf ihre Fahrzeuge malten.

So war also das Zuhause des Odysseus beschaffen, ein schnelles, handiges, offenes, geteertes Boot, wahrscheinlich mit zehn Riemen auf jeder Seite. Es fuhr einen Mast, wohl aus Tannenholz, an dem ein Rahsegel gesetzt wurde. Das Segel mag aus Leinen oder aus Papyrus bestanden haben; beides wurde von den Ägyptern schon seit Jahrhunderten ausgeführt. Einmal ist von einer Papyrusleine im Hause des Odysseus die Rede; das Tauwerk wird deshalb sicher aus Papyrus oder, in gewissen Fällen, aus Leder gewesen sein. Das Segel wurde nur bei mäßigem Wind gesetzt und brauchte nicht so viel auszuhalten, wie man das später vom Segeltuch erwartete.

Der Mast war beweglich, wie das noch heute bei manchen Segelbooten im Mittelmeer der Fall ist. Er stak in einer dreiseitigen Mastspur, konnte niedergeklappt werden und ruhte dann auf einer Klampe im Heck. Allerdings war der Mast nach vorn und achtern durch Stage abgestützt, wohl nicht sehr hoch, da er bloß ein einziges Rahsegel zu tragen hatte. Fischerboote und Handelsfahrzeuge von beträchtlicher Größe verwenden noch heute eine ähnliche Art von Mast und Takelung. Beim Aufenthalt im Hafen wird der Mast regelmäßig niedergelegt, um das Übergewicht zu vermindern und so das Dümpeln für die Leute an Bord weniger beschwerlich zu machen. Wenn Odysseus und seine Leute vor Anker lagen, ruhten sie sich sicher im Schatten des Segels aus, das sie über den umgeklappten Mast gespannt hatten.

Die Riemen werden wie der Mast aus Tannenholz gewesen sein, mit sehr breitem Blatt, wenn man den Homerischen Vergleich mit »Kornwannen« wörtlich nehmen darf. Das würde auch erklären, warum die Leute oft Mühe hatten, gegen den Wind anzurudern. Ruderdollen im heutigen Sinn kannte man damals nicht. Die Riemen wurden entweder auf der Bordkante aufgelegt oder durch kleine Pforten in der Bordwand geschoben, wobei sie in Lederschlingen staken. Die meisten mittelländischen Bootsleute, vom Ägäischen bis zum Tyrrhenischen

Meer, ziehen noch heute eine hölzerne Riemenauflage mit Leder- oder Hanfstropp den Ruderdollen aus Metall vor.

In seinem »*Handbook of Homeric Study*« hat sich Prof. H. Browne darüber aufgehalten, daß »die Schiffe damals nicht einmal über ein festes Steuerruder verfügten; man verwendete zum Steuern ein Handpaddel und konnte deshalb nur vor dem Winde laufen; ein Segeln in beliebiger Richtung oder gar ein Aufkreuzen gegen den Wind war ausgeschlossen«. Das Steuerruder, wie wir es heute kennen, war eine nordeuropäische Erfindung und stammte vermutlich aus dem Baltikum. Noch zu Beginn des 15. Jahrhunderts, als es auf den Karavellen Heinrichs des Seefahrers Verwendung fand, galt dieses um eine Achse drehbar aufgehängte Ruder als eine Neuerung. Im Altertum war es unbekannt.

Das *pedalion* oder Handpaddel war an einem kräftigen Holzpflock achtern im Boot befestigt, um den es sich in einer Lederschlinge drehte. Es waren zwei Pflöcke vorhanden, einer an Steuerbord und einer an Backbord, so daß das Paddel immer an der Leeseite angebracht werden konnte; möglicherweise waren auch zwei Steuerpaddel angebracht, auf jeder Seite eines. Auf einer Vase aus dem 5. Jahrhundert, jetzt im Britischen Museum, ist Odysseus abgebildet, wie er an den Sirenen vorbeifährt, zusammen mit dem Rudergänger, der das Paddel an Steuerbord handhabt. Auffallend ist dabei, daß nur sieben Riemenpforten zu sehen sind, was eine Besatzung von vierzehn Mann bedingen würde. Es ist durchaus möglich, ein Segelboot mit einem solchen seitlichen Handpaddel zu steuern, wie sich erwies, als ich einmal in einem über acht Meter langen Segelboot ein Notruder dieser Art anbringen mußte. Die Behauptung, Odysseus habe nur vor dem Wind segeln können, weil sein Boot mit einem Paddel statt mit einem Steuerruder gesteuert wurde, ist unhaltbar. Als Rahsegler konnte es natürlich nicht dicht am Wind laufen, es war aber durchaus imstande, raumschots oder backstagsweise zu segeln.

Ich bin im Ägäischen Meer und von Malta und Sizilien aus in Fischerbooten gefahren, die ähnlich gebaut waren wie die homerischen Fahrzeuge, nur viel kleiner. Wenn der Wind dwars ein oder schräg von vorn kam, fingen die Leute an der Leeseite an zu rudern. Damit wurde verhindert, daß das Boot allzusehr nach Lee abgetrieben wurde. Allerdings setzen diese Boote heute ein Lateinsegel, eine bedeutend leistungsfähigere Takelung als das Rahsegel der Antike. Ich sehe aber nicht ein, warum das Schiff des Odysseus nicht auch bei raumem Wind durchaus leistungsfähig hätte sein sollen.

Die Galeere, das mit Riemen versehene Segelschiff, das sich aus dem homerischen Schiffstyp entwickelte, blieb im Mittelmeer bis ins 18., ja bis ins frühe 19. Jahrhundert im Gebrauch; es verschwand eigentlich erst in neuerer Zeit, als der fabrikmäßig hergestellte Dieselmotor aufkam, der während der windstillen Hochsommerzeit die Arbeit der Ruderer ersetzen konnte. Noch jahrhundertelang, nachdem die Engländer und Skandinavier von den Ruderschiffen abgekommen waren, blieben sie im Mittelmeer erhalten. Das letzte Seegefecht, bei dem die mit Riemen fortbewegte Galeere eine Rolle spielte, war die Schlacht bei Lepanto im Jahre 1571. Zwei Jahrhunderte später gehörten solche Galeeren noch zu den

Mittelmeergeschwadern Ludwigs XV. Forschungen haben ergeben, daß diese Galeeren die erste Stunde lang eine Geschwindigkeit von viereinhalb Knoten aufrechterhalten konnten, danach noch zweieinviertel bis anderthalb Knoten. Da das Ruderschiff des Odysseus kleiner war, hatte es bei Windstille wahrscheinlich eine Geschwindigkeit von vier Knoten. Unter Segel mochte es bei raumem Wind auf sechs oder mehr Knoten kommen. Man muß sich vergegenwärtigen, wie klein und langsam das Boot war, mit dem Odysseus seine Abenteuer bestand. Dinge wie Strudel und Stromversetzung, die heutzutage für ein Schiff belanglos sind, bildeten für den Seemann der homerischen Zeit eine furchterregende Gefahr. Abgesehen davon, daß sein Fahrzeug klein und nicht sehr leistungsfähig war, mußte er sich auch ohne Seekarte und Kompaß behelfen. Er bewegte sich in einer Welt, in der alles fremd und rätselhaft war. Kein Wunder, wenn seine Fahrten von Sängern und Geschichtenerzählern mit wunderhaften Zügen ausgestattet wurden.

Wenn sich das Ruderschiff des Odysseus einer kleinen Galeere vergleichen läßt, heißt das noch lange nicht, daß seine Ruderer Galeerensklaven waren. Sie waren freigeborene Griechen von den Inseln, die in ihrer Tätigkeit keineswegs etwas Erniedrigendes sahen. Odysseus spricht von ihnen als seinen »Freunden« und »Gefährten», und nichts deutet darauf hin, daß sie von niedrigerer Abkunft waren als er selber. Noch Jahrhunderte später waren die Griechen, die die Galeeren bemannten und die persische Flotte bei Salamis schlugen, samt und sonders Freie. Der Begriff des Galeerensklaven stammt offenbar aus einer viel späteren Zeit. Und auch dann waren die römischen Galeeren, die die Karthager 241 v. Chr. in der entscheidenden Seeschlacht westlich von Sizilien schlugen, noch mit freien römischen Bürgern bemannt, wenn auch die Seeleute Roms in Wirklichkeit meist Griechen aus Süditalien waren. Immerhin, wer sich einmal unter der heißen Mittelmeersonne in die Riemen gelegt hat, der weiß, welche Kraft und Ausdauer es erfordert, um längere Zeit durchzuhalten. Ob Sklave oder nicht, die Strapazen bleiben mehr oder weniger dieselben.

Ob die Planken mit Kupfer- oder Bronzestiften oder mit Holzbolzen befestigt waren, läßt sich nicht sagen. Dagegen ist so gut wie sicher, daß es sich um kraweelbeplankte Boote handelte, wie im Mittelmeer seit jeher üblich, das heißt, die Planken wurden nebeneinandergelegt, so daß eine glatte Außenhaut entstand, im Gegensatz zur Klinkerbauweise, bei der die Planken dachziegelartig übereinander genagelt werden. Die Kraweelbeplankung stammt aus dem Osten, während die Klinkerbauweise skandinavischen Ursprungs ist. Das meiste Drum und Dran wird, wie in der Levante heute noch, aus Holz und äußerst einfach gewesen sein. Die Ringe dagegen, mit denen das Segel an die Rah angeschlagen war, bestanden wahrscheinlich aus Bronze. Das Segel konnte aufgegeit werden, und bei Schlechtwetter wurde die Rah mitsamt dem Segel ins Boot heruntergefiert und längs der Mitte der Ruderduchten festgelascht. Aufgeholt und gefiert wurde das Segel mittels Leinen, die vom Heck her über die Rah liefen. Es war ein sehr einfaches Verfahren, aber wie jeder Segler bestätigen kann, das einfachere Verfahren ist oft das bessere. Der Umstand, daß das Fahrzeug keinen Kiel und nur geringen Tiefgang hatte, brachte es mit sich, daß es sich in Buchten und Flußmündungen retten konnte, die heute höchstens noch Ruderbooten oder Segeljollen zugänglich sind.

Bei den mehr oder weniger offenen Booten, ohne Seekarten und Navigationsgeräte, ist es begreiflich, daß die weitgehend auf ihre Körperkraft angewiesenen Seeleute sich damals, wenn immer möglich, dicht unter der Küste hielten. Sobald stürmisches Wetter im Anzug war, pflegten sie nach einem geeigneten Strand Ausschau zu halten, wo sie ihr Boot auf Grund setzen konnten, um dort das Ende des Sturms abzuwarten.

Als Odysseus mit seinen Schiffen von Troja auslief, hielt er wahrscheinlich geradewegs auf Tenedos zu. Es ist nicht anzunehmen, daß sie sich ohne weiteres in die offene See südlich der Insel hinauswagten; als erstes steuerten sie wohl den Ankerplatz an der Nordostspitze von Tenedos an, wo heute das Fischerdorf Bodscha Ada liegt. Es muß ein Südostwind geweht haben, als Odysseus unter Segel ging; im Neunten Gesang der »Odyssee« heißt es nämlich, derselbe Wind, der ihn von Troja wegbrachte, habe ihn nach Ismaros, der Stadt der Kikonen, getrieben. Nun wohnten die Kikonen am Südufer von Thrakien, der Insel Samothrake gegenüber. Ihr Land liegt nordwestlich von Troja, so daß ein Rahsegler Südostwind brauchte, um dorthin »getrieben« zu werden. Ob Odysseus schon immer vorgehabt hatte, nach Norden zu segeln und die Kikonen zu überfallen, läßt sich nicht sagen. Vielleicht wollte er auch bloß den Wind ausnützen, der gerade wehte, um noch etwas mehr Beute nach Hause zu bringen.

Mir scheint es wahrscheinlicher, daß der Überfall geplant war. Nichts hätte nämlich die Schiffe daran gehindert, im Norden von Tenedos ruhig vor Anker zu warten, bis der Wind umschlug. Nachdem er zehn Jahre in dieser Gegend verbracht hatte, mußte Odysseus wissen, daß hier nördliche Winde vorherrschten und daß die nach Süden setzende Strömung seine Fahrt heimwärts durch das Ägäische Meer begünstigte. Aber sein Entschluß, Ismaros zu überfallen, läßt sich verstehen; es war eine wohlhabende Stadt, und der Wein, den die Kikonen hervorbrachten, war weitherum als der beste bekannt.

Während des Krieges waren die Kikonen mit den Trojanern verbündet gewesen, doch war ihr eigenes Land unverwüstet geblieben. Möglicherweise war nicht nur der Gedanke an ihren Wohlstand für Odysseus ausschlaggebend, sondern auch die begreifliche Abneigung des Kriegsteilnehmers gegen diejenigen, die sich abseits gehalten und dabei fett und selbstzufrieden geworden waren. Leider verwandelte sich das, was lediglich als einträglicher Abstecher gedacht war, in eine Katastrophe. Die Heimkehr des Odysseus stand von allem Anfang an unter einem Unstern.

IN DER ÄGÄIS

Der gute Wein von Ismaros war im ganzen Altertum berühmt. Die Rebberge der thrakischen Küste fallen noch heute jedem auf, der sich von der See her der Hafenstadt Alexandrupolis nähert. Der Strand ist in diesem Teil von Thrakien meist flach und sandig, für Fahrzeuge wie die des Odysseus wie geschaffen. Den durch jahrelanges Kriegshandwerk abgehärteten Männern galt die Verheerung der reichen Stadt Ismaros als etwas, das sich auf dem Rückweg spielend erledigen ließ. Es wäre auch eine Kleinigkeit gewesen, wenn es Odysseus gelungen wäre, seine Leute nach beendetem Unternehmen wieder zu sammeln. Wie manch ein Befehlshaber machte er jedoch die Erfahrung, daß die Truppe, wenn man ihr einmal freie Hand gelassen hat, leicht außer Rand und Band gerät.

Nachdem die Insel Tenedos achteraus entschwunden war, hielt Odysseus wohl östlich an Imbros und Samothrake vorbei, um dann bei Kap Makri wieder Land zu sichten. Merkwürdigerweise wird Samothrake nicht erwähnt, eine seltsame Insel, die durch ihren Geheimkult der Kabiren bekannt war. Dabei muß sie von Odysseus als Wahrzeichen benützt worden sein; auf ihr befindet sich der 1600 Meter hohe Berg Saoke, die höchste Erhebung im nördlichen Teil der Ägäis, bis man zum heiligen Berg Athos kommt. Doch der Dichter schweigt sich über die Inseln und geographischen Verhältnisse des Ägäischen Meeres aus – ein Hinweis darauf, daß er sich in diesem Meer nicht auskannte, behaupten die einen, während andere meinen, er habe sich gerade deshalb nicht bemüßigt gefühlt, die Ägäis zu beschreiben, weil seine Zuhörer mit ihr zur Genüge vertraut waren. Jedenfalls wird Samothrake den Griechen nach ihrem Überfall auf die Kikonen als Wahrzeichen willkommen gewesen sein.

Der Überfall war übrigens höchst erfolgreich verlaufen. Die Griechen hatten ihre Boote auf den Strand gesetzt, waren an Land geeilt und hatten die Stadt erstürmt. Die Männer wurden umgebracht, die Frauen und die Beute brüderlich geteilt. Doch nun, als Odysseus auf sofortigen Rückzug drängte, bevor das ganze Land gegen sie in Aufruhr gerate, nun legten seine Leute die Dummheit an den Tag, die ihnen im Verlauf der kommenden Wanderjahre zum Verhängnis werden sollte. Von den Frauen, dem Wein und den Freuden des Lebens an Land verführt, trödelten sie, bis sie von der Rache der Kikonen ereilt wurden, die im Land drin Hilfe geholt hatten. In dem Waffengang, der darauf folgte, büßten sie durchschnittlich sechs Mann auf jedem Schiff ein.

Odysseus selber hatte sieben Talente aus Gold, einen silbernen Kelch und zwölf Krüge des besten ismarischen Weins davongetragen. Alles das war ihm von Maron, einem Priester des Apoll, geschenkt worden, den Odysseus in einem heiligen Hain überrascht und aus Ehrfurcht verschont hatte. Den Wein beschrieb er später dem König Alkinoos gegenüber als »süß und unvermischt«, wobei er hinzusetzte, ein einziger Becher ismarischen Weins auf zwanzig Becher Wasser sei stark genug für einen jeden. Es stimmt, daß in Nordgriechenland bis auf den heutigen Tag guter Wein hervorgebracht wird; ich habe auf Samothrake einen Rotwein getrunken, der aus Alexandrupolis stammte, also aus der Gegend von Homers Ismaros, und der so gut war wie irgendein Wein von den Ägäischen Inseln. Doch das will bekanntlich nicht viel besagen, da die griechischen Weine den Vergleich mit den französischen nicht aushalten. Dabei spreche ich nicht von dem geharzten Wein, wie man ihn heute in Griechenland trinkt, sondern von den reinen Weinen des Festlands oder von Inseln wie Santorin und Lesbos. Doch was für ein Wein war das, mag man fragen, der im Verhältnis von eins zu zwanzig verdünnt werden mußte? Philippe Diolé äußert sich darüber folgendermaßen: »Wir wissen ungefähr, wie diese Weine und ihre Abkommen, die Weine von Kampanien, geartet waren. Kleine Mengen davon haben sich in versiegelten Glasfläschchen in Gräbern gefunden. Analysen, die vorgenommen wurden, haben ergeben, daß der Wein der Antike mit dem, was wir heute unter Wein verstehen, wenig gemein hat. Was wir am Wein schätzen, ist Reinheit, während die Alten ständig neue Verfahren entwickelten, die Weine zu mischen, zu süßen und zu verdünnen – wir würden von ›panschen‹ sprechen. Die alten Griechen dagegen machten sich nichts daraus, dem Wein Süßstoffe zuzusetzen, um ein Getränk von sirupartiger Konsistenz zu erzielen, das sich erst in stark verwässertem Zustand trinken ließ. Diese ›Weine‹ – ähnlich gewissen griechischen Weinen heute – enthielten mannigfache Zutaten, darunter Honig, Aloe, Thymian, Myrtenbeeren und manchmal sogar Meerwasser!« Odysseus nennt den Wein von Ismaros »rot und honigsüß« und fügt hinzu, sein Bukett sei unwiderstehlich gewesen. Wie immer er geschmeckt haben mag, jedenfalls war er von hohem Alkoholgehalt, wie sich später ergeben sollte.

Ein Mißgeschick, das den Griechen nach ihrem Überfall auf Ismaros erspart blieb, war, vom Südwind, der sie dorthin getrieben hatte, festgehalten zu werden. Ein Sturmwind erhob sich von Norden her, »verhüllte in dickes Gewölk Meer und Erde zugleich«, kam aber wie gerufen. Er trieb sie von einer Küste weg, die jetzt von Feinden wimmelte.

Sie wurden südwärts getrieben und sahen sich bald genötigt, Segel und Rah einzuholen, um größeren Schaden zu verhüten. »Wir arbeiteten uns mit dem Ruder ans nahe Gestade«, heißt es darauf. Farrington und andere, die die Auffassung vertreten, die »Odyssee« stamme von jemand, der von der Seefahrt nichts verstanden habe, sehen darin eine Bestätigung ihrer Ansicht. Welcher Seemann, fragen sie, würde sich so verhalten? Würde er nicht vielmehr auf die offene See hinaushalten, um nicht an den Uferklippen zu zerschellen? Hier liegt eine Verwechslung vor zwischen der Schiffahrt, wie sie zur Zeit Homers betrieben wurde, und den heutigen Verhältnissen. Gewiß, ungefähr das letzte, was man heute einem von Schlechtwetter überraschten Segler raten würde, wäre, sich in die Nähe der Küste zu begeben. Aber die Fahrzeuge des Odysseus waren nicht dafür geschaffen, einen Sturm auf See abzuwettern. Diese offenen Boote ohne Tiefgang waren völlig ungeeignet, um Sturzseen zu trotzen – und die Brecher, wie sie von einem starken Nordoster in der Ägäis aufgejagt werden, sind heute selbst für ein tüchtiges Hochseeboot äußerst gefährlich. Odysseus und seine Gefährten werden genau das getan

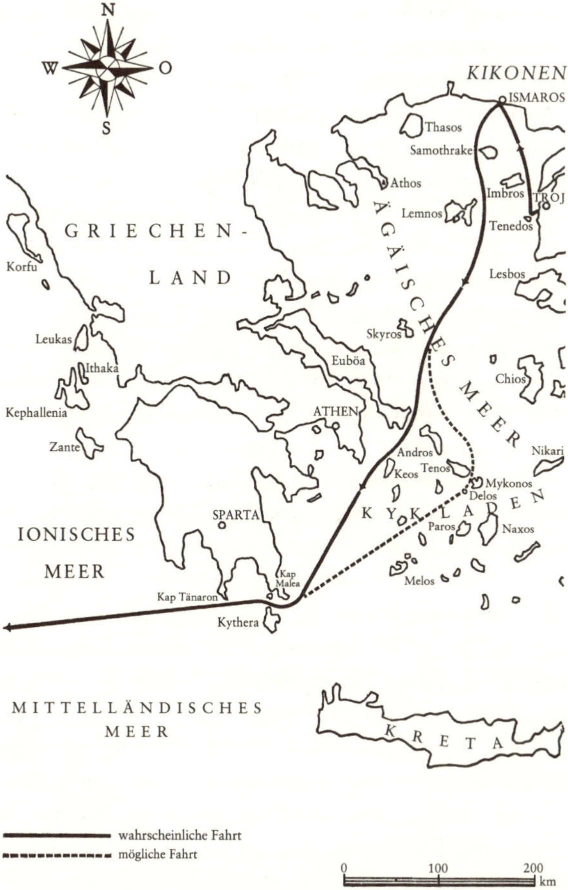

N
W
O
S
KIKONEN
ISMAROS
Thasos
Samothrake
Athos
Imbros
TROJ
Lemnos
Tenedos
GRIECHEN-
LAND
Korfu
Lesbos
ÄGÄISCHES MEER
Skyros
Leukas
Ithaka
Euböa
Chios
Kephallenia
ATHEN
Zante
Andros
Nikari
Keos
Tenos
Mykonos
Delos
KYKLADEN
SPARTA
Paros
Naxos
IONISCHES
MEER
Kap
Malea
Melos
Kap Tänaron
Kythera
MITTELLÄNDISCHES
MEER
KRETA
wahrscheinliche Fahrt
mögliche Fahrt
0
100
200
km

haben, was bei Homer steht – sie ruderten aus Leibeskräften landwärts, um irgendwo, vor Wind und Wetter geschützt, ihre Boote ans Ufer zu ziehen.

Zwei Tage und zwei Nächte lang dauerte der Sturm, während sie an Land lagen. An welchem Küstenstrich oder auf welcher Insel sie Zuflucht gefunden hatten, wird uns nicht berichtet. Als aber am dritten Tag »die zierlich gescheitelte Eos« emporstieg, richteten sie die Masten wieder auf, nahmen ihre Plätze ein und ließen »vom Wind und vom Steuer sich lenken«.

Wir wissen nicht, um welche Jahreszeit Odysseus unter Segel ging – Stürme von Norden her sind im Ägäischen Meer auch im Hochsommer nichts Ungewöhnliches –, wir wissen nur, daß sie jetzt auf südlichem Kurs den Wind ausnützten, der hier vorherrschend ist. Der *meltemi*, wie die heutigen Griechen ihn nennen, oder, mit dem Fachausdruck, die Etesien wehen den ganzen Sommer hindurch von Norden her über das Ägäische Meer. Während die heiße Luft über der Ägäis und dem Mittelmeer südlich von Kreta aufsteigt, strömt Kaltluft aus Rußland und dem Norden nach. Auf die Etesien kann man sich fast wie auf die Passatwinde verlassen, und darauf beruhte die ägäische Kultur. Sie ermöglichten es den Seefahrern der Frühzeit, einen fast regelmäßigen Verkehr zwischen den Griechenland vorgelagerten Inseln, dem Peloponnes, Kleinasien, Kreta und sogar Ägypten aufrechtzuerhalten.

Odysseus war die Regelmäßigkeit dieser Winde bekannt. An einer späteren Stelle der »Odyssee«, nachdem er nach Ithaka zurückgekehrt war und sich als kretischen Seeräuber ausgab, beschreibt er einmal, wie er als solcher von Kreta ausgelaufen sei, um die ägyptische Küste heimzusuchen. »Wir liefen mit einem frischen und günstigen Nordwind aus«, sagt er da. »Es war so leicht, wie flußabwärts zu fahren. Und am fünften Tag erreichten wir den großen Strom Ägyptens...« Nun beträgt die Entfernung zwischen der Messara-Bucht, an die Odysseus wahrscheinlich dachte, und der Nilmündung etwas über 300 Seemeilen. Da die Genauigkeit der Angaben Homers, was das Schiffahrtswesen betrifft, von Altphilologen schon oft in Zweifel gezogen wurde, ist es nicht unwichtig, die Behauptung, die Homer hier dem Odysseus in den Mund legt, etwas näher anzusehen. Er läßt ihn sagen, er sei von Kreta aus in fünf Tagen, oder »am fünften Tag«, bis zur Nilmündung gelangt, das heißt, daß er jeden Tag etwas über sechzig Seemeilen zurücklegte. Er machte also durchschnittlich drei Knoten (drei Seemeilen in der Stunde) Fahrt, was ungefähr dem entspricht, was man von einem Schiff dieser Art erwartet, wenn es vor dem Wind unter einem einfachen Rahsegel läuft. Die Angaben Homers, was die von Odysseus angelaufenen Orte und zurückgelegten Strecken betrifft, stimmen untereinander aufs schönste überein. Und eine Fahrt von durchschnittlich drei Knoten ist genau das, was das Schiff des Odysseus unter günstigen Umständen machen konnte.

Welchen Kurs Odysseus einschlug, nachdem der Sturm sich gelegt hatte und die Schiffe wieder ausgesegelt waren, darüber gibt der Dichter keine Auskunft, bis Odysseus das Kap Malea an der Südspitze des Peloponnes erreicht. Man kann höchstens Mutmaßungen über die wahrscheinlichste Route aufstellen. Der Großteil der griechischen Flotte war von Troja aus südwärts in Richtung Lesbos ausgelaufen. Hier war man unschlüssig, ob man zwischen Chios und dem kleinasiatischen Festland hindurch wollte oder außen an der Insel Psara vorbei, um das Meer ein für allemal hinter sich zu bringen und die sichere Nähe Euböas zu gewinnen. Euböa wird in der »Ilias« und der »Odyssee« häufiger erwähnt als irgendeine andere ägäische Insel, aus leicht ersichtlichem Grund. Der lange Kanal zwischen Euböa und dem Festland verhalf den Griechen, trotz der starken Strömung, zu einer gefahrlosen und leichten Durchfahrt, was ihnen bedeutend lieber war als die offenen Strecken der Ägäis. Wenn also Odysseus auf seiner Heimfahrt durch den Euböakanal gekommen wäre, hätte der Verfasser es uns nicht vorenthalten. Wahrscheinlicher ist, daß die Schiffe südwärts an der Insel Skyros vorüber und durch den Dorokanal am Südende von Euböa getrieben wurden. Damit befanden sich Odysseus und seine Gefährten nun unter den Kykladen.

Es gibt nur eine Stelle in der »Odyssee«, die einen Anhaltspunkt dafür bietet, welchen Kurs Odysseus segelte, nachdem er die Kikonen verlassen und bevor er die Insel Kythera sichtete. Viele Jahre später, als Odysseus als Schiffbrüchiger ins Land der Phäaken verschlagen wird und Nausikaa zu Gesicht bekommt, da vergleicht er ihre Anmut und Schönheit mit jener jungen Palme, die er auf Delos sah, beim Heiligtum Apollons. Nun ist es nicht ausgeschlossen, daß Odysseus vor dem Krieg, auf dem Hinweg zum Treffpunkt der Flotte in Aulis, einen Zwischenhalt auf Delos einschaltete. Ebensogut kann er aber auf dem Rückweg Delos angelaufen haben. In diesem

Fall nahm er den Weg nicht durch den Dorokanal, sondern hielt in südlicher Richtung nach Mykonos, um in der Meerenge zwischen Delos und Rheneia vor Anker zu gehen. Nachdem er beim Überfall auf Ismaros den Priester Apollons verschont und von ihm mit Geschenken bedacht worden war, lag es für ihn nahe, auf der geheiligten Insel Delos an Land zu gehen und Apollon eine angemessene Opfergabe darzubringen.

Wenn man heute durch die Kykladen segelt, fällt einem vor allem ihr kahles, gemeißeltes Aussehen auf. Auf Delos war es das gleißende Licht, das mich blendete, als ich mein kleines Boot dort im Schatten des Berges Kynthos vor Anker legte, geschützt durch den alten Hafendamm. Die Schwesterinsel Rheneia, auf der andern Seite der weißgefleckten Meerenge, beherbergte ein paar Schafe, und auf Delos selber störte nur ein vereinzelter Ziegenhirt und seine Herde die Stille. Doch diese von der Sonne verschlungenen Inseln, wie sie der Reisende heute kennt, sind etwas ganz anderes als die Inseln im Zeitalter Homers. Damals waren sie dicht bewaldet, mit viel mehr Quellen und grünen Wiesengründen.

Seriphos, Siphnos, Milos, Santorin – an allen bin ich vorübergekommen, geblendet vom gleißenden Fels, nach dem kühlen, geäderten Marmor der See. Doch die Inseln, wie Odysseus sie sah, waren grün und üppig, wie Korfu es heute noch ist, oder wie die langgestreckten Täler auf Rhodos, wo die Schmetterlinge im Aquariumlicht der Laubwälder wie Feuerfunken wirken.

Nachdem er die Kykladen hinter sich hatte, hielt Odysseus der Küste entlang, bis sich ihm zwischen dem Vorgebirge Malea und der Insel Kythera eine schmale Durchfahrt auftat. Diese wollte er benützen, um der Westküste des Peloponnes entlang nach Ithaka und damit nach Hause zu kommen.

DAS LAND DER LOTOSESSER

Voraus lag Kythera, die heilige Insel, wo Aphrodite dem Meer entstiegen war; an Steuerbord dräute das Vorgebirge Malea, damals wie jetzt eine der einsamsten Gegenden im Mittelmeer. Darüber hinaus erstreckte sich blauschimmernd die See in den Lakonischen Meerbusen. Außer Sicht, im Golf drin, wo sich heute das Fischerdorf Gythion befindet, liegt ein kahles Inselchen, das Marathonisi heißt. Hier war es angeblich, wo die folgenschweren, brandstifterischen Flitterwochen des Paris und der Helena begannen. Marathonisi ist nämlich Homers Kranae, wo Paris in der ersten Nacht nach der Entführung der Helena anlegte. Falls Odysseus bewußt war, welche Bewandtnis es mit dem Inselchen hatte, darf als sicher angenommen werden, daß er nach Steuerbord ausspuckte und einen Fluch auf alle treulosen Frauen hinterherschickte.

Nun geschah es, daß die Dünung, die hier fast unablässig von Norden her läuft, die Schiffe des Odysseus immer weiter vom Land wegzusetzen begann. Sie mochten noch so angestrengt rudern, es erwies sich als unmöglich, um das Vorgebirge herum und in stillere Gewässer zu kommen. Ein Nordwind sprang auf, und das Geräusch der Brandung wurde allmählich schwächer. Immer mehr rückte das nach Thymian und Fenchel duftende Gestade in die Ferne. Die Windstärke nahm zu, und bald trieben die Schiffe vor einem steifen Norder dahin. Gregale oder Grego, den griechischen Wind, nennen ihn die Seeleute im Mittelmeer. Es war dieser selbe Wind, der Jahrhunderte später Paulus von Kreta hinweg an das kahle Ufer von Malta verschlagen sollte.

Gegen die vereinten Kräfte von Wind und Strom war nicht aufzukommen; machtlos mußten Odysseus und seine Gefährten zuschauen, wie die Küste Griechenlands achteraus sackte. Bei Einbruch der Nacht waren sie schon südlich von Kythera und wurden weiter nach Süden abgetrieben. Über ihnen im Norden wirkte das Sternbild des Großen Bären wie ein Hohn – der eine Fixpunkt am sich drehenden Himmelsgewölbe, auf den sie hätten zuhalten sollen, wenn sie ihre Heimat auf den Ionischen Inseln erreichen wollten.

»Und neun Tage trieb ich, von wütenden Stürmen geschleudert, über das fischdurchwimmelte Meer.« Die Gewässer, auf denen Odysseus nun so viele Jahre seines Lebens verbringen sollte, waren den Griechen damals so fremd wie der Atlantik dem Schiffsvolk, das mit Kolumbus fuhr. Es war eine sagenhafte und geheimnisvolle See, an deren Ende die Säulen des Herakles standen, hinter denen der gnadenlose Strom des Weltmeers ewig die Erde umfloß. Wenn die Fahrt der Argonauten davon handelt, wie die Griechen den Zugang zum Schwarzen Meer entdeckten, dann handelt die Fahrt des Odysseus, des Argonautensohns, davon, wie sie zum erstenmal ins westliche Mittelmeer vorstießen. Die Fahrt des Odysseus ist in verschiedener Hinsicht der des Kolumbus vergleichbar. Von dem Augenblick an, wo er Griechenland hinter sich läßt, wird er mehr als der Held von Troja, dessen Kriegslist den Untergang der Stadt herbeiführte – er wird zum Inbegriff aller Weltmeererforscher.

Auf seiner ganzen Fahrt durchs Mittelmeer ist Odysseus keinen andern Schiffen begegnet. Das ist an sich vielleicht noch nicht besonders bemerkenswert. Ich bin selber von Sizilien nach den Ionischen Inseln gesegelt und habe vier Tage lang, bis ich Korfu erreichte, keinerlei Schiffsverkehr getroffen. Das Erstaunliche, worauf man beim Lesen der »Odyssee« stößt, ist aber, daß von dem Augenblick an, wo Odysseus das Ägäische Meer verläßt und in den westlichen Teil des Mittelmeers gefegt wird, überhaupt von keinen andern Schiffen mehr die Rede ist als von seinen eigenen. Nicht ein einziges Segel taucht am trostlosen Horizont auf. Wir lernen Menschen und Ungeheuer kennen, Priesterinnen und heilige Haine, aber keinerlei Seeleute. Odysseus und seine Gefährten haben manchen Kampf an Land zu bestehen, aber von irgendeiner Seeschlacht verlautet nichts. Es gibt keine andern Schiffe. Offenbar hatten die Griechen alles Wissen von Schiffbau und Seefahrt gepachtet.

Es ist diese seltsame Stille und Leere der See, auf die Odysseus nun gerät, was mich zuerst befremdete. Im 23. Gesang der »Ilias« spricht Homer von Phöniziern, die in griechischen Gewässern Handel trieben. Eumaios, der treue Sauhirt des Odysseus, erzählt, wie er von der Insel Syrie von Phöniziern geraubt und als Sklave verkauft wurde. Die Phönizier waren also damals den Griechen bekannt. Warum weiß Homer plötzlich nichts mehr von ihnen, sobald er die Geschichte von den Irrfahrten des Odysseus außerhalb der griechischen Gewässer erzählt? So wie er die Sache darstellt, war Odysseus der erste, der je in jenes menschenleere Meer vorstieß.

Früher, als man noch weniger über die Phönizier und ihre Kultur wußte, wurde manchmal angenommen, sie hätten das westliche Mittelmeer schon Jahrhunderte vor den Griechen befahren. Inzwischen ist man aber zur Überzeugung gelangt, daß sie erst seit dem 8. vorchristlichen Jahrhundert dort ansässig waren. »Zwei phönizische Inschriften aus Nora auf Sardinien, die in die erste Hälfte des 8. Jahrhunderts zurückgehen, bilden den frühesten Beleg für die Anwesenheit der Phönizier im westlichen Mittelmeer, was natürlich Erkundigungsfahrten zu etwas früherer Zeit voraussetzt. Damit wird die Behauptung des Thukydides gestützt, die sich bisher archäologisch nicht nachweisen ließ, daß sie ringsum an der sizilianischen Küste Stützpunkte eingerichtet hatten, bevor die Griechen dort Kolonien gründeten. Das stimmt auch mit dem überein, was sich aus der ›Odyssee‹ herauslesen läßt, daß nämlich der Tätigkeitsbereich der Phönizier damals noch nicht über die Westküste Griechenlands hinausging« (H. L. Lorimer). Anderseits scheinen sie schon einige Jahrhunderte zuvor nach Malta gekommen zu sein. Das 12. vorchristliche Jahrhundert (die Epoche, die Homer in der »Odyssee« und in der »Ilias« beschreibt) war die Zeit, als die kretische oder minoische Seemacht untergegangen war und die Phönizier sich noch nicht an der nordafrikanischen Küste niedergelassen hatten.

Odysseus traf westlich von Griechenland auf keine andern Schiffe – vermutlich weil es keine gab. Bei seinen Begegnungen mit den Bewohnern angeblich sagenhafter Gegenden fällt auf, daß diese Leute keine Seefahrt treiben. Die »Odyssee« ist offenbar doch die Geschichte des ersten griechischen Seemanns, der das unbekannte westliche Mittelmeer erkundete. Daß so viele der darin vorkommenden Orte und Ereignisse einen märchenhaften Anstrich haben, rührt daher, daß selbst zu der Zeit, da die Dichtung entstand – einige drei oder vier Jahrhunderte nach den geschilderten Vorkommnissen –, dieser Teil des Mittelmeers noch so gut wie unbekannt war.

Nachdem Odysseus und seine Gefährten an Kythera vorbeigetrieben worden waren, dauerte es neun Tage, bis sie wieder Land sichteten. Erst am zehnten Tag gelangten sie hin »zu den Lotophagen, die blühende Speise genießen«. Bevor ich den Versuch unternehme, dieses Land auf der Karte zu finden, muß ich zugeben, daß wir – Odysseus und ich – uns auf ein Gebiet der Mutmaßungen begeben, ein Gebiet, das jahrhundertelang auf keiner Seekarte verzeichnet stand. Bestimmte Angaben konnte Homer nicht machen, geschweige denn Odysseus. Die *Encyclopaedia Britannica* (14. Auflage) sucht die diesbezüglichen Bemühungen von vornherein zu entwerten; es heißt da: »Man sollte meinen, es sei deutlich genug, daß die Lotosesser und ihr Land ins Reich der Fabel gehören. Sie sind oft als Sinnbild ausgelegt worden, und schon im Altertum haben sich Gelehrte sogar einen Spaß daraus gemacht, in ihnen irgendein nordafrikanisches Volk erkennen zu wollen, weil dort ein paar eßbare Pflanzen gedeihen, die von den Griechen λωτος genannt wurden. Diese Albernheiten werden auch heute noch vertreten...«

Trotz diesem Nasenstüber werde ich mich bemühen, das Land der Lotosesser geographisch zu bestimmen. Sowohl Herodot wie auch Skylax von Karyanda sahen in diesem »Reich der Fabel« eine Gegend im westlichen Libyen, und im Altertum herrschte fast allgemein die Auffassung, es handle sich dabei um die Insel, die heute Dscherba heißt, oder ihre Umgebung.

Skylax von Karyanda ist in seinem Handbuch für Seefahrer allen wichtigen Orten der Mittelmeerküste und vor allem Libyens, die um 350 v. Chr. bekannt waren, nachgegangen. Wenn er die Gegend von Dscherba dem Land der Lotosesser gleichsetzt, hat er vor den heutigen Zweiflern immerhin das voraus, daß er den geschilderten Ereignissen zeitlich bedeutend näherstand. Die Namen, die bestimmten Gegenden von Seeleuten oder Bauern gegeben werden, bleiben oft durch Generationen hindurch unverändert.

Man muß sich vor Augen halten, daß die alte griechische Überlieferung, nach der es ein Troja wirklich gegeben hat, und zwar auf dem Hügel Hissarlik in Kleinasien, schon im Altertum von alexandrinischen Geographen und Historikern bezweifelt wurde. Im 19. Jahrhundert konnte dann von Gelehrten die Ansicht vertreten werden, Troja und alles, was bei Homer damit zusammenhängt, sei lediglich ein Erzeugnis dichterischer Phantasie. Schliemann aber hat Troja gefunden und zwar da, wo er es nach den Angaben bei Homer und andern alten Schriftstellern vermutete; ebenso wie Sir Arthur Evans nebst andern das Reich des Minos ausgegraben hat, das von vielen, einst ehrwürdigen, Gelehrten ebenfalls ins Reich der Fabel verwiesen worden war.

Wenn Dscherba oder ein nahe gelegenes Gebiet an der Küste Libyens das Land der Lotosesser war, wie stimmt das mit den feststellbaren Tatsachen zusammen – der Entfernung vom Kap Malea und der Fahrtleistung homerischer Schiffe?

Als Odysseus an Kythera vorbeigetrieben wurde, waren es »die Flut und der Strom und der Nordwind«, die ihn vom Kurs abbrachten. Neun Tage lang wurde er, wie gesagt, über das Meer getrieben. Nur das, was wir heute einen nordöstlichen »Levanter« nennen, kann so lange unaufhörlich in derselben Richtung geweht haben, und ein Levanter ist zufällig der in diesem Teil des Mittelmeers vorherrschende Wind. »Am häufigsten treten sie auf«, heißt es in dem vom Britischen Marineamt herausgegebenen Segelhandbuch für dieses Gebiet, »bei Hochdruck nördlich von Malta und Tiefdruck gegen Süden hin.« Meistens halten sie nicht mehr als fünf Tage lang an, doch selbst wenn sich die Gewalt des eigentlichen Sturms gelegt hat, kommt der Wind oft noch mehrere Tage lang aus derselben Richtung, während die Dünung noch einige Zeit, nachdem der Wind eingeschlafen ist, nach Südwesten läuft.

Bei der Beschreibung einer Reise von Kreta nach Ägypten hat sich gezeigt, daß Schiffe wie die des Odysseus bei achterlichem Wind etwa drei Knoten Fahrt machten. Drei Knoten Fahrt, neun Tage und Nächte (216 Stunden) lang, ergibt eine zurückgelegte Strecke von 648 Seemeilen. Nun liegt die Insel Dscherba ungefähr 650 Meilen entfernt von einem Punkt halbwegs zwischen Kap Malea und der Insel Kythera. Bei einer Durchschnittsgeschwindigkeit von drei Knoten wäre Odysseus also am zehnten Tag dorthin gelangt, was nach der »Odyssee« auch der Fall war. Bei einem anhaltenden Levanter, in einem vor dem Wind und der Dünung laufenden offenen Boot, erwartet man Odysseus genau dort wiederzufinden, wo er der Überlieferung zufolge hingeriet, eben im Golf von

Gabes, wo Dscherba liegt. Ich sehe deshalb nicht ein, warum es eine »Albernheit« sein sollte, in der Insel Dscherba das Land der Lotosesser zu sehen, wie dies schon im Altertum geschah.

Allerdings muß man zwischen dem Lotos, wie es ihn gibt, und späteren sagenhaften Ausschmückungen unterscheiden. Es war kein Land von »Amarant und Moly«, um Tennyson zu zitieren, obwohl niemand es den geplagten Gefährten des Odysseus hätte verdenken können, wenn sie des Treibens müde gewesen wären. Auch wenn der Lotos nie eine »honigsüße Frucht« war, die den Menschen in einen Zustand seliger Entrückung versetzt, gegeben hat es ihn. Die Lotosfrüchte waren etwas wie eine Traubenbeere, die, mit Getreide vermischt, einen Menschen am Leben erhalten konnte. Sowohl *cordia myxa* wie auch *rhamnus zizyphus* können als der homerische Lotos gelten; die erstere, eine in Doldenform wachsende Frucht, wird von Plinius in seiner Naturgeschichte beschrieben; beim zweiten handelt es sich um eine Art Holzapfel, aus dem Apfelwein hergestellt werden kann. Man hat vermutet, es sei vielleicht der vergorene Apfelwein gewesen, der die Griechen der Heimat vergessen ließ. Wahrscheinlich war es aber doch eher die schlehenähnliche Frucht *cordia myxa*, aus der die nordafrikanischen Eingeborenen eine Art Brot zu backen pflegen.

Wenn es ein Getränk gewesen wäre, das die Seeleute betörte, dann hätte Homer es sicher erwähnt; Fug und Unfug des Trinkens spielen in der »Odyssee« eine große Rolle. Der Lotos wurde aber zweifellos gegessen, nicht getrunken.

»Wer nun die Honigsüße der Lotosfrüchte gekostet,
Dieser dachte nicht mehr an Kundschaft oder an
Heimkehr.«

Auch wenn der Lotos nicht so betörend war, wie Romantiker ihn sich später vorgestellt haben, ist das Verhalten der Seeleute doch begreiflich. Sie waren wohlbehalten an Land; es gab Wasser auf der Insel und etwas zu essen. Der Dämmerzustand, den das nordafrikanische Klima hervorruft, ist berüchtigt. Und wenn es in dieser Gegend Lotosesser gab, müssen auch Lotosesserinnen vorhanden gewesen sein.

Ich befand mich als Matrose auf einem Schiff, das im letzten Krieg längs dieser Küste torpediert wurde, und brachte hier fast eine Woche damit zu, auf eine Rückbeförderung nach Alexandrien zu warten. Wenn ich nicht der Marineschiffsordnung unterstanden hätte und wenn mir all die Annehmlichkeiten zur Hand gewesen wären wie den Leuten des Odysseus, dann ist mehr als zweifelhaft, ob ich mich nochmals freiwillig den Gefahren der See ausgesetzt hätte. Es läßt sich Schlimmeres denken, als im Schatten der Ruhe zu pflegen, wenn die Sonne hoch am Himmel steht, in der kühlen Abendluft baden zu gehen und über die Sinnlosigkeit des Krieges nachzudenken. Wenn die griechischen Seeleute sich damals nur ungern von diesen lichtüberfluteten Gestaden trennten, lag das wohl nicht nur am Lotos.

DER POLARSTERN

Dscherba ist heute reich an Oliven und Dattelpalmen. Es ist eine erfreuliche Insel, auf der sich auch heute noch die Welt leicht vergessen ließe. Bewohnt wird sie von Berbern, jenen hellhäutigen Nordafrikanern, unter denen man zuweilen auch Rothaarige findet. Der Name scheint aus vorhomerischer Zeit zu stammen, sofern man ihn mit dem »barbara« gleichsetzt, das auf ägyptischen Inschriften aus den Jahren 1700 und 1300 v. Chr. vorkommt. Manche haben den Namen von dem griechischen Wort *barbaros*, der Barbar, hergeleitet, mit dem alle Nichtgriechen bezeichnet wurden, weil sie nur Unverständliches murmelten, dem »Rhabarber, Rhabarber« unserer Komparsen beim Theater vergleichbar.

Drei Mann wurden auf Erkundung ausgesandt, und diese waren die einzigen, die von dem Lotos zu kosten bekamen. Sobald nämlich Odysseus sah, daß sie sich selbständig zu machen und an Land zu bleiben gedachten, ergriff er Maßnahmen. Er wußte aus Erfahrung, wie schnell Meuterei und Abfall sich ausbreiten können. Allerdings sah er sich genötigt, Gewalt anzuwenden, und die drei wollten nicht aufhören zu weinen, während sie unter Bewachung zu den Schiffen zurückgebracht wurden. Odysseus konnte es nicht darauf ankommen lassen, er war entschlossen, dem Geschwader zu zeigen, daß er keine Widersetzlichkeit duldete. An Bord ließ er die drei unter den Bänken festbinden. Die Schiffe waren wohl unterdessen zu Wasser gebracht worden; Odysseus befahl

seinen Leuten, sich an Bord zu begeben und alles zum Auslaufen klarzumachen.

Er wußte, daß seine Schiffe vom Kap Malea aus weit nach Süden geraten waren. Auch konnte ihm nicht entgangen sein, daß er sich nun nicht nur südlich von Griechenland, sondern auch weit westlich davon befand, wie weit, das konnte er allerdings nicht feststellen. Ägypten war den Griechen damals bekanntlich wohlvertraut, war es doch ein beliebtes Ziel für Überfälle. Sie mußten wissen, daß es sich so weit nach Westen erstreckte, als man überhaupt gekommen war. Auf ihren Fahrten nach dem Nildelta konnten sie die Küste westwärts verdämmern sehen. Zweifellos hatte man schon früher versucht, sie zu erkunden, hatte es aber enttäuscht wieder aufgegeben, da es an diesen eintönigen Ufern kein Vieh zu rauben und keine Städte zu plündern gab. (Erst viele Jahrhunderte später sollten griechische Kolonisten dort Städte wie Kyrene gründen und das reiche Hochland der Kyrenaika erschließen.) Ein Seefahrer der Frühzeit konnte sich nur nach wenigen Dingen richten, nämlich nach seinen Kenntnissen von Wind und Wetter, wenn in vertrauten Gewässern, nach dem Lot oder der Stakstange, wenn in seichten Gewässern, und nach den paar Zeichen am Himmel, die ihm bekannt waren. Er wußte, daß die Sonne im Osten heraufkam und im Westen unterging. Abgesehen davon, wußte er noch, welcher Teil des Himmels nach Norden lag, wenn die Sterne zu sehen waren. Odysseus wußte nur eines mit Sicherheit, nämlich daß er nach Norden halten mußte.

Die Tatsache, daß das »Großer Bär« oder »Wagen« genannte Sternbild nie in den Ozean eintaucht, sondern ständig um den Pol kreist, war den Seefahrern damals bekannt. Odysseus stützte sich später bei seiner Schiffsführung weitgehend auf diese Kenntnis. Er war der erste Mensch, von dem geschichtlich feststeht, daß er sich als Seefahrer nach den Sternen richtete. Oftmals habe ich, wenn ich des Nachts auf dem Mittelmeer unterwegs war, es wie Odysseus gehalten, indem ich einen Stern über einen festen Punkt an Mast und Takelwerk anpeilte.

Heute ist der Polarstern der feste Punkt am Himmel, aber im 12. Jahrhundert v. Chr., als Odysseus das Mittelmeer befuhr, war dies noch nicht der Fall. »Der Punkt am Himmel, um den die ganzen Sternbilder zu kreisen scheinen, ist in Wirklichkeit kein fester Punkt; er verschiebt sich im Laufe der Jahrhunderte äußerst langsam einer elliptischen Bahn entlang, die die Astronomen berechnen können, so daß wir wissen, wie sich in verschiedenen geschichtlichen Epochen die Sterne dem Beobachter mit Bezug auf den Pol darboten. Der Große Bär beispielsweise ist heute für den Seemann im Mittelmeer nicht mehr, was er für uns im Norden ist, ein nicht untergehendes, den Pol umkreisendes Sternbild. Und der helle Stern, um den der Große Bär kreist, der Polarstern, war zu Homers Zeiten mehr als 12° vom Pol entfernt und fand weiter keine Beachtung« (E. G. R. Taylor).

Der dem Nordpol am nächsten befindliche Stern, nach dem Odysseus sich wohl gerichtet hat, um nach Norden zu kommen, war der sogenannte Kochab, einer der Nebensterne des Kleinen Bären. Während aber der Polarstern heutzutage fast genau nach Norden liegt, befand sich der Kochab im 12. Jahrhundert v. Chr. ungefähr 7° östlich des Nordpols. Eine Mißweisung von 7° wäre heute bedenklich, aber für den homerischen Seefahrer in seinem kleinen, langsamen Boot war solch ein Fehler, selbst wenn er etwas davon geahnt hätte, nicht von Bedeutung.

Da der Stern, nach dem Odysseus sich richtete, 7° östlich vom Nordpol stand, wird man die Küste, die er als nächste sichtete, nicht in genau nördlicher Richtung suchen, sondern etwas östlich davon. Außerdem wird er selbstverständlich versucht haben, einen nordöstlichen Kurs anzuliegen, da er ja wußte, daß er südwestlich vom Kurs abgekommen war. Man wird deshalb seine nächste Landkennung in nordöstlicher Richtung suchen.

Nach antiker Überlieferung, der sich später zahlreiche Forscher und Seefahrer angeschlossen haben, spielt sich das nächste Kapitel seiner Abenteuer auf Sizilien ab. Wenn aber Odysseus vom Gebiet der Insel Dscherba aus genau nach Norden gehalten hätte, wäre er nach einer verhältnismäßig kurzen Fahrt nach Tunis gelangt. Auf nordöstlichem Kurs dagegen mußte er als nächstes die Südküste von Sizilien sichten, höchstwahrscheinlich in der Gegend von Marsala.

»Und zum Lande der wilden gesetzelosen Kyklopen kamen wir jetzt...« Die Beschreibung läßt sich auch heute noch auf den Südsizilianer anwenden, wenn sie auch keineswegs seinen Beifall findet. Nachdem ich anderthalb Jahre lang überall an diesen Küsten aus und ein gesegelt bin, scheint es mir, daß der Reisebericht des Odysseus von jetzt an deutlich den Stempel der Wahrheit trägt. Gegenden und Wetterverhältnisse sind so genau beschrieben, und selbst geographische Angaben stimmen so genau, daß man zu der Überzeugung gelangt, der

Verfasser der »Odyssee« müsse entweder selbst als Seefahrer in diesem Gebiet gewesen sein, oder sich die Berichte eines solchen aufmerksam angehört haben. Die erstere der beiden Auffassungen befürworte ich nicht, ebensowenig wie die Auffassung, Shakespeare müsse Seemann, Soldat, Rechtsanwalt und was weiß ich gewesen sein, um überzeugend über Seewesen, Kriegführung und Gerichtsverfahren schreiben zu können. Der Dichter nimmt Erlebnisse und Erfahrungen anderer wie ein Schwamm auf. Stephen Crane brauchte nicht an einem Krieg teilgenommen zu haben, um *»The Red Badge of Courage«* schreiben zu können. Und die vielleicht größte englische Seedichtung wurde von einem Menschen geschrieben, der auf diesem Gebiet sehr belesen war und viel darüber gehört hatte, selber aber keine Erfahrung besaß: *»The Ancient Mariner«* war schon ein halbes Jahr lang fertig, als Coleridge zum erstenmal an Bord eines Schiffes ging, und auch dann handelte es sich nur um eine Fahrt von Yarmouth nach Cuxhaven. Ob Homer von den Ionischen Inseln stammte, ob er Ithaka selber kannte oder ob er diesen Teil des Mittelmeers je befahren hat, ist nicht von Belang. Es liegt mir lediglich daran, herauszufinden, wo der Dichter sich die verschiedenen Vorkommnisse gedacht hat und welche wahren Begebenheiten der später märchenhaft verbrämten Geschichte zugrunde liegen könnten.

Nach der »Odyssee« ging Odysseus nicht unmittelbar bei den Zyklopen an Land, sondern auf einer Insel unter der Küste. Das Bemerkenswerte dabei ist, daß es in ganz Südsizilien nur einen einzigen Ort gibt, auf den die Beschreibung paßt, und diese Insel liegt genau, wo man sie erwartet – in der Nähe von Marsala und Trapani. Der ganzen Südküste entlang gibt es keine andere Insel, bis man zu der winzigen Isola Correnti an der äußersten Ostspitze Siziliens kommt, ich habe einmal in einem Sturm achtundvierzig Stunden lang im Windschatten von Correnti gelegen und kann bestätigen, daß sie in keiner Weise der Homerischen Beschreibung der fruchtbaren Ziegeninsel mit ihrem »silberblinkenden Quell, von Pappelweiden umschattet« nahekommt, wo Odysseus mit seinem Geschwader nach dem Abstecher nach Nordafrika zum erstenmal wieder Land sichtete.

Die Insel Favignana liegt vier Meilen von der Westküste Siziliens entfernt. Sie gehört zu der kleinen Gruppe der Ägadischen Inseln, so genannt, weil Favignana im Altertum Ägusa hieß, die »Ziegeninsel«. Der Name kam wohl nicht von ungefähr. »Ein kleines waldiges Eiland«, wie Odysseus sagt, »welches unzählige Scharen von wilden Ziegen durchstreifen.« Ein weiterer Umstand, der auf diese Insel hinweist, ist der, daß es Odysseus und seinen Leuten durchaus möglich war, von dieser Insel aus den Rauch im Lande der Zyklopen, gemeint ist Sizilien, aufsteigen zu sehen, jenseits der schmalen Meerenge.

Die Fahrt von 280 Seemeilen vom Land der Lotosesser zu der Ziegeninsel verlief ohne Zwischenfall; auch findet sich hier keine Zeitangabe. Nur etwas wird uns berichtet, nämlich der Umstand, daß die Schiffe bei der Insel beinahe auf Grund gelaufen wären, da es pechfinster war und dichter Nebel herrschte. Samuel Butler hat den Nebel, der diesen Küstenstrich zu umgeben scheint, weidlich ausgebeutet, um seine Theorie, daß die »Odyssee« in Trapani geschrieben wurde, zu stützen. In Wirklichkeit kommen aber Nebel in diesen Küstengewässern nicht selten vor, namentlich wenn der Wind von Süden weht.

»... Es war einer jener dichten Seenebel, von denen man weiß, daß sie sich verziehen, wenn die Sonne höher steht. Ich konnte kaum bis zum Bug des Bootes sehen; wir schienen nicht durch Wasser, sondern durch diese seltsame dicke Luft zu klüsen. Das weiße Gewölk wurde von unserem Fahrtwind zerteilt und schloß sich hinter uns wieder so dicht wie nur je.«

So lautet ein Auszug aus dem Logbuch, das ich führte, als ich dem Küstenstrich zwischen Marsala und Sciacca entlangfuhr. Das Merkwürdige dabei ist, daß Seenebel im mittleren Teil des Mittelmeers selten sind, während ich unter der Westküste Siziliens dreimal in dichten Nebel geriet. Bei anderer Gelegenheit, als ich einmal beim Thunfischfang vor Favignana mithalf, wurden wir durch einen dichten Nebel aufgehalten, der sich erst verzog, nachdem die Sonne schon mehrere Stunden lang am Himmel stand.

Der Umstand, daß Seenebel in diesen Breiten nicht selten vorkommen, genügt allein noch nicht, um Favignana zur Ziegeninsel des Odysseus zu machen. Doch im Verein mit der Tatsache, daß sie bei den alten Schriftstellern die »Ziegeninsel« hieß und daß sie geographisch allen Anforderungen genügt, scheint mir der Beweis schlüssig zu sein.

Als das Geschwader sich dem Ufer näherte, wehte offenbar ein Südwind, denn »selbst die langen Wogen, die hin ans Ufer sich wälzten, sahen wir nicht«, heißt es an der betreffenden Stelle. Für die Überfahrt von der nordafrikanischen Küste her wäre ihnen ein Südwind ohnehin höchst erwünscht gewesen. Daß sie unter Segel gewesen waren, steht fest; es wird nämlich ausdrücklich gesagt, daß sie die Segel erst einholten, als sie bereits auf den Sandstrand gelaufen waren. Auch ist zu betonen, daß Nebel in dieser Gegend hauptsächlich bei Südwind auftreten. Nachdem sie die Boote gesichert hatten, legten sich die Griechen erschöpft am Strande nieder.

DIE ZIEGENINSEL

Der heutige Hafen von Favignana liegt an der Nordküste der Insel, wo Odysseus aber nicht gelandet sein kann. Da er in dichtem Nebel von Süden her kam, liefen seine Schiffe, wie gesagt, auf dem Strand auf, ehe die Griechen überhaupt merkten, daß sie in untiefem Wasser waren. Nun gibt es an der zehn Kilometer langen Südküste der Insel drei Ankerplätze: Cala Grande, Cala Rotonda und eine Bucht östlich von Punta Longa. Alle weisen Sandstrand auf, doch nur einer entspricht der begeisterten Beschreibung bei Homer: »Und der Hafen so sicher! Kein Schiff bedarf der Vertäuung.« Zwar klingt das verdächtig nach einem alten Seemannsgarn; der Hafen, wo einer sein Boot ohne weiteres liegen lassen kann, muß nämlich erst noch erfunden werden. Ich neige zu der Ansicht, es habe sich bei dem beschriebenen Ankerplatz um Cala Grande gehandelt. Eine kleine Landzunge ragt da am Ende hervor, und innerhalb dieser ist ein sacht ansteigender Strand, wo ein Schiff sicher aufgehoben ist, »bis es dem Schiffer weiter zu fahren beliebt, und günstige Winde sich heben«.

Es gibt vier Ägadische Inseln, wobei eine davon, Isola Grande, so dicht unter der Küste liegt, daß sie fast zu Sizilien gehört, dann Favignana, ungefähr vier Meilen im Westen, Levanzo im Norden von Favignana, und, am weitesten draußen im Westen, Marettimo. Von allen diesen Inseln weist nur Favignana Ankerplätze auf, die diesen Namen verdienen. Ich habe einmal im Sommer mehrere Wochen hier verbracht und bin von einer Insel zur andern gesegelt, um sie zu erkunden. Favignana, die wohlhabendste, ist immer noch fruchtbar, mit beträchtlichem Baumbestand; Lorenzo ist eine kahle kleine Insel, auf der ein paar Rebstöcke gedeihen und eine Anzahl Kaninchen; Marettimo wirkt streng und abweisend, ein Landungssteg an der nordöstlichen Küste ist alles, was es zu bieten hat.

Es sind immer noch einsame Inseln und zu Odysseus' Zeiten waren sie unbewohnt, denn, bemerkt er, »es gebricht den Kyklopen (den Bewohnern Westsiziliens) an rotgeschnäbelten Schiffen«; wenn sie etwas vom Schiffbau verstünden, setzt er hinzu, hätten sie diese Wildnis längst in eine blühende Kolonie verwandelt. Nur von Favignana läßt sich bis auf den heutigen Tag sagen, »am Ufer entlang nichts als Wiesen, und Flachland leicht zu pflügen«. Abgesehen von der Montagna Grossa, der höchsten Erhebung auf der Insel, besteht Favignana aus flachem und bebautem Land. Die Insel ist verhältnismäßig reich; rund 5000 Bewohner leben hier von Fischerei und Landwirtschaft. Ich habe hier einen schönen Tag verbracht, indem ich der Südküste entlang mit dem Spieß Fische fing und nachts in der Cala Grande ankerte, hinter dem Vorsprung, wo vielleicht auch Odysseus mit seinen Leuten landete. Zwar entrieselt heute der Felsengrotte kein silberblinkender Quell mehr, aber es gibt Quellen auf Favignana, was sich von den andern Inseln nicht sagen läßt. Auf Levanzo beispielsweise muß alles Wasser während der Regenzeit im Winter von den Flachdächern aufgefangen werden.

Ortskundliche Einzelheiten wie Grotten oder Quellen waren für mich auf meiner Suche nach Odysseus nie ausschlaggebend. Dergleichen kann sich durch die Jahrhunderte beträchtlich ändern, und im Verlauf von dreitausend Jahren muß man mit Erdrutschen rechnen, die Grotten zuschütten, mit vulkanischen Störungen, die Quellen zum Versiegen bringen oder ablenken, und mit dem betrüblichen Vorgang der Entwaldung, der, wie in Griechenland, eine Landschaft völlig verändern kann. Anderseits halte ich die geographischen Beschreibungen in der »Odyssee« in den Hauptzügen für sachgerecht und genau. Sie lesen sich, als ob es Homer auf eine genaue Schilderung abgesehen gehabt hätte, und weisen überhaupt oft eine unheimliche Ähnlichkeit mit den Segelhandbüchern auf, wie sie das Britische Marineamt herausgibt. Wo sagenhafte und phantastische Züge hineinspielen, merkt man das sofort; diese Stellen, die nichts Bestimmtes meinen, sondern gefühlsmäßig verallgemeinern, haben einen ganz andern Ton. Wo sich der Dichter aber vornimmt, einen Hafen zu beschreiben, einen Ankerplatz oder irgendwelche Gefährdungen der Seefahrt, da wirkt er stets erstaunlich authentisch. Als Beispiel sei hergesetzt, was ich für Homers Schilderung der Insel Favignana halte:

»Denn nicht karg ist das Land, und schmückte
jegliche Jahrszeit.
Längs des grauen Meeres Gestade winden
sich Wiesen,
Reich an Quellen und Klee. Dort rankten die
edelsten Reben;
Und leicht pflügte der Pflug, und dicke Saatengefilde

Reiften jährlich der Ernte, denn fett ist unten
der Boden.
Und der Hafen so sicher! Kein Schiff bedarf
der Vertäuung,
Weder geworfener Anker noch angebundener Seile,
Sondern es läuft auf den Sand und ruhet, bis es
dem Schiffer
Weiter zu fahren beliebt und günstige Winde
sich heben.
Oben am Ende der Bucht entrieselt der felsichten
Grotte
Silberblinkend ein Quell, von Pappelweiden
umschattet.«

Und hier, zum Vergleich, die Beschreibung von Prosperos Insel im »Sturm«:

»Die Hügel, wo die Schaf ihr Futter rauben,
Und Wiesen, wo sie ruhn, bedeckt von Schauben;
Die Bäche mit betulptem, buntem Bord,
Vom wäßrigen April verzieret auf dein Wort,
Zu keuscher Nymphen Kränzen; dein Gesträuch,
Wo der verstoßne Jüngling, liebebleich,
Sein Leid klagt; deine pfahlgestützten Reben;
Die Küsten, die sich felsig dürr erheben...«

Shakespeares Insel liegt im Niemandsland dichterischer Phantasie; es wäre in der Tat ein müßiges Unterfangen, sie auf einer Seekarte suchen zu wollen. Homers Beschreibung dagegen ist sachlich und geht auf Einzelheiten ein – sie könnte beinahe aus dem Prospekt eines

Grundstückmaklers stammen oder aus einer Werbeschrift für Auswanderer. Wenn immer möglich, wird in der »Odyssee« die Beschaffenheit eines Hafens geschildert und seine Eignung bei diesen oder jenen Wetterverhältnissen; auch das, was bei jedem Fahrensmann gleich hinterher kommt – Trinkwasser – wird jeweils erwähnt.

Seit es eine Schiffahrt gibt, gibt es auch die sogenannten Segelhandbücher; im Altertum hießen sie gewöhnlich *periploi*. Der früheste *periplous*, den wir kennen, stammt aus dem 4. Jahrhundert v. Chr., aber in Anbetracht des regen Schiffsverkehrs, wie er im Mittelmeer seit dem 8. Jahrhundert bestand, ist anzunehmen, daß es schon früher welche gab. Es ist nicht ausgeschlossen, daß der Verfasser der »Odyssee« ein solches Segelhandbuch vor sich hatte. Doch lange bevor nautische Anweisungen schriftlich niedergelegt wurden, gab es sie wohl als mündliche Überlieferung. Die »Odyssee« ist das Epos eines Volkes, für das die Schiffahrt lebenswichtig war; es ist deshalb weiter nicht erstaunlich, daß darin soviel Tatsächliches hineinverarbeitet ist. Der Eindruck der Echtheit wird durch die ins einzelne gehende Beschreibung von Wind und Wetter, Ufer und Häfen erzielt; sie gibt dem Ganzen sein festes Gefüge.

Immer noch wirbelt der Südwind das Wasser den hellbraunen Sandstrand von Favignana hinauf, und auf der Montagna Grossa weiden die Ziegen, nur sind es heute weniger, da das Land intensiv bebaut wird. An den Hängen der Insel schimmern hellgrün die Rebberge, und das Flachland im Osten gibt Obst und Weizen her. Die Fischerboote, die jetzt im Schutz des nördlichen Hafens liegen, haben am Bug immer noch den *oculus* aufgemalt, und blau ist immer noch eine beliebte Farbe. Von der Montagna Grossa hat man einen Blick über die Meerenge nach Sizilien und dem Hafen von Trapani. Dahinter erhebt sich der gewaltige Eryx, auf dem vielleicht die Zyklopen gewohnt haben. An alles das erinnerte sich Odysseus: »Und wir sahen den Rauch des Kyklopenlandes und hörten die Stimme der Ziegen und Schafe.«

Als die Griechen am Morgen nach ihrer Ankunft erwachten, machten sie sich zuerst einmal daran, die Insel zu erkunden, und sobald sie die wilden Ziegen sahen, holten sie ihre Bogen und Speere, um sich frisches Fleisch zu beschaffen. Neun Ziegen traf es auf jedes Schiff des Geschwaders, während Odysseus als Anführer noch eine Ziege dazu bekam. Dann veranstalteten sie ein Gelage. Sie hatten noch genügend von dem Wein aus Ismaros, »denn reichlich schöpften wir alle in die Krüge, da wir die Stadt der Kikonen beraubten«. Diese Krüge werden ungefähr so ausgesehen haben wie die Amphoren, mit denen wir nachgerade vertraut genug sind, seit Taucher sich einen Sport daraus machen, versunkene Schiffe aus altgriechischer Zeit zu untersuchen. Im Museum in Heraklion auf Kreta gibt es eine Anzahl minoischer Krüge aus Knossos, die älter sind als die von Odysseus mitgeführten, aber der geschichtliche Zusammenhang in der Welt des Mittelmeers ist so ausgeprägt, daß ich auf Kreta gesehen habe, wie Krüge auf ein Boot verladen wurden, die genau dieselbe Form hatten. Sogar dieselben Muster waren in den groben Ton eingeritzt.

Daß es für die Fahrensleute der Frühzeit wichtig war, frisches Fleisch zu finden, braucht nicht betont zu werden. Sie konnten in ihren offenen Booten wenig Lebensmittel mitnehmen – Korn in Töpfen oder Lederbeuteln, Oliven und Olivenöl, getrockneten Fisch, vielleicht auch Dörrfleisch wie das südafrikanische *biltong*, Zwiebeln, Käse und Schalentiere – die letzten drei werden in der »Ilias« erwähnt. Im Gegensatz zu den heutigen Mittelmeervölkern fallen die Homerischen Helden durch ihre üppige Fleischkost auf, was den Schluß nahelegt, daß ihre Vorfahren aus dem Norden stammten. Häufig erwähnt werden in der »Odyssee« auch Obstgärten und Gemüsepflanzungen, und dieses Obst und Gemüse, das heute auf Sizilien und den andern Mittelmeerinseln in Fülle vorkommt, werden Odysseus und seine Gefährten vermißt haben. Auf Favignana fanden sie dergleichen jedenfalls nicht, nicht einmal den Feigenkaktus, der heute auf Sizilien und den Ägadischen Inseln überall wild wächst. Der Feigenkaktus ist erst nach der Entdeckung Amerikas zu uns gekommen. Wenn man heute am Strande von Favignana Feigen ißt (*Opuntia ficus indica*, die indische Feige), wie ich es getan habe, dann berührt es seltsam, zu denken, daß dieser verkrüppelte Kaktus, der heute unfehlbar zum Landschaftsbild gehört, bloß ein Nachzügler ist.

Zur Verpflegung des Odysseus gehörte auch etwas, woran sich im Laufe der Jahrhunderte wohl wenig geändert hat, nämlich mit Kräutern gewürztes Fleisch, das wurstartig in Därme gestopft wurde. Das Fleisch der wilden Ziegen, die sie erlegt hatten, wurde bestimmt nicht alles auf einmal aufgegessen; einen Teil davon versetzten sie mit Zwiebeln und Kräutern, wuschen das Gedärm der Ziegen im Meerwasser aus und füllten es mit dem

Hackfleisch, wie das auf den ägäischen Inseln heute noch geschieht.

Man darf nicht vergessen, daß Odysseus und seine Leute an Strapazen und Entbehrungen gewöhnt und durchaus imstande waren, tagelang mit höchst magerer Kost auszukommen. Griechische Fahrensleute können das heute noch, wie ich aus Erfahrung bezeugen kann. Eine Handvoll schwarzer Oliven, ein Stück Brot, das in Olivenöl getaucht wird, vielleicht eine Scheibe oder zwei einer Melone – das gilt als Tagesration. Zu Odysseus' Zeiten wird es nicht anders gewesen sein. Wenn aber frisches Fleisch zu haben war, wie auf Favignana, dann werden sie sich den Bauch vollgeschlagen haben, wie das wilde Tiere auch tun, um dann in mageren Tagen von dem angelegten Vorrat zehren zu können.

In der Frühe des zweiten Tages hielt Odysseus eine Ansprache an seine Leute. Er sagte ihnen, er gedenke zum »Festland« hinüberzusegeln, um herauszufinden, was das für Leute seien, deren Feuer sie gesehen hatten. Die andern elf Schiffe sollten zurückbleiben, während er und seine Mannschaft auf Erkundung ausliefen. Daß Sizilien eine Insel war, konnte er natürlich nicht wissen; verglichen mit Favignana schien die gegenüberliegende Küste die eines Kontinents. Dann warfen seine Leute die Trossen los und stachen seewärts ein, wobei sie auf der ruhigen Wasserfläche die Schneckenspur ihrer Ruderschläge hinterließen.

Aus dem Umstand, daß bei Homer ausdrücklich vom Loswerfen der Trossen die Rede ist, läßt sich schließen, daß das Boot unweit des Ufers vor Anker lag. Vermutlich ging man damals auf dieselbe Art vor wie heute noch. Da sich im Mittelmeer die Gezeiten nicht bemerkbar machen, ist es am besten, man vertäut das Boot mit dem Heck am Ufer, während der Bug mit einem Anker abgehalten wird. Statt eines Ankers wird auch heute noch oft ein Steinklotz verwendet. Nicht nur aus Ersparnisgründen. Der Anker verfängt sich leicht im felsigen Grund oder in Korallengebilden, was bei größeren Fahrzeugen, die über ein Ankerspill verfügen, nicht viel schadet; sie können den Anker immer mit Gewalt klarkriegen, nicht aber kleine Boote, bei denen er von Hand eingeholt werden muß. Ein Ankerklotz genügt durchaus, um ein Zehntonnenboot gegen Wind und Dünung zu sichern.

Der 750 Meter hohe Eryx beherrscht die ganze Westküste Siziliens; am Fuße des Berges liegt heute der Hafen von Trapani. Der Name Trapani kommt von dem griechischen *drepanon*, die Sichel, nach dem sichelförmigen Vorsprung, an dem der Hafen liegt. Als Odysseus hier landete, war noch nichts vorhanden. Erst viel später richteten die Phönizier an dieser Küste einen Stützpunkt ein. Auf dem Eryx erbauten sie der Astarte, der Göttin der Liebe, einen Tempel, der später in ein Heiligtum der Aphrodite Erykina verwandelt wurde. Heute steht hier eine romanische Kirche, in der die Sizilianer der Madonna, Stella Maris, huldigen. Für die Fahrensleute bleibt sie die Göttin der Liebe, von der sie, wie die Weihgeschenke zeigen, vor allem erwarten, daß sie sie vor Schiffbruch bewahrt.

DIE HÖHLE DES POLYPHEM

In Trapani hat man das Gefühl, sich in einer sehr alten Stadt zu bewegen. Seit Jahrtausenden ist hier gelebt und gestorben worden; Urstaub weht einem in die Nase; erinnerungsträchtig breitet sich das Meer draußen vor der Promenade aus, wo am Abend die jungen Leute ihre *passegiata* abhalten. Am 10. März 241 v. Chr. färbte sich dort draußen das Wasser mit Blut, als eine römische Flotte von zweihundert Schiffen die Karthager schlug, die bis dahin unbesiegte Seemacht. Mit dieser Schlacht nahm der erste Punische Krieg sein Ende. Jetzt sind diese Gewässer still und friedlich; ein paar Frachter ziehen ihre Spur hindurch, und die schrägen Segel der Fischerboote gaukeln darüber hin.

Diese Küste war schon den ersten Menschen bekannt, die wir als die Urahnen unserer Kultur betrachten. Auf Levanzo, der kleinsten der Ägadischen Inseln, befindet sich eine Höhle, die beträchtlich älter ist als die Geschichte von Odysseus. Wie die berühmten Höhlen von Lascaux und Altamira ist sie einer jener seltsamen Tempel vorgeschichtlicher Kunst. Was die Höhle von Levanzo einzigartig macht, ist der Umstand, daß sich so weit südlich sonst keine Spuren dieser uralten europäischen Kultur gefunden haben. Rätselhaft ist auch, daß sich auf dieser winzigen Insel, auf der heute höchstens Kaninchen vorkommen, Abbildungen von Rindern und Antilopen finden. Man weiß heute, daß Levanzo einst mit Sizilien zusammenhing und von einer großen, fruchtbaren Ebene umgeben war. Und nicht nur das, auch zwischen Sizilien und Tunis erstreckten sich einst reiche, blühende Täler – wer weiß, vielleicht lag hier das verschollene Atlantis? Levanzo, Marettimo und die Ziegeninsel Favignana waren drei Berggipfel über der grünen Ebene, wo die Rinder und Antilopen grasten, die in der Höhle von Levanzo verewigt sind. Der alles überragende Eryx muß seit Urzeiten ein heiliger Ort gewesen sein, vielleicht schon damals, als Odysseus hier landete.

Die Gegend sah ganz blau aus, als ich hier eines Morgens im Frühling an Land ging. Es hatte während der Nacht leicht geregnet, und die frühe Sonne begann eben den feuchten Dunst von den Feldern und blühenden Wiesen aufzutrocknen. Überall wuchsen wilde Blumen, vor allem blaue Lilien und Zyklamen, wie sie auch Odysseus sah, falls er im Frühjahr hier war. Jedenfalls war er der erste Grieche, der seinen Fuß an dieses seltsam schöne Gestade setzte. Merkwürdigerweise sollte später nach dem Zeugnis Vergils auch der Trojaner Äneas hier landen. Der künftige Gründer Roms, vertrieben aus der Stadt, die Odysseus zerstören half, errichtete hier seinem Vater Anchises, den er aus den brennenden Trümmern von Troja getragen hatte, einen Grabhügel.

Schwer wie ein Plüschvorhang hängt die Geschichte über Trapani. Die ganze Gegend ist mit Vergangenheit gesättigt. Hier kommt einem sein eigenes Leben nur wie ein winziger Harztropfen vor, der aus dem Stamm eines Riesenbaumes quillt. Nur wenn die Kunst oder der Zufall sich seiner annehmen, wird er als Bernsteinkügelchen erhalten bleiben. Das ist mit Äneas und Odysseus geschehen, aber nur, weil der kurze Sturm ihres Lebens von großen Dichtern verewigt wurde. Keinerlei Zeugnisse künden von den andern Männern, die mit Odysseus hier an Land sprangen und in das Gebiet der Zyklopen eindrangen.

Wir wissen, wieviel Mann Odysseus begleiteten und mit ihm in die verhängnisvolle Höhle des Polyphem gerieten. Zwölf der Tapfersten suchte er sich aus und hieß die andern am Ufer das Schiff bewachen. Gelandet waren sie an dem Punkt der Küste, der der Insel am nächsten war, wahrscheinlich etwas südlich von Trapani. Der ganze Küstenstrich hat sich aber seither erheblich verändert, so daß es müßig ist, den genauen Punkt bestimmen zu wollen. Samuel Butler hatte hier weniger Bedenken als ich; er glaubte in einer Höhle, die heute noch zu sehen ist, die des Polyphem gefunden zu haben, an einer Pizzolungo genannten Stelle etwa sechs Kilometer nördlich von Trapani.

Wenn es an dem Tag, als ich zum letztenmal hier war, weniger heiß gewesen wäre, hätte ich die Küste südlich der Stadt aus reiner Neugier erkundet. Aber es war im Hochsommer, und die Verdunstungsbecken im Süden, wo Salz gewonnen wird, waren wie geschmolzenes Silber; über dem versengten Land flimmerte die Luft, und selbst das Meer tat den Augen weh. Sizilien lag im Banne dessen, was die Leute hier »die Löwensonne« nennen. Ich schätze diese traumwandlerischen Nachmittage im Süden, wo selbst der Bettler noch einen schattigen Torbogen findet, um der Ruhe zu pflegen, und nur die Reichen immer noch geschäftliche Besprechungen führen mit ihrem Gegenüber in Neapel, oder versuchen, mit der Mafia in Chicago telephonisch Verbindung zu bekommen. Es gibt immer noch Banditen und Räuber hier, denn Polyphem ist seit langer Zeit in diesem Winkel von Sizilien ansässig.

Butlers Höhle des Polyphem ist noch da. An dem Morgen, als ich an Land ging, um sie zu besichtigen, war sie leer, obwohl sie offensichtlich immer noch als Schafpferch diente, mit einer Steinmauer vor dem Eingang. Man kann sich unschwer vorstellen, wie – hier oder anderswo – eine Schar von Fremden in eine Falle gelockt werden könnte. Die riesenhafte Größe des Polyphem braucht man nicht allzu wörtlich zu nehmen, sie ist sicher im Laufe der Zeit vergrößert worden. Wer aus großer Gefahr entronnen ist, neigt dazu, sie zu übertreiben, wenn er später davon erzählt. Wer vor nicht allzu langer Zeit im Krieg gedient hat, weiß da nur allzugut Bescheid, und Odysseus, muß man bedenken, war kein vornehmer Engländer, der sich scheut, den Mund voll zu nehmen.

Als ich zu meinem Boot zurückging, um wieder der Küste entlang nach Trapani zu segeln, war das Meer so schlechthin blau und jedes Segels bar wie an dem Morgen, als der listenreiche Grieche hier an Land ging. Am Fuß des Eryx konnte ich die verstreuten Wohnungen der Zyklopen sehen, und, wie bei Odysseus, war es nicht nur der Rauch ihrer Feuer, der mir sagte, daß die Gegend bewohnt war; ich konnte auch ihre Stimmen hören, das Meckern ihrer Ziegen und das Blöken ihrer Schafe. Der Morgennebel um den Berggipfel hatte sich verzogen, ich konnte das Dunkelgrün der Bäume in der Umgebung der Stadt unterscheiden. Sie wird noch dichter bewaldet gewesen sein, als Odysseus hier war. Bemerkenswert ist, daß seine Beschreibung des hünenhaften Polyphem wie eine Verkörperung dieser sizilianischen Gegend wirkt: »Gräßlich gestaltet war das Ungeheuer, wie keiner, welchen der Halm ernährt: er glich *dem waldigen Gipfel hoher Kettengebirge, der einsam vor allen emporsteigt.*«

Samuel Butler war überzeugt, die in der »Odyssee« erwähnte Höhle gefunden zu haben; er beruft sich dabei auf den Umstand, daß sie in der Gegend immer noch *»la grotta di Polifemo«* hieß. Ich habe allerdings auch einen oder zwei Bewohner von Trapani getroffen, die die Höhle unter diesem Namen kannten, vermag aber nicht zu glauben, daß eine mündliche Überlieferung sich durch die Wechselfälle einer dreitausendjährigen Geschichte erhalten kann.

Ich fürchte, Butler selber hat dazu beigetragen, daß die Höhle zu diesem Namen kam. Einer von denen, die von ihr als der »Höhle des Polyphem« sprachen, war nämlich der Kurator des Städtischen Museums, und er hatte Butlers Buch gelesen. Im ganzen Mittelmeergebiet gehen dergleichen Anspielungen nicht weiter als bis ins 19. Jahrhundert zurück, als der erste Schwall von klassisch gebildeten Fremden diese Gestade überschwemmte. Der Südländer, ob es sich nun um Italiener, Sizilianer, Maltesen oder Griechen handelt, ist überglücklich, wenn er dem Fremden auf seine Fragen mit entsprechenden Geschichten aufwarten kann. Das muß nicht unbedingt einer angeborenen Verlogenheit entspringen. Es kann ebensogut aus echter Liebe zum Heimatort geschehen, aus dem Wunsch heraus, den Ort in den Augen des Fremden möglichst glanzvoll erscheinen zu lassen, aus dem freundlichen Bestreben, den Fremden nicht zu enttäuschen.

Alles Großmächtige, Uralte und deshalb Göttern Zugeschriebene nannte man im Altertum »zyklopisch«. So heißt es in einem Wörterbuch der Antike: »Zyklopische Mauern sind, im Gegensatz zu Mauern aus Quadersteinen, zunächst die Mauern von Tiryns, aus riesigen, unbehauenen Steinen. Zyklopische Mauern finden sich auch aus späterer Zeit, besonders in Mittelitalien.« Auch die alten Stadtmauern von Eryx fallen in diese Kategorie. Nach alter Überlieferung galten die Zyklopen als Schmiede des Hephaistos. Da Vulkane als seine Werkstätten betrachtet wurden, bezeichnete man Sizilien mit seinem mächtigen Ätna lange Zeit als ein »zyklopisches Land«.

Ich kann in der »Odyssee« nichts finden, was darauf hindeutete, daß der Ursprung der Geschichte von Polyphem irgend etwas anderes war als eine wirkliche Begegnung mit einem hünenhaften Ureinwohner von Sizilien. Aus dem Text scheint mir nicht einmal hervorzugehen, daß Polyphem unbedingt einäugig gewesen sein muß; in diesem Punkt bin ich mit Samuel Butler einer Meinung. »Der Name Kyklops war nichts als ein Spitzname und bedeutete ›rundbackig‹, so wie μήλωψ ›pausbackig‹, ein Apfel- oder Mondgesicht; meinem Liddell & Scott entnehme ich, daß Parmenides auch den Mond κύκλωψ nannte. Etwas anderes steckt in dem Wort nicht drin, und auch im Text der ›Odyssee‹ steht nichts, woraus hervorginge, daß die Zyklopen ein Volk mit einem einzigen, runden Auge mitten auf der Stirn gewesen wären. Ein so auffälliger Zug versteht sich aber nicht von selbst, und daß er sich für die frühesten griechischen Künstler nicht von selbst verstand, sieht man daran, daß sie Polyphem immer mit zwei Augen abbildeten. Erst später wird er einäugig, und auch der Text der ›Odyssee‹ verleiht ihm Augenbrauen in der Mehrzahl, was auch Augen in der Mehrzahl voraussetzt...« (Samuel Butler, *»The Authoress of the Odyssey«*).

Robert Graves spricht in *»The Greek Myths«* von den vorhellenischen Zyklopen als »berühmten Schmieden, deren Kultur sich nach Sizilien ausgebreitet hatte und die vielleicht in der Mitte der Stirn, als Stammesmerkmal, ein Auge eintätowiert trugen«.

Daß die Begegnung mit dem Zyklopen Polyphem dichterisch aufgebauscht ist, geht auch daraus hervor, daß der barbarische Menschenfresser bei Homer Griechisch versteht und spricht. Es kann damals, als Odysseus dort war, auf Sizilien keine Griechischsprechenden gegeben haben; solche hätten nämlich nur in Booten auf die Insel gelangen können, und Boote kannten die Bewohner ja überhaupt nicht. Und doch unterhält sich Odysseus des langen und breiten mit Polyphem. Und die Pointe der Geschichte ist sogar ein Wortspiel, insofern als Odysseus erklärt, sein Name sei »Oudeis« (griechisch für »Niemand«); als der Riese dann nach Hilfe schrie und sagte, es sei Niemand, der ihn umbringen wolle, fanden seine Nachbarn zu Recht, ihm sei nicht zu helfen.

Odysseus' Abenteuer mit Polyphem ist eine der großartigsten Geschichten der Weltliteratur. Der Dichter versteht es sogar, uns Mitleid mit dem menschenfresserischen Ungetüm abzunötigen. Am Morgen, als das letzte Tier der Herde die Höhle verläßt – der mächtige Widder, an dessen Bauch Odysseus sich klammert –, da wundert sich der geblendete Hüne, warum diesmal ausgerechnet der Widder als letzter hinausgeht. An dieser Stelle tut uns der ungeschlachte Kerl unwillkürlich leid. Wie überheblich ist dagegen Odysseus, wenn er den überlisteten Gegner hinterher schmäht!

Nachdem sie aus der Höhle des sizilianischen Hünen entronnen waren, machten sich Odysseus und die sechs seiner Gefährten, die mit dem Leben davongekommen waren, auf den Weg zum Ufer hinunter, wo das Boot auf sie wartete. Gelungen war Odysseus die Flucht, weil er ein kluger Kopf war, und dadurch, daß er Polyphem mit dem ismarischen Wein betrunken machte. Odysseus gehört zu denen, die kein Mittel verschmähen und aus allem immer etwas für sich herauszuschlagen verstehen. Selbst die Widder, unter denen er und seine Leute der Höhle des Todes entkommen waren, wurden vorsorglich zum Boot mitgenommen. Auf der Ziegeninsel gedachten die Griechen sich dann an ihnen gütlich zu tun.

Sobald die sieben Überlebenden an Bord waren, verloren sie keine Zeit; sie setzten sich eiligst hin und legten sich in die Riemen. Doch Odysseus konnte nicht umhin, den besiegten Gegner noch zu reizen: »Hör Kyklope! Sollte dich einst von den sterblichen Menschen jemand fragen, wer dir dein Auge geblendet, sag ihm: ›Odysseus, der Sohn Laertes', der Städteverwüster, der in Ithaka wohnt, der hat mein Auge geblendet!‹«

DIE INSEL DER WINDE

Voller Wut hob der geblendete Zyklop mächtige Felsblöcke auf und schleuderte sie nach den flüchtenden Griechen. Man kann sie immer noch dort liegen sehen, wenn man Lust hat; die Klippen, Asinelli, Porcelli und Formica genannt, wirken wie riesige aus dem Eryx herausgerissene und ins Meer geschleuderte Felsstücke. Doch an der Ostküste von Sizilien (wo nach andern die Zyklopen gewohnt haben sollen) werden einem ebenfalls Klippen gezeigt, die Faraglioni, die, wie es heißt, von dem einäugigen Riesen von seiner Wohnstätte an den Hängen des Ätna aus herabgeschleudert wurden. Daß das nicht stimmen kann, steht für mich vor allem deshalb fest, weil es östlich von Sizilien keine Insel gibt, die auch nur im entferntesten an die »Ziegeninsel« herankommt.

Schiffer und Mannschaft der andern elf Fahrzeuge warteten besorgt auf Favignana. Es war mehr als zwei Tage her, seit Odysseus weggefahren war, und sie konnten nur das Schlimmste vermuten. Man kann sich vorstellen, welches Jubelgeschrei sie erhoben, als sein Boot auftauchte. Sie hatten gut gegessen und getrunken und wußten wieder, wie Quellwasser schmeckt. Alles, was ihnen fehlte, um ihre Lebensgeister anzuregen, war die Rückkehr ihres Anführers.

Odysseus brachte traurige Botschaft; sechs ihrer Gefährten waren von Polyphem verspeist worden. Die drei, die sich im Lande der Lotosesser hatten selbständig machen wollen, bedauerten wohl mehr als je, daß es ihnen nicht gelungen war. Diese neue, fremde Welt, in die sie geraten waren, steckte voller Gefahren, und es ist Odysseus zuzutrauen, daß er diese Gefahren eher noch übertrieb, um die Leute bei der Stange zu halten. Mit der Rückkehr des Odysseus nach Favignana hat wohl die Entwicklung des Polyphem zu einem sagenhaften einäugigen Ungeheuer ihren Anfang genommen.

Das Dröhnen und Zischen der Brandung in den Ohren, setzten sich die Seeleute auf der kleinen, windigen Insel hin und sprachen dem frischen Fleisch zu, das Odysseus mitgebracht hatte. Es war ihnen nun klar, daß es aussichtslos war, sich in dem großen, fruchtbaren Land jenseits der Meerenge niederlassen zu wollen. Den ganzen Tag, bis die Sonne unterging, taten sich die Griechen an dem Fleisch gütlich. Dann legten sie sich am Strand im Freien zum Schlafe nieder.

Es muß im Sommer gewesen sein. In den Wintermonaten wäre es auf diesen Inseln nicht möglich, bequem im Freien zu nächtigen. Vor Anker am Ufer von Favignana und Levanzo, schlief ich jeweils Nacht für Nacht auf dem Deck meines kleinen Bootes, unter einer alten Armeedecke. Aber das war im Frühling und Sommer. Als ich einmal im Herbst hierherkam, fand ich, daß ich die kleine Kajüte mit dem Ofen heizen mußte und daß der gefütterte Schlafsack kaum genügte, um Feuchtigkeit und Kälte abzuhalten.

Am nächsten Tag in der Frühe befahl Odysseus seinen Leuten, an Bord zu gehen und auszulaufen. Es war nur seine Willenskraft, die sie wieder auf die Ruderduchten zwang; selber wären sie viel lieber noch geblieben, bis ihnen Nahrung oder Wein ausging. Man kann Odysseus nicht vorwerfen, er habe keine Lust gehabt, zu Frau und

Kind zurückzukehren, wie dies geschehen ist. Was ist denn die »Odyssee« anderes als die Geschichte, wie einer nach Kriegsende unbedingt heimkehren will?

Was an der Geschichte von den Irrfahrten des Odysseus besonders auffällt, ist die traurige und betrübte Stimmung, die darin vorherrscht. Obwohl das Mittelmeer meistens blau ist, wird es durchweg als »grau« beschrieben. Wir bekommen fast immer nur von schlechtem Wetter zu hören. Gewitter, Stürme, Strudel, tobende Wasser, daran fehlt es nicht; aber nie etwas von der Seligkeit glücklich verlebter Tage. Selbst die römischen Dichter, die bekanntlich wie alle Latiner unempfänglich waren für die Schönheit der See, finden doch zuweilen freundliche Worte dafür. Aber der Grieche Homer – wer immer das gewesen sein mag – hat in diesem »größten Epos der See«, wie seine Dichtung genannt worden ist, nie etwas über das Leben zur See zu sagen, das jemand verlocken könnte, freiwillig als Mann vorm Mast unter Segel zu gehen. Man vergleiche Homers Bericht von den Fahrten des Odysseus mit irgendeiner skandinavischen oder altenglischen Saga. Beide berichten von Untaten, Kampf und gewaltsamem Tod, aber die Saga frohlockt, wo Homer klagt. Der Unterschied wird sehr deutlich, wenn man sich der Beschreibung der See selber zuwendet. Als Odysseus mit seinen Gefährten die Ziegeninsel verläßt, heißt es:

»Als die dämmernde Frühe mit Rosenfingern
erwachte,
Trat ich selber ins Schiff und ermahnete meine
Gefährten,

Einzusteigen und schnell die Seile vom Ufer zu lösen.
Und sie traten ins Schiff und setzten sich hin auf
die Bänke,
Saßen in Reihn und schlugen die graue Woge
mit Rudern.
Also steuerten wir mit trauriger Seele von
dannen…«

Übersetzt von Johann Heinrich Voss

Hier dagegen ist ein Stück aus dem »Beowulf«, entstanden um 750 n. Chr., aber eine der homerischen ganz ähnliche Welt betreffend:

»… der Seebefahrne
Leitete sie zu des Landes Grenzen.
Nach kurzer Frist war der Kiel im Wasser
An steilem Ufer. Es stiegen die Krieger
An Bord, gerüstet; brandend wühlte
Im Sande die See; die Gesellen trugen
In des Bootes Bauch die blitzenden Waffen;
In die Wogen dann glitt zur erwünschten Reise
Das festgefügte Fahrzeug hinaus.
Vom Winde beflügelt durchflog seinen Weg
Das Schiff wie ein Vogel, das schaumhalsige,
Bis am nächsten Tage zur nämlichen Zeit
Der gewundne Steven so weit gelangte,
Daß Land die Segler erlugen konnten,
Flutumbrandete Vorgebirge,
Ragende Felsen…«

Übersetzt von Hugo Gering

Ich habe die beiden Stellen nicht angeführt, um die »Odyssee« herabzusetzen. Die »Odyssee« ist jahrhundertelang gerühmt worden, »Beowulf« vielleicht zu wenig. Es handelt sich nur um die Tatsache, daß Homer immer, wenn er sich mit der See und der Seefahrt befaßt, den unwirschen Ton eines müden alten Mannes anschlägt, der seine Söhne vor den Gefahren des Seemannslebens warnt. Ist es vielleicht, wie Butler und seine Anhänger behauptet haben, die Stimme einer Dichterin, einer Frau, die das Meer fürchtet und haßt? Ich möchte es bezweifeln, weil nämlich die Stimme Homers im Mittelmeer bis auf den heutigen Tag zu hören ist.

Griechen und Sizilianer sind immer noch Fahrensleute, aber ich habe noch nie einen gehört, der auch nur im entferntesten die angelsächsische Einstellung zur Seefahrt gehabt hätte. Wer im Mittelmeer zur See geht, tut es aus Notwendigkeit und aus keinem andern Grunde. Die Liebe zur See scheint ein nordischer Zug zu sein. Als ich mit meiner Frau rund um Sizilien und im Ägäischen Meer segelte, wurden wir oft von Matrosen gefragt, was uns veranlasse, an Bord eines Bootes zu leben. »Das Meer ist brutal«, bemerkte ein Küstenfahrer in Crotone. »Frauen gehören da nicht hin. Und Männer auch nur, wenn sie sich nicht an Land durchbringen können.« Und ein Schiffer auf Naxos meinte: »Ich würde nie zur See gehen, wenn es anders ginge. Im Hafen ist es ja ganz nett an Bord Ihrer kleinen *lordiko*. Aber hüten Sie sich hinauszugehen, wenn der *meltemi* weht!«

Man könnte einwenden, Seeleute, gleich welcher Volkszugehörigkeit, hätten meist nicht viel Gutes von ihrem Beruf zu melden, und doch habe ich in Nordeuropa

Fischer getroffen wie auch Matrosen der Handelsmarine und der Marine, die sich eine bleibende Liebe zum Meer bewahrt hatten. Unter den zahllosen Matrosen, die ich im Laufe der Jahre im Mittelmeer kennengelernt habe, kann ich mich an keinen erinnern, der sich in diesem Sinne geäußert hätte. Zwar sind die Griechen bedeutend weniger wasserscheu als die Sizilianer oder die Italiener. Aber wie bei Odysseus ist es nur Notwendigkeit, was sie zu Seeleuten macht; das Ziel eines jeden ist es, so viel zu verdienen, daß er sich an Land zurückziehen kann. Ebenso gehen die Maltesen nur höchst ungern zur See. Fischer auf Malta und Gozo weigern sich, bei Windverhältnissen hinauszufahren, die in Cornwall oder Devon höchstens als »eine gute Seglerbrise« betrachtet würden.

Ich bin deshalb zum Schluß gekommen, der Verfasser der »Odyssee« sei ein typischer Mittelmeermensch gewesen. Es hat keinen Sinn, nachweisen zu wollen, die »Odyssee« sei von einer Frau geschrieben worden oder von einem Binnenländer, der für die See nichts übrig hatte. Ebensogut kann Homer ein Inselbewohner gewesen sein, der mit dem Seewesen von jung auf vertraut war.

Ohne Seekarte, in wildfremden Gewässern, wird Odysseus auch jetzt nur einen Gedanken gehabt haben – nach Nordosten zu kommen. Das einzige, was er sicher wußte, war, daß er vom Vorgebirge Malea aus weit nach Süden und nach Westen abgetrieben worden war. Auch wußte er, daß er mit der Fahrt von Dscherba aus eine gute Strecke nach Norden zurückgelegt hatte.

Das Land, das er als nächstes sichten sollte, war »die

schwimmende Insel des Äolus«. Geht man von der Tatsache aus, daß er wohl so weit als möglich nach Nordosten steuerte, dann gibt es in diesen Gewässern nur eine Insel, die der Geschichte von der Heimat des Königs der Winde zugrunde liegen kann. Etwa sechzig Meilen genau nordöstlich von Favignana und der Ägadischen Gruppe liegt Ustica, eine einsame Insel mit steil abfallender Küste. Der Umstand, daß sie als im Meer schwimmend dargestellt wird, ist für viele ein Grund zur Annahme gewesen, daß wir uns nun endgültig im Reich der Fabel bewegen. Aber an anderer Stelle werden in der »Odyssee« Inseln als rasch dahinziehend beschrieben, was nur heißt, daß sie mit Bezug auf das an ihnen vorüberziehende Schiff sich zu bewegen schienen.

Ebenso schwamm die »schwimmende« Insel des Äolus nur scheinbar über die Kimm herauf – eine gute Beschreibung des Eindrucks, den man erhält, wenn Ustica an einem schönen Tag aus dem blauen Dunstschleier des Mittelmeers auftaucht. Butler bemerkt hierzu sehr richtig: »Odysseus verbringt einen Monat auf Ustica, ohne daß die Insel Anstalten macht, sich von der Stelle zu rühren, und als er nach Verlauf von drei Wochen wieder dahin zurückkehrt, steht nichts davon zu lesen, daß sie ihren Standort verändert hätte.«

Es gibt kein Zeugnis aus dem Altertum, welches die Insel des Äolus nach Ustica verlegt. Meistens versteht man unter den Äolischen Inseln die Liparische Gruppe, die einige achtzig Meilen östlich von Ustica liegt. Vergil nennt nur eine einzige Insel, bei der man gewöhnlich an den Vulkan Stromboli oder an Lipari, die größte dieser Inseln, gedacht hat. Die Heimat des Äolus wird aber deutlich als eine Insel beschrieben, die einsam und allein daliegt, während die Liparische Gruppe aus sieben Hauptinseln und einer Anzahl Felseninselchen besteht, die alle nahe beieinander liegen. Außerdem hätte Odysseus der Nordküste Siziliens entlang in östlicher Richtung segeln müssen, um dorthin zu gelangen, was er bestimmt nicht getan hat. Drittens ist zu bedenken, daß der schöne Westwind, den Odysseus von Äolus zum Geschenk erhielt, ihn von den Liparischen Inseln aus höchstens an die italienische Küste verschlagen hätte. Von Ustica aus dagegen ist ein Westwind, wie sich noch zeigen wird, durchaus annehmbar, um nach Ithaka zu gelangen. Ein weiterer Einwand gegen die Liparischen Inseln als die Heimat des Äolus wird sich später ergeben; diese Inseln werden nämlich unverkennbar als diejenigen beschrieben, an denen Odysseus vorbeihalten mußte auf seinem Weg südwärts zu Skylla und Charybdis in der Straße von Messina.

Ustica ist, wie die Liparischen Inseln, vulkanischen Ursprungs. Es ist grün und fruchtbar; vor allem gedeiht hier, wie überall auf vulkanischem Boden, ein guter Wein. Im Süden der Insel, wo das Dorf Ustica liegt, befindet sich ein Anlegeplatz. Dieser ist nicht viel mehr als ein schmaler Einlaß, aber durchaus geeignet für kleinere Küstenfahrer, Schoner und Jachten, das heißt, für Fahrzeuge, mindestens so groß oder größer als die des Odysseus. Der höchste Punkt der Insel, Monte Guardi dei Turchi, ist rund 250 Meter hoch und deshalb weithin sichtbar. Ich kam einmal im Herbst von Palermo in einem Motorboot mit starkem Dieselmotor hierher, war aber heilfroh, wohlbehalten in dem kleinen Hafen unter-

zukommen. Wenn der Wind von Norden kommt, weht er mit ungehinderter Gewalt über die ganze Strecke von Kap Circeo an der italienischen Küste her. Allein auf weiter See, ist Ustica überhaupt jedem Wind ausgesetzt. Der Schirokko türmt die Wasser an der Südküste auf; ein Westwind bringt eine See, die ihren Anlauf von der spanischen Küste her nimmt; und der östliche Levanter findet über eine Strecke von hundert Meilen, von Kalabrien her, kein Hindernis. »An vielen Stellen«, heißt es im Segelhandbuch, »ist die Küste steil und unzugänglich.« Homer beschreibt sie mit den Worten: »... rings springt steiles Gewänd auf.«

Erst wenn wir zu Äolus selber kommen, zu seinen Kindern und den von Menschenhand erschaffenen Bauten auf der Insel, verlassen wir den Boden der Wirklichkeit. »Undurchdringlich erhebt sich rings um das schwimmende Eiland eine Mauer von Erz...« Es ging über die technische Leistungsfähigkeit jener Zeit, eine solche Mauer zu errichten. Man mag dergleichen als Fabelei abtun, aber anderseits kann man darin vielleicht auch einen Versuch sehen, den Eindruck der Unzugänglichkeit von Ustica und seiner zerklüfteten Steilküste zu vermitteln. Die englische Seemannssprache kennt einen auffallend ähnlichen Ausdruck für diese Art von Küste – *ironbound* (eisenbeschlagen). Ein Historiker von wörtlichem Gemüt, der in ein paar tausend Jahren einen englischen Text entziffert, mag diesen gewöhnlichen Seemannsausdruck auch rätselhaft finden.

Bewohnt ist die Insel, wird uns gesagt, von Äolus und seiner Frau und von ihren zwölf Kindern. »Lieblicher Töchter sechs, und sechs der blühenden Söhne. Und er hatte die Töchter den Söhnen zu Weibern gegeben.« Das blutschänderische Verhältnis unter den Kindern des Äolus wird erwähnt, um den griechischen Zuhörern klarzumachen, daß der Dichter wildfremde und völlig »ungriechische« Menschen beschreibt. Inzest unter Geschwistern, wie er von der ägyptischen Königsfamilie geübt wurde, ist von Griechen, die Ägypten besucht hatten oder als Kauffahrer und Seeräuber mit Ägyptern in Berührung gekommen waren, bestimmt gemeldet worden. Was liegt deshalb näher, als anzunehmen, der Dichter habe den althergebrachten »königlichen Inzest« von Ägypten auf den fabelhaften König der Winde übertragen?

Äolus, von Zeus zum Verwalter von Wind und Wetter bestellt, wird eingeführt, damit er für einen Wind sorgt, der Odysseus heim nach Ithaka bringt. Was nun Odysseus eigentlich brauchte, um von Ustica aus nach Ithaka zu gelangen, war ein zwei- oder dreitägiger Nordwind, dem lange, gleichmäßige Winde aus dem Westen folgten, um an Sizilien vorbei und durch das Ionische Meer nach Hause zu kommen. Noch besser wäre ein Nordwester gewesen; der hätte ihn die ganze Strecke hingebracht. Winde aus Nordwest sind in diesem Teil des Mittelmeers zufällig die häufigsten; sie wehen oft tagelang, ja eine Woche lang, ohne abzuflauen. (Als ich einmal von Trapani aus nach den Balearen segeln wollte, wurde ich bei den Ägadischen Inseln fünf Tage lang durch einen starken nordwestlichen Gegenwind aufgehalten.) Das wird auch durch das Segelhandbuch des Britischen Marineamts bestätigt: »Nordwestliche Winde sind in dieser Gegend fast das ganze Jahr hindurch am häufigsten, namentlich vom Juni bis im August, wo etwa ein Drittel aller Winde aus dieser Richtung kommen; über das ganze Jahr hin sind fast die Hälfte aller Winde zwischen westlich und nördlich.« Es ist deshalb mehr als wahrscheinlich, daß Odysseus von Ustica aus zu seinem Nordwester kam, namentlich wenn man bedenkt, daß er ziemlich sicher im Sommer dort war.

Er wird bei Nordwestwind von Ustica ausgelaufen sein und dafür gesorgt haben, daß er die gefährliche Küste der Zyklopen an Backbord querab hatte. Sobald er sich wiederum südlich von Favignana befand, wird er auf anderen Kurs gegangen sein und in östlicher Richtung das Ionische Meer durchquert haben.

Die Ausdrücke »West« und »Ost« sind unter den Altertumsforschern sehr umstritten und haben zu endlosen Auseinandersetzungen geführt, besonders wenn es gilt, die Lage von Ithaka mit Bezug auf die anderen Ionischen Inseln zu bestimmen. Das Elend rührt von der Benutzung moderner Seekarten her, mit einer Windrose darauf, die nach dem geographischen Nordpol ausgerichtet ist. Aber die Alten kannten den Begriff »geographisch Nord« nicht. Überhaupt hatte man über die Kardinalpunkte der Windrose nur ungenaue Vorstellungen, bis der magnetische Kompaß zur Einrichtung eines Schiffes gehörte, und das war erst im 15. Jahrhundert der Fall. Zu Homers Zeiten konnte ein Seemann feststellen, wo Norden lag, indem er den Kochab im Sternbild des Bären anpeilte. Um Ost und West zu bestimmen, war er auf die Stellung der Sonne bei Aufgang und Untergang angewiesen. »... Man darf nicht vergessen, daß diese Ungenauigkeit in der Angabe der Himmelsrichtungen für die ganze

N
W
O
S
ITALIEN
KORSIKA
Bonifacio
Kap Circeo
Ischia
Capri
Galli-Ins.
SARDINIEN
TYRRHENISCHES MEER
Ustica
Stromboli
Liparische-Ins.
Levanzo
Favignana
Eryx
Taormina
SIZILIEN
MITTELLÄNDISCHES MEER
NORD-AFRIKA
Kap Passero
Gozo
Malta
0
100
200
km

Zeit vor Einführung der Magnetnadel kennzeichnend ist. Wenn einer damals von ›zwischen West und Ost‹ sprach oder ›etwas nördlicher als Ost‹, dann hatte er keinen genauen, in Kompaßstriche eingeteilten Gesichtskreis vor sich, da ihm die geometrischen Begriffe abgingen« (E. G. R. Taylor).

Wenn also Homer von West und Ost spricht, will er die Himmelsrichtung nur im allgemeinen andeuten. Schon im Altertum machten griechische Seeleute übrigens einen Unterschied zwischen »Sommer« Ost und West und »Winter« Ost und West. Es ist anzunehmen, daß das auch schon zur Zeit Homers geschah. Da das Mittelmeergebiet zwischen 30 und 40 Grad nördlicher Breite liegt, besteht ein beträchtlicher Unterschied zwischen der Peilung der Sonne (bei Auf- und Untergang) im Winter und im Sommer. Im Sommer mag die Peilung der untergehenden Sonne mehr als 30 Grad nördlicher als West ergeben. Ein »Westwind« ist im Sommer deshalb fast Nordwest.

Alles das will nur besagen, daß Homer mit dem Westwind, den Odysseus von Äolus geschenkt erhält, nur einen »Wind aus einer westlichen Richtung« meint. Nach unseren Begriffen könnte es gut ein Wind aus Nordwest oder sogar aus Südwest gewesen sein. Da wir jedoch wissen, welche Winde im Tyrrhenischen Meer vorherrschend sind, sehe ich keinen Grund, zu bezweifeln, daß Odysseus mit einem aus Nordwest kommenden Wind von Ustica auslief.

Bei einem Nordwester hatte er den Wind an Steuerbord dwars ein, solange er von Ustica nach Favignana segelte, und dann von achtern, während er der Südküste von Sizilien entlanglief, und schließlich achterlicher als dwars an Backbord, als er das Ionische Meer auf dem Wege nach Ithaka durchquerte. Mit diesem Geschenk des Schaffners der Winde in den Segeln traten die Griechen nun die Rückfahrt an.

NACH GRIECHENLAND UND ZURÜCK

Die Strecke von Ustica um die Westküste von Sizilien herum durch den Maltakanal und hinüber nach Ithaka mißt zwischen 540 und 600 Seemeilen. Es kommt darauf an, ob man sich östlich oder westlich der Ägadischen Inseln hält. Vorausgesetzt, daß Odysseus' Schiffe durchschnittlich drei Knoten liefen, brauchte er 200 Stunden, um die 600 Seemeilen zurückzulegen. Nach neun Tagen (oder 216 Stunden) hätte ein Schiff mit drei Knoten Fahrt die Reise bewältigt haben können. Schlägt man in der »Odyssee« nach, so findet man: »Schon durchsegelten wir [nach der Abreise von der Insel des Äolus] neun Tage und Nächte die Wogen, und in der zehnten Nacht erschien uns das heimische Ufer.«

Das beweist noch nicht, daß Ustica die Insel der Winde gewesen sein muß, von der die Griechen ausgingen. Immerhin, im Verein mit all den andern angeführten Tatsachen deckt sich eine neuntägige Fahrt vom Nordwesten Siziliens aus fast genau mit dem Text. Wenn alles an den Irrfahrten des Odysseus reine Fabelei wäre, würde das bald jedermann klar, außer den ganz unbelehrbaren Steckenpferdreitern. Das Merkwürdigste an meiner Suche nach dem Wirklichkeitsgehalt der »Odyssee« ist aber, daß so viele der beschriebenen Orte und Fahrten völlig mit den feststellbaren geographischen Tatsachen übereinstimmen.

Wenn der Dichtung keinerlei Wirklichkeit zugrunde läge, hätte Odysseus auch achtundvierzig Tage (oder eine beliebige andere Zeitspanne) unterwegs sein können, bis er das Land der Lotophagen erreichte, und der Wind hätte aus irgendeiner beliebigen Richtung wehen können. Er brauchte aber neun Tage, bei einem Nordwester, so daß sich ausrechnen läßt, daß er irgendwo im Golf von Gabes, bei Dscherba, Land gesichtet haben muß. War es völlig aus der Luft gegriffen, wenn Homer die Ziegeninsel in die Nähe von Sizilien legte? Ist es reiner Zufall, daß Ustica genau dort einsam und allein aus dem Meer aufragt, wo man die Insel des Äolus zu finden erwartet? Hat der Dichter ebenso zufällig genau die richtige Zeitspanne getroffen, die ein Schiff wie das des Odysseus brauchen würde, um von Ustica bis in Sichtweite von Griechenland zu gelangen?

Es gibt eine Redensart, »einmal ist keinmal, zweimal ist Zufall, dreimal ist Machenschaft«. Ich will damit nicht sagen, was sich dreimal wiederhole, sei wahr. Wenn es in der »Odyssee« nicht mehr als drei Vorkommnisse gäbe, die örtlich und zeitlich stimmen, dann würde ich meinen Versuch, die Dichtung an erkennbaren Orten zu verankern, ohne weiteres aufgeben.

»In der zehnten Nacht erschien uns das heimische Ufer ...« Damit wird nicht gesagt, Odysseus habe sich in Sichtweite von Ithaka selber befunden. Das wäre unwahrscheinlich, da die Insel hinter dem, was heute Kephallenia heißt, verborgen liegt. Mit dem »heimischen Ufer« ist offenbar Griechenland gemeint, irgendein Teil der Ionischen Küste. Es wäre auch kaum glaublich, daß Odysseus es nach so langer Irrfahrt fertiggebracht hätte, auf den ersten Anhieb den schmalen Zugang zu Ithaka anzupeilen.

Das heimische Ufer, von dem er spricht, kann ein Stück

der Westküste von Griechenland oder irgendeine der Ionischen Inseln gewesen sein. Als ich kürzlich mit einer Zwanzigtonnen-Jacht von Syrakus nach Korfu segelte, versehen mit den neuesten Seekarten, einem genauen Kompaß, Sextant und Radio, verfehlte ich mein Ziel, wie ich gestehen muß, um zehn Meilen. Auch hatte ich nicht, wie Odysseus, »immer das Steuer bedient und keinem der andern es überlassen...«. Aber das bedeutet wohl nur, daß er, wie manch ein Schiffer auf kleinem Boot, sich nie lange ununterbrochen schlafen legte. Er wird damit beschäftigt gewesen sein, den Kurs zu peilen, Wind und Wetter abzuschätzen und die Mannschaft dazu anzuhalten, das Segel zu trimmen, zu steuern, und was sie sonst zu tun hatten.

Nachdem Griechenland nun in Sicht war, gestattete sich Odysseus einen richtigen Schlaf, und sogleich, wird uns berichtet, machte die Mannschaft das Geschenk des Äolus auf, den Schlauch voll widriger Winde, im Glauben, es seien kostbare Schätze drin. Die ganzen Winde sausten sofort heraus, ein Sturm erhob sich und trieb die Schiffe vom Land hinweg. Nun ist das Gebiet der Ionischen Inseln bekannt für seine plötzlichen Gewitter und heftigen Böen. Diese stürzen von den Bergen und Felseninseln fast ohne jede Ankündigung herab, wie auch im Segelhandbuch zu lesen steht. »Überall in dieser Gegend, wenn die Küste gebirgig ist, treten Fallböen auf, besonders bei windigem Wetter. Manchmal handelt es sich um weiße Böen, die bei strahlender Sonne und fast wolkenlosem Himmel vorkommen, namentlich an der Westküste Griechenlands und im östlichen Teil des Adriatischen Meers, im Sommerhalbjahr. Wenn diese Böen über die

See anlaufen, sind sie an der unruhigen Wasseroberfläche zu erkennen, aber in schmalen Gewässern, wenn das Hinterland kahl und felsig ist, sieht man sie oft nicht kommen.«

Auf Segelfahrten um diese Inseln, zwischen Ithaka, Leukas, Kephallenia und Zante, bin ich mehrmals in solches Wetter hineingelaufen. Zum Reffen bleibt dann keine Zeit mehr; alles was man tun kann, ist entweder eiligst die Segel zu bergen, oder vom Land weiter abzuhalten und das Boot vor den Wind zu legen. Wenn man weiß, wie hilflos selbst ein modernes Segelboot bei solchen Inselböen sein kann, versteht man ohne weiteres, daß ein offenes Boot mit nur einem Rahsegel ihnen völlig ausgeliefert war. Gegen den Wind aufzukreuzen, kam ohnehin nicht in Frage, und auch die Muskelkraft von zwanzig oder mehr Ruderern würde nicht ausreichen, um ein Boot gegen Wind und Wetter in Fahrt zu bringen.

Unter der Küste von Ithaka wäre ich 1952 in einem Segelboot von 9,5 Metern Länge beinahe zu Schaden gekommen. Als ich an Deck stieg, lag auf den nördlichen Hügeln von Ithaka bleicher Sonnenschein. Es war der letzte Lichtstrahl, bevor ein Gewitter gegen den Wind aufkam und die ganze Insel verdunkelte. Unmittelbar bevor Hügel und Vorland durch das ziehende Gewölk verdeckt wurden, nahm ich Peilung auf die Einfahrt in den Golf von Molo. Die Insel war nicht mehr weit entfernt, aber wir verloren sie aus den Augen. Wir steuerten nach dem Kompaß durch die vom Sprühwasser diesige Luft, und überall um uns zuckten die Blitze. Kaum waren wir von einem Blitzstrahl wie geblendet, folgte auch schon der Donner hart hinterher. Das Wasser vor dem Bug sah zerschlagen und verfärbt aus, und der Wellenschlag hörte sich auf einmal ganz anders an. Ich hatte eben die Lotleine hervorgeholt und ging nach vorn, um zu messen, als der Wind umsprang und den Blick auf die Zufahrt zum Golf freimachte. Die Küste war nur noch ein paar hundert Meter entfernt, und die Seen prallten gegen die zerklüfteten Felsen. Die Brandung hatte den Wellenschlag verändert, und das war es, was ich gehört hatte. Selbst mit Hilfe des Motors fand ich es schwierig, Port Vathy, den Hafen von Ithaka, zu erreichen. Ohne Motor wäre auch einem modernen Segelboot nichts anderes übriggeblieben, als vor dem Sturm wieder hinauszulaufen. Das ist es, was Odysseus und seinem Geschwader zustieß.

Ich muß zwar gestehen, daß mir die ganze Episode lediglich als eine Erdichtung vorkommt, mit dem Zweck, den Helden in Reichweite seiner Heimat zu bringen, um ihn dann Tantalusqualen leiden zu lassen, indem ihm der Gegenstand seiner Sehnsucht im letzten Augenblick wieder entrissen wird. Auch so ist aber nichts daran unmöglich. Odysseus' Schiffe hätten unter günstigen Umständen etwa neun Tage gebraucht, um von Nordwestsizilien aus die Ionischen Inseln zu erreichen. Ein plötzlich aufkommendes Gewitter und das Einsetzen eines Nordostwinds vom Land her hätten ihn gehindert, ans Ziel zu kommen, und ihn wieder aufs Meer hinausgetrieben.

Es ist auffällig, daß es in der »Odyssee« als ausgemacht gilt, ein Schiff habe bei stürmischem Wetter keine andere Wahl, als vor dem Wind zu laufen. Das steht mit dem, was über diese frühen Schiffe bekannt ist, im Einklang; ihr Rahsegel konnte nur bei Backstagswind benutzt werden, und bei dem breiten Blatt ihrer Riemen war es ausgeschlossen, gegen einen Wind von einiger Stärke anzurudern.

Von dem Sturm und einem vollständigen Herumholen des Windes überrascht, wurden die Griechen wiederum von ihrem Ziel hinweggetrieben, auf das Ionische Meer hinaus, südlich an Sizilien vorbei und zurück zur Insel des Äolus.

AUF DER SUCHE NACH DEN LÄSTRYGONEN

»All da stiegen wir aus und schöpften uns Wasser...« Während sich die Mannschaft am Strand bei den Schiffen eine Mahlzeit bereitete, bat Odysseus den Gott der Winde um eine weitere Gabe. Aber ein günstiger Wind ist etwas, was sich in den launenhaften Segelverhältnissen des sommerlichen Mittelmeers selten wiederholt, und es nützt wenig, darum zu beten. Es gibt nur wenig Meere, die für den Segler so ärgerlich sind. Tagelang kann vollständige Flaute herrschen, um dann von einem Gewitter oder einem plötzlichen Sturmwind abgelöst zu werden, der zu stark ist für Segeltuch. Nach ein paar Stunden legt sich der Sturm vielleicht wieder; was bleibt, ist eine ungemütliche Windstille bei starker Dünung.

Einer dieser andauernden Flauten sahen sich nun Odysseus und sein Schiffsvolk gegenüber. Wenn sie die Insel des Äolus hinter sich bringen wollten, mußten sie sich wohl oder übel auf die Ruderbänke setzen und in die Riemen legen. »Bei sechs Tagen ruderten wir mit Sonnen- und Mondlicht...«

Die Bemerkung als solche ist aufschlußreich für das gewöhnliche Verfahren der Griechen zu der Zeit, als Homer schrieb. In einem Meer, dessen gefährliche Stellen weder bezeichnet noch schriftlich festgehalten waren, vermied man es, nachts unterwegs zu sein. So weit als tunlich brachte man bei Einbruch der Nacht den Anker aus. Genau dasselbe Verfahren wurde von den portugiesischen Fahrensleuten Heinrichs des Seefahrers angewendete, als sie die unbekannte Westküste Afrikas erforschten. Bis auf den heutigen Tag suchen es kleine Küstenfahrer und Fischerboote im Mittelmeer so einzurichten, daß sie nachts irgendwo vor Anker gehen können. Als ich einmal von Crotone am Südzipfel Italiens nach Korfu segelte, gab mir der Kapitän eines Siebzigtonnen-Frachters den Rat: »Machen Sie es wie wir. Halten Sie der Küste im Golf von Tarent entlang, dann können Sie nachts vor Anker gehen und schlafen.« Als ich einwandte, falls der Wind nach Süden herumhole, hätte ich eine Leeküste vor mir, zuckte der Kapitän nur mit den Achseln. Er betrachtete es als viel gefährlicher, sich auf die offene See hinauszuwagen. Seeleute sind meistens konservativ, und im Mittelmeer halten sich alte Gewohnheiten noch länger am Leben als anderswo. Überall an den Küsten dieses Meeres liegen Wracks aus alter und neuer Zeit, die zum Teil auf die Gewohnheit der Südländer zurückgehen, sich dicht an der Küste zu bewegen.

Welchen Kurs Odysseus einschlug, als er Ustica zum zweitenmal verließ, wird uns nicht berichtet, nur daß gerudert werden mußte. »Den Männern entschwand das Herz am ermüdenden Ruder.« Es hätte nahegelegen, wenn sie den Weg zurückgegangen wären, den sie gekommen waren, um die Südwestspitze Siziliens herum und der Südküste entlang. Aber das taten sie offenbar nicht, und wo sie zum nächstenmal Land sichteten, ist eine der strittigsten Fragen homerischer Ortsbestimmung. Wo Kirkes Insel, die Klippen der Sirenen sowie Skylla und Charybdis liegen, darüber sind sich die meisten antiken und viele heutige Forscher einig. Das Land der Lästrygonen dagegen, wo Odysseus mit seinem Geschwader nach sechs Tagen und Nächten angestrengten

Ruderns hinkam, hat Anlaß zu mancherlei Auseinandersetzungen gegeben.

Unter den Orten, die als Wohnstätte dieser schreckenerregenden Kannibalen in Betracht gezogen worden sind, befinden sich zwei, die sich auf antike Quellen berufen können: Leontini auf Ostsizilien und Formiä am Golf von Gaeta in Westitalien. Leontini scheint auf den ersten Blick mehr für sich zu haben. Wenn Odysseus wieder südlich um Sizilien gefahren war, kann er sehr wohl noch ein Stück weit an der Ostküste entlanggehalten haben. Von Ustica bis zu einem Punkt an der Küste in der Gegend von Leontini sind es etwa 270 Seemeilen, was für Ruderer bei ungefähr zwei Knoten Fahrt in sechs Tagen und Nächten zu schaffen war.

Allein, Leontini liegt sieben bis acht Kilometer vom Meer entfernt. Die Stadt wurde um 730 v. Chr. von Kolonisten aus Naxos gegründet und war nie ein Hafen. Der Haupteinwand ist jedoch ein geographischer. Nirgends an dieser Küste gibt es eine Stelle, die der ausführlichen Beschreibung des Hafens entspräche, in den die griechischen Schiffe einliefen.

»Jetzo erreichten wir den trefflichen Hafen,
  den ringsum
Himmelanstrebende Felsen von beiden Seiten
  umschließen,
Und wo vorn in der Mündung sich zwo vorragende
  Spitzen
Gegen einander drehn, ein enggeschlossener
  Eingang!

Meine Gefährten lenkten die gleichgezimmerten
Schiffe
Alle hinein in die Bucht und banden sie dicht
beieinander
Fest; denn niemals erhob sich eine Welle darinnen,
Weder groß noch klein; rings herrschet spiegelnde
Stille.
Ich allein blieb draußen mit meinem schwärzlichen
Schiffe,
An dem Ende der Bucht, und band es mit Seilen
am Felsen,
Kletterte dann auf den zackichten weitumschauenden
Gipfel.
Aber es zeigte sich nirgends die Spur von Stieren
und Pflügern.«

Abgesehen davon, daß es an der Ostküste Siziliens keine Stelle gibt, auf die diese anschauliche Schilderung passen würde, besteht noch ein weiterer Einwand gegen Leontini als die Stadt der Lästrygonen. Als Odysseus ihnen schließlich entkam, segelte er geradewegs zur Insel der Kirke, und diese Insel lag, wie man weiß, nördlich der Straße von Messina. Kirke gab Odysseus später genaue Segelanweisungen, wie er an Skylla und Charybdis vorbei wieder ins Ionische Meer gelangen könne; ihre Insel muß deshalb nördlich von Skylla und Charybdis, das heißt, nördlich der Straße von Messina liegen. Wäre Leontini die Stadt der Lästrygonen, hätte Odysseus ja wieder rund um Sizilien segeln müssen, in der falschen Richtung, nicht in der, in welcher seine Heimat lag. Anderseits kann er von Leontini auch nicht nach Norden durch die Straße von Messina gefahren sein, um auf Kirkes Insel zu stoßen, sonst hätten wir von den Schrecken von Skylla und Charybdis schon auf dieser Fahrtstrecke etwas vernommen. Trotz seiner antiken Befürworter muß deshalb Leontini als Telepylos, die Stadt der Lästrygonen, ausgeschieden werden.

Nach andern Stimmen aus dem Altertum ist Telepylos in Formiä zu suchen. Für Formiä sprechen zwei so namhafte Gewährsleute wie Cicero und Horaz. Dieser sagt von dem dortigen Wein, er reife in einem lästrygonischen Krug, während Cicero das in Formiä herrschende laute Wesen »nicht mehr kannibalisch, sondern politisch« nennt. Formiä liegt nordnordöstlich von Ustica, einige 170 Meilen entfernt. Der Umstand, daß Odysseus, um dorthin zu gelangen, sich und sein Geschwader der offenen See hätte anvertrauen müssen, spricht eher dagegen. Anderseits wissen wir aus dem Text, daß die Leute sechs Tage und Nächte lang ununterbrochen rudern mußten. (Wenn sie um Sizilien herum in Richtung auf Leontini gefahren wären, hätten sie sicher da und dort einen Zwischenhalt eingelegt.) Nur eine Fahrt über die offene See erklärt, warum sie des Abends nicht vor Anker gingen. Nachdem sie nun zweimal die ganze West- und Südküste Siziliens entlanggefahren waren, hatten sich die Griechen mittlerweile wohl ausgerechnet, daß es eine Insel sein müsse. Daß sie auf nordöstlichen Kurs gingen, um von Ustica aus nach Ithaka zu gelangen, erscheint durchaus einleuchtend. Nur etwas stand ihrem Vorhaben entgegen, nämlich der Umstand, daß Italien dazwischen lag. Wie Kolumbus bei seinem Versuch, einen Seeweg nach China und Ostindien zu entdecken, auf ein dazwischenliegendes Amerika stieß, so mag Odysseus im Bestreben, nach Ithaka heimzukehren, Italien für die Griechen entdeckt haben.

Noch etwas, das mir Formiä vor Leontini vorauszuhaben schien, ist der Umstand, daß es von Ustica aus längst nicht so weit ist dorthin. In sechs Tagen und Nächten ununterbrochener Ruderarbeit einen Punkt an der sizilianischen Küste unweit von Leontini zu erreichen, würde eine durchschnittliche Geschwindigkeit von nahezu zwei Knoten voraussetzen. Nun hat man ausgerechnet, daß die mittelländische Galeere nach einer ersten Stunde höchstens noch zweieinviertel bis anderthalb Knoten Fahrt beibehalten konnte, und zwar gingen diese Berechnungen von den großen, sechzig Meter langen mittelalterlichen Galeeren aus, die von einigen 280 Sklaven angetrieben wurden. Ein Fahrzeug wie das von den homerischen Griechen verwendete wird kaum an diese Leistung herangekommen sein. Zwischen einem und anderthalb Knoten Fahrt war wohl das äußerste, was es über sechs Tage und Nächte hin im Durchschnitt leisten konnte. Danach würde man erwarten, das Land der Lästrygonen in einer Entfernung von 144 Meilen (ein Knoten) bis 288 Meilen (zwei Knoten) von Ustica entfernt zu finden. Formiä, 170 Meilen weit weg, hält sich durchaus in diesem Rahmen. Es kann außerdem für sich geltend machen, daß Kirkes Insel (Kap Circeo, am nördlichen Ende des Golfs von Gaeta) nicht allzuweit entfernt liegt.

Heute heißt die Stadt Formia und erstreckt sich, voll lärmiger Industrie, landeinwärts, während der kleine Hafen etwas wie eine Sommerfrische für Römer geworden ist. Sandiger Badestrand und hohe Uferfelsen gehen im Osten in das Vorgebirge Scauri über. Im Westen schlummert die Stadt Gaeta am Fuße ihres alten Kastells. Das Ganze ist einer der schönsten Küstenstriche Italiens, und als ich vor ein paar Sommern von Neapel hierher segelte, war ich überzeugt, die alte Überlieferung, wonach wir es hier mit dem Land der Lästrygonen zu tun haben, bestätigen zu können. Die Volsker hatten hier eine Stadt, lange bevor das römische Formiä gegründet wurde, und es ist klar, daß diese menschenfreundlichen Ufer schon immer anziehend gewirkt haben. Landeinwärts ragen jäh die Berge empor, an deren Hängen heute die Zitronen- und Orangenhaine grünen, die es im Altertum noch nicht gab; Zitrusgewächse gelangten nämlich erst etwa im 13. Jahrhundert nach Europa. Die Granatäpfel, die ich in Gaeta aß, versöhnten mich fast mit dieser poetisch klingenden, aber überschätzten Frucht, während der Wein so gut ist wie irgendwo im westlichen Italien, besser als manch anderer Wein aus der Gegend von Neapel.

Von Gaeta aus segelte ich dann nach Formia selber. Ich lief in der Morgenfrühe aus Porto Pescherrecchio, dem Fischerhafen, aus, als gerade die Boote von ihrer langen Nachtarbeit in der Bucht draußen hereinkamen. Die Fischer, die behutsam zwischen den Fischen und dem Seetang auf dem Boden der Boote umhergingen, sahen gar nicht aus, als stammten sie von den Lästrygonen ab, aber die Engländer von heute haben auch nicht mehr viel Ähnlichkeit mit den Kriegern der Boadicea.

Sowohl der Zyklop Polyphem wie auch die Lästrygonen werden von Homer als Menschenfresser geschildert.

Vor dreitausend Jahren mag es an der Mittelmeerküste solche gegeben haben. Jedenfalls berichten Herodot, Strabon und andere von Menschenfresserei unter den Skythen, die im Norden des Kaspischen Meers wohnten. Aus dem Text der »Odyssee« geht hervor, daß Polyphem wie auch die Lästrygonen nur zur Bereicherung ihres Küchenzettels der Anthropophagie huldigten, nicht aus irgendwelchen ritualistischen Gründen. In beiden Fällen werden sie jedoch als Bewohner blühender Landschaften geschildert. Daraus ist zu schließen, daß es nicht Nahrungssorgen waren, die sie dazu trieben; sie hatten wohl einfach Geschmack gewonnen am Menschenfleisch. »Anthropophagie«, heißt es im Konversationslexikon, »ist die Sitte mancher wilder Völker (nicht immer der rohesten), das Fleisch ihrer Nebenmenschen zu verzehren, wobei die verschiedenartigsten Beweggründe: Feinschmeckerei, religiöse Gründe, vorzüglich aber der Glaube, daß sie nur so den Feind ganz vernichten und seine Kräfte erben können, Haß, Rachsucht, usw., mitwirkend sind. Die Oger und Menschenfresser unserer Märchen können noch als ein dumpfer Nachklang der vorhistorischen Anthropophagen betrachtet werden, welche von der Forschung unzweifelhaft durch die Knochenfunde in verschiedenen Höhlen Italiens, Belgiens, Frankreichs nachgewiesen wurden.«

Es ist also durchaus möglich, daß es an dieser Küste einmal Menschenfresser gab. Etwas allerdings, das den Lästrygonen zugeschrieben wird, hat sich offensichtlich aus einer andern Quelle eingeschlichen, nämlich die Feststellung, daß in diesem Land Tag und Nacht so rasch aufeinander folgen, daß einer, der sich des Schlafs entschlüge, doppelt verdienen könnte. Dieser Zug kann nur aus dem Bericht eines Reisenden über die Länder des hohen Nordens stammen und bezieht sich offenbar auf die kurzen Hochsommernächte in nördlichen Breiten. Auf das Mittelmeer kann sich das nicht beziehen.

Wenn die Gegend um Formia das Land der Lästrygonen war, dann wußte ich genau, wonach ich Ausschau zu halten hatte – nach einem natürlichen Hafen, »den ringsum himmelanstrebende Felsen von beiden Seiten umschließen«. Gerade dieser Hafen ist im ganzen Gedicht weitaus am deutlichsten und anschaulichsten beschrieben. Die Beschreibung liest sich ganz wie eine Segelanweisung, und ich bin überzeugt, daß sie auf einer solchen beruht. Wie sehr auch immer der Dichter seine Geschichte mit Anspielungen auf nördliche Länder und Menschenfresser angereichert hat, der Hafen ist so eindeutig geschildert, daß es möglich sein sollte, ihn auch heute noch zu finden. Das war damals meine Meinung und ist es noch. Aber der Golf von Gaeta erwies sich als eine Enttäuschung. Obwohl es hier hohe Uferfelsen gibt und das Vorgebirge Scauri zuerst verheißungsvoll schien, konnte ich die schmale Bucht, nach der ich suchte, nirgends feststellen. Der Hafen des heutigen Formia ist künstlich angelegt, wie auch der von Gaeta. Einen vollkommen geschützten, natürlichen Hafen gibt es längs dieser Küste nirgends, und es kann ihn auch nie gegeben haben. Zwar weiß ich von andern alten Häfen her, die ich besucht habe, wie das Austrocknen eines Flusses und andere Veränderungen einen alten Hafen austilgen können, als habe es ihn nie gegeben. (Das ist namentlich der Fall in Selinunte auf Südsizilien, wo der aus dem Altertum bekannte Hafen hinter einer Landzunge und an einer Flußmündung verborgen lag.) Aber der Hafen, in dem die Gefährten des Odysseus mit den Lästrygonen Bekanntschaft machten, war offenbar diese im Mittelmeer so selten vorkommende Erscheinung – eine natürliche Bucht, von hohen Felsen geschützt, mit nur einer schmalen Einfahrt.

So sehr ich danach suchte, und ich bin an dieser freundlichen Küste hin und her gesegelt, nichts von dem, was ich fand, wollte sich mit der Homerischen Beschreibung decken. Ich begab mich landeinwärts und kletterte auf das einsame Vorgebirge, um zu sehen, ob ich irgendeine schmale Bucht oder Kluft übersehen habe. Vergeblich. Die Lästrygonen mochten hier gewohnt haben, aber offenbar war es nicht hier, wo sie die griechischen Schiffe vernichteten, indem sie Felsblöcke von großer Höhe auf sie herabschleuderten. Nicht hier hatte Odysseus sein Schiff am Eingang festgemacht, während die andern hineinfuhren und im Innern der Bucht ihre Schiffe aneinander vertäuten, denn »es schaukelte keinerlei Regung, keinerlei Kräuseln die Flut. Ringsum war leuchtende Stille.« Solche Stellen gibt es auf der Welt nicht viele, und der Seemann, der sie kennt, sagt andern Bescheid.

Nachdem es mir nicht gelungen war, den Hafen in der Gegend von Formia zu finden, begann ich mich verzweifelt zu fragen, ob das vielleicht doch ein Ort sei, der nur in der Phantasie bestanden habe. Ich fuhr nach Cefalù auf Sizilien, das von Samuel Butler für die Stadt der Lästrygonen gehalten wurde, aber der überhängende Berg birgt keinen Hafen. Es gibt da nur einen von Menschenhand errichteten Wellenbrecher, der bei gnädigem Wetter zur

Not ein paar Fischerbooten Zuflucht bietet. Cefalù kann ohnehin nicht der Ort gewesen sein, den Odysseus' Leute nach sechstägiger Plackerei erreichten; er ist nur sechzig Meilen von Ustica entfernt.

Ich wußte lediglich, daß der Hafen, falls es ihn gab, zwischen 144 und 288 Meilen von Ustica entfernt sein mußte. Die ganze Westküste Italiens hatte ich befahren; es gab da keinen Landvorsprung und keine Bucht, die ich nicht kannte, unter Einschluß fast unbekannter kleiner Ankerplätze wie desjenigen am Kap Palinuro, wo ein Boot vor Anker liegen kann, vorausgesetzt, der Wind schlägt nicht nach Norden um. Zweimal war ich rund um Sizilien gefahren, manche Strecken mehr als ein dutzendmal. Der ideale Hafen ließ sich nicht ermitteln. Einmal im Sommer fuhr ich nach Cagliari hinauf und die Ostküste von Sardinien entlang. Olbia hatte auf der Seekarte ausgesehen, als könnte es der gesuchte Hafen sein. Aber Olbia liegt oben an einem sumpfigen Delta, wo im Sommer die Mücken lärmen, und war früher einer der am meisten von der Malaria heimgesuchten Orte auf dieser Insel. Eine natürliche, von Felsen umstandene Bucht gibt es da nicht. An gefährlichen Sandbänken, Klippen und Inselchen fehlt es keineswegs, aber die elf Schiffe hat Odysseus nicht in Olbia verloren.

Ich fand das Land der Lästrygonen, wie vermutlich schon Odysseus, ganz durch Zufall.

DER VORZÜGLICHE HAFEN

An einem Sommertag, als eine leichte östliche Brise mit Katzenpfoten über die See lief, segelte ich die Straße von Bonifacio hinauf. An Odysseus dachte ich überhaupt nicht; ich glaube, ich hatte die »Odyssee« seit mehr als einem Jahr nicht mehr aufgeschlagen. Ich befand mich nur zufällig in diesem Teil des Mittelmeers, nachdem ich in letzter Minute eingewilligt hatte, die Mannschaft eines Segelbootes zu vervollständigen, mit dem ein Freund von mir nach Korsika und Sardinien fahren wollte.

Gegen Mittag schlief der Wind ein, und wir saßen untätig an Deck, bis schließlich, mit der ersten Abkühlung des Landes gegen Abend, eine ablandige Brise von Korsika aufkam und sich ungeduldig in unserem schlaffen Großtuch regte. Wir beschlossen, in Bonifacio zu übernachten. Es war das ein Hafen, den noch keiner von uns besucht hatte, und so beugten wir uns eifrig über das Segelhandbuch und die Seekarte für dieses Gebiet.

Was da im Handbuch stand, hätte mir wohl den ersten Wink geben sollen. »Der Hafen von Bonifacio besteht aus einer schmalen Bucht, 135 bis 185 Meter breit, die durch die Halbinsel gebildet wird, auf der die Stadt steht; er bietet kleineren Fahrzeugen eine vorzüglich geschützte Unterkunft. Man gelangt in den Hafen zwischen der Pointe du Timon, der Südwestspitze der Halbinsel, und der Pointe de la Madonetta, der Südspitze einer kleinen Landzunge... Die Einfahrt ist aus der Ferne schwer zu erkennen.« Als wir uns der korsischen Küste näherten, bestätigte sich diese Angabe des Handbuchs. Selbst mit

Hilfe des Feldstechers dauerte es lange, bis ich an den steilen Uferfelsen den Einschnitt ausmachen konnte, der die Zufahrt nach Bonifacio bedeutet.

Der Wind war jetzt böig; er schwappte von den hohen Felsen herunter, so daß wir ständig kreuzen mußten, während wir uns an das Land heranarbeiteten. Er brachte den Geruch des *maquis* mit sich, des wirren Unterholzes, das so ausgesprochen nach Mittelmeer riecht. Ich glaube, erst als wir unmittelbar vor der Einfahrt lagen, dämmerte mir auf, wo ich mich befand. Beiderseits ragten die Steilwände auf, und mittendurch stach ein schmaler Meeresarm. Davor lagen ein paar Klippen. Wir wendeten und gingen dann wieder über Stag, als wir uns vor der Mündung der Fahrrinne befanden. Plötzlich erkannte ich ihn – den Ort, den ich an der sizilianischen und italienischen Küste vergeblich gesucht hatte.

Bonifacio läßt sich mit nichts anderem im Mittelmeer vergleichen. Es wäre auch anderswo ein einzigartiger Hafen, aber in diesem gezeitenlosen Meer, wo nur wenige Flüsse sich in das Land einschneiden, ist dieser Hafen etwas so Seltenes, daß kein Seemann ihn unerwähnt lassen könnte. Zwar gibt es auch anderswo schöne natürliche Häfen – Grand Harbour auf Malta zum Beispiel, und Port Mahon auf Menorca. Aber etwas wie Bonifacio gibt es nur einmal. Ich kann mir nur einen einzigen Hafen denken, der eine entfernte Ähnlichkeit aufweist – den kleinen Hafen von Ciudadela im Südwesten von Menorca. Aber ganz abgesehen von seiner Entfernung von Ustica, hätte Ciudadela nie das Land der Lästrygonen sein können. Die schmale Zufahrt, die nach Ciudadela führt, ist nichts als eine Fahrrinne, die sich zwischen niedrigen Sandsteinufern hindurchschlängelt. Bei Bonifacio stehen zwei steile Landzungen einander gegenüber, und dazwischen ist diese schmale Durchfahrt, keine zweihundert Meter breit, und an manchen Stellen bedeutend schmäler. So hoch sind die Uferfelsen zu beiden Seiten, daß die Durchfahrt kleiner scheint, als sie wirklich ist. Noch erstaunlicher ist, wie weit sie ins Land hineinführt. Der Hafen selber, am Ende der Fahrrinne, ist in der Tat »ringsum von himmelanstrebenden Felsen umschlossen«. Die Fahrrinne macht nämlich einen Bogen nach rechts, so daß man, einmal drinnen, vom Meer nichts mehr sieht noch hört. Dies ist wirklich ein Ort, wo ein Schiff ungestört anlegen kann, einerlei, was draußen in der Meerenge mit dem Wetter stattfindet. Dies war der Hafen, wo das griechische Geschwader den Lästrygonen ausgeliefert war. Dies war die Todesfalle, in der Odysseus außer dem eigenen alle seine Schiffe verlor.

Später, als ich Victor Bérards Werk über die »Odyssee« las, stellte ich fest, daß er aus einem ganz andern Grund ebenfalls zu dem Schluß gekommen war, das Land der Lästrygonen liege in der Meerenge von Bonifacio, allerdings in einer kleinen Bucht am sardinischen Ufer. Seine Gründe waren philologischer, nicht geographischer Art, und geographisch paßt der von ihm angegebene Ort nicht auf die Beschreibung bei Homer. Bérard ist der Ansicht, Homer habe bei der Beschreibung der Irrfahrten des Odysseus einen *periplous* (ein Segelhandbuch) phönizischen Ursprungs benützt, und weist darauf hin, daß von den zehn Abenteuern im Westen sieben an den Zugängen zu einem Meer stattfinden und mit den betreffenden Meeresstraßen in Verbindung gebracht werden können. Ob Homer eine bestimmte Vorstellung davon hatte, wo das Land der Lästrygonen lag, ist zweifelhaft. Nicht zu bezweifeln ist hingegen, daß seine Beschreibung des Hafens sich auf den Augenzeugenbericht eines Seefahrers gründete, der im Hafen von Bonifacio gewesen war.

Daß Korsika schon lange vor der Zeit, als Homer schrieb, und lange vor der Zeit, die er beschrieb, bewohnt war, steht fest. Es gibt zahlreiche megalithische Monumente auf der Insel, und bei Bonifacio selber hat man eine Anzahl Megalithgräber gefunden. Unter ihren Steinplatten liegen die Gerippe der Ureinwohner, die als die menschenfresserischen Lästrygonen verewigt werden sollten.

Hierher kamen also die Griechen, nachdem sie Ustica verlassen hatten. Den falschen Spuren – Leontini und Formia – war ich vorher nachgegangen, weil sie die klassische Überlieferung für sich hatten und weil es mir einleuchtend schien, daß Odysseus sich nach Osten und Nordosten gewandt haben sollte. Daß er einen nordwestlichen Kurs eingeschlagen haben könnte, hatte ich nie in Betracht gezogen. Ich bin jedenfalls überzeugt, daß mit dem in der »Odyssee« beschriebenen Hafen der von Bonifacio auf Korsika gemeint ist. Man kann als sicher annehmen, daß ein so idealer natürlicher Hafen, an einer der »Hauptstraßen« des Mittelmeers gelegen, schon von den ersten Seefahrern, die sich in diesen Gewässern umtaten, verzeichnet worden ist. Die Straße von Gibraltar, der Hauptzugang zum Mittelmeer, wird in der Odyssee beschrieben, ebenso wie jene andere wichtige Meerenge, die Straße von Messina, wo Skylla und Charybdis lauern. Mit Bonifacio wird eine weitere der wichtigen Straßen des Mittelmeers genau geschildert.

Bonifacio, 240 Meilen nordwestlich von Ustica, liegt im Bereich eines Fahrzeugs, das mit anderthalb Knoten Fahrt von Ustica her am siebenten Tag dort hinkommt. Daß dieses Land der Lästrygonen nach Nordwesten liegt und nicht, wo ich es erwartete, macht mir nicht so schwer zu schaffen.

An jenem Abend, als unser Boot wohlbehalten im Hafen lag, wußte ich, daß ich den Ort gefunden hatte, der den Griechen zum Verhängnis geworden war. Bonifacio ist seiner naturgegebenen Art nach nicht nur ein sicherer Zufluchtsort vor Wind und Wetter, sondern auch ein idealer Ort, um ein Schiff oder Geschwader in einen Hinterhalt zu locken.

Über meinem Kopf und die ganze Fahrrinne entlang bis zur nicht sichtbaren Ausmündung ins Meer ragten die hohen Steilwände empor, von denen man leicht einen Felsblock auf das Deck eines darunter befindlichen Bootes hinabwälzen könnte. Die Griechen, die arglos in die schmale Zufahrt einliefen, kamen allesamt um, denn die Lästrygonen »schleuderten von dem Fels unmenschliche Lasten Steine herab«.

Nur Odysseus entkam, da er sein Boot an einer der Klippen außerhalb der Einfahrt festgemacht hatte. Als der Überfall auf seine Gefährten erfolgte, brauchte er bloß die Trossen zu kappen und Kurs nach der sicheren See zu nehmen. »Keuchend schlugen sie alle die Flut, aus Furcht vor dem Tode. Aber glücklich enteilte mein Schiff von den hangenden Klippen über das Meer.«

KIRKES INSEL

»Westwärts bin ich gereist, in die Gegend von Etrurien gegenüber Sardinien«, schrieb der griechische Geograph Strabon. Seine »Erdkunde« ist eines der bedeutendsten Werke dieser Art, die uns aus dem Altertum erhalten sind. Sie besteht aus siebzehn Büchern und ist schon insofern aufschlußreich, als daraus hervorgeht, wie sehr Strabon die »Odyssee« für glaubwürdig hielt. Er hat manche der darin erwähnten Orte bestimmt, und wo das Land lag, das Odysseus als nächstes sichtete, stand für ihn vollkommen fest. »Die Insel der Kirke«, bemerkt er, »liegt zwischen dem Sumpfland und dem Meer und ist wirklich eine Insel.« Dies betont er, weil bezweifelt worden war, ob der Monte Circeo, am äußersten Ende des ebenso benannten Vorgebirgs, wirklich die Wohnstätte der Göttin gewesen sein könne, wie seit Menschengedenken behauptet worden war.

Kap Circeo liegt 180 Meilen östlich von Bonifacio. Wenn auch das seemännische Können, das Odysseus weitab von seinem Weg nach Korsika verschlagen hatte, sehr mangelhaft war, so lag doch das nächste Land, das er sichtete, wenigstens in der richtigen Richtung. Trotz dem, was Strabon darüber sagt, ist es keine Insel, obwohl der Irrtum begreiflich genug ist. Homer nennt Kirkes Heimat Aia und beschreibt, wie Odysseus »nach einiger Zeit« dorthin kam, nachdem er den Lästrygonen entgangen war. Später hat man diese Zuweisung in Zweifel gezogen, indem darauf hingewiesen wurde, daß der Monte Circeo mit dem Festland durch eine schmale

Landenge verbunden ist. Falls aber Homer seine Beschreibung aus dem Reisebericht eines Seefahrers übernahm, ist es nicht erstaunlich, daß er von einer Insel spricht, heißt es doch beispielsweise im Segelhandbuch des Britischen Marineamts: »Promontorio oder Monte Circeo, wovon Kap Circeo die Südwestspitze bildet, ist ein alleinstehendes Felsengebilde, das steil aufragt und mit spärlichem Pflanzenwuchs bedeckt ist. Das Vorgebirge ist mit dem Festland durch niedriges Flachland verbunden und erscheint, von Nordnordwesten gesehen, als *eine kegelförmig zugespitzte Insel*...« (Hervorhebung von mir). Ich bin zweimal von der See her dorthin gekommen, einmal von Fiumicino an der Tibermündung aus, das andere Mal direkt von Bonifacio her. Monte Circeo sieht genau wie eine vorgelagerte Insel aus.

Ich weiß noch, wie ich das zweitemal den bräunlichgrünen Buckel des Kaps ausmachte, lange bevor an der Küste irgendein anderes Merkmal zu erkennen war. Wie Catulls Sirmio kommt Monte Circeo einer Insel so nahe, als möglich ist, ohne auf allen vier Seiten von Wasser umschlossen zu sein. Auch ist nicht daran zu zweifeln, daß die an dieser Küste vorhandene Strömung im Laufe der Jahrhunderte viel vom Tiber abgelagertes Geschiebe angeschwemmt und so die Landverbindung verstärkt hat. Es ist nicht ausgeschlossen, daß Monte Circeo einst ganz vom Land getrennt war. Der Kutter mit einem Tiefgang von gut drei Metern, mit welchem ich hierherkam, ließ leider eine genauere Untersuchung nicht zu.

Wenn ich auch im Gegensatz zu der antiken Überlieferung den Hafen der Lästrygonen nach Bonifacio verlegen mußte, habe ich doch an der Bestimmung dieses seltsamen Vorgebirgs als der Heimat der Kirke nichts auszusetzen. Als ich einmal im Vorherbst hier an Land ging, sah ich den Rauch von dem kleinen Dorf San Felice aufsteigen, blau auf braunem Hintergrund. In der Ferne bellte ein Hund, und Falken schwebten in der um den Berg aufsteigenden Luft. Vorgebirge dieser Art haben immer Raubvögel um sich; diese finden die Aufwinde und Luftwirbel für ihre Zwecke sehr geeignet. Das griechische Wort *kirkos* bedeutet denn auch einen kleinen Seefalken oder Habicht.

Kirkes Berg muß für Seefahrer an dieser Küste immer ein wichtiges Wahrzeichen gewesen sein. Als Odysseus mit seinen Gefährten von Bonifacio herkam, steuerte er bestimmt auf diesen Punkt zu, sobald er ihn über der Kimm auftauchen sah. Da er sich ihm von Westen her näherte, hielt er ihn sicher für eine Insel. Selbst wenn der Berg damals schon landfest war, wird Odysseus seinen Irrtum nicht sofort bemerkt haben.

Zwei Tage und Nächte lang lagen die überlebenden Griechen am Strande in der Nähe ihres Bootes, »zugleich von der Arbeit und von dem Kummer entkräftet«. Am dritten Tag, der sich sehr schön anließ, nahm Odysseus Speer und Schwert und begab sich zur Erkundung landeinwärts, den Berg hinan. »Als ich jetzt von der Höhe des schroffen Felsens umhersah, kam es mir vor, daß Rauch von der weitumwanderten Erde hinter dem dicken Gebüsch aus Kirkes Wohnung emporstieg.«

Obwohl der Monte Circeo heute fast gar keine Bäume aufweist, stehen doch auf der niedrigen Landenge noch die Überreste eines früheren Waldes, darunter auch Eichen. Daß dieser Wald bis in die Mitte des 19. Jahrhunderts sehr ausgedehnt war, geht aus der Beschreibung des französischen Reiseschriftstellers Mercey hervor, der hier sogar noch Scharen von Wildschweinen feststellte. Überhaupt hatte Kirkes Insel alles, was verirrte und müde Seeleute brauchten – einen Strand und einen sicheren Platz für ihr Schiff, Süßwasser, Brennholz und Holz für Arbeiten am Schiff, und massenhaft Wildschweine und anderes Wild. Der Sommer und damit die Segelzeit näherten sich ihrem Ende, und die Fahrensleute hätten sich ohnehin nach einem Ort umsehen müssen, wo sie überwintern konnten.

Die felsige Höhe, die Odysseus erstieg, um sich umzusehen, ist 527 Meter hoch; heute liegen da die Trümmer eines alten Wachtturms herum. Beim Abstieg, als er sich gerade einem Bach näherte, stieß er auf einen großen Hirsch, den er mit dem Speer erlegte. Ein Bach fließt auch heute noch über die Landenge. Die ganze Gegend ist fruchtbar und üppig bewachsen, beherrscht vom Monte Circeo.

Ein Einwand, den man gegen die Gleichsetzung von Kap Circeo und Kirkes Insel erhoben hat, ist der, daß der Dichter diese deutlich als vom Meer umgürtet beschreibt. Dagegen mag man geltend machen, daß sich auf einer kleinen Insel mitten im Meer kaum Hirsche finden dürften. Zu denen, die sich Kirkes Insel in dieser Gegend dachten, gehört auch Dante; an der berühmten Stelle, wo er Odysseus in der Hölle begegnet, erzählt dieser, wie er Kirke verließ – »die mich zwölf Monate bei Gaeta zurückhielt«. Steht man auf der Ostseite des zweigipfligen Bergs, hat man nach Süden, gegen Sizilien hin, nichts als die blaue Unermeßlichkeit des Meeres vor sich. Gegen

Westen liegen Sardinien, Korsika und die unglückselige Straße von Bonifacio unsichtbar unter dem Horizont. Nur die Ponza-Inseln, einige zwanzig Kilometer entfernt, konnte ich an einem diesigen Sommertag gerade noch schwach erkennen.

Kirke, erfahren wir aus der »Odyssee«, war eine Zauberin und eine Göttin. In der Mythologie gilt sie als Tochter des Sonnengottes Helios und der Perse, einer Okeanide. Diese Abstammung scheint recht sinnvoll für eine Göttin, die einen hohen Berg am Meeresufer bewohnt und Odysseus erzählen sollte, wie er zu den Säulen des Herakles und in die Welt unter dem Ozean gelangen könne. Bestand noch ein anderer Grund, warum diese Gegend Italiens mit einer geheimnisvollen Göttin, die Menschen in Tiere verwandelte, in Zusammenhang gebracht wurde? Die Antwort lautet, daß sich nur fünfzehn Kilometer weiter der Küste entlang, in Terracina, eines der ältesten Heiligtümer Italiens befand, der Tempel der Feronia, Göttin der wilden Tiere und des Waldes. Ihr Name kommt von dem lateinischen *feri*, wilde Tiere, doch wurde sie schon lange vor den Römern verehrt; sie galt auch als die Schutzgöttin der freigelassenen Sklaven.

Offenbar besteht ein Zusammenhang zwischen Feronia, der Göttin der wilden Tiere und des Waldes, und Kirke, der Zauberin, die Menschen in Tiere verwandelt und in einer Waldlichtung lebt. Die Geschichte, dichterisch erweitert, entspricht ungefähr dem, was sich aus dem Bericht eines Seefahrers über eine dortzulande verehrte Göttin der wilden Tiere ergeben könnte. Auch besteht wohl ein symbolischer Zusammenhang zwischen

Menschen, die versklavt, das heißt, in Tiere verwandelt und nachher von diesem üblen Zauber wieder befreit wurden.

Nach dem Text der »Odyssee« schleppt Odysseus den erlegten Hirsch zum Lager seiner betrübten Gefährten zurück, und ihre Lebensgeister werden, wie schon auf Favignana, durch den Genuß frischen Fleisches sogleich angeregt, zumal auch von dem ismarischen Wein noch welcher vorhanden war.

Nirgends wird übrigens in der »Odyssee« die genaue Anzahl der Leute in Odysseus' Schiff angegeben. Wir wissen, daß sechs Mann bei dem Überfall auf die Kikonen gefallen waren, und weitere sechs Mann kamen in der Höhle des Zyklopen um. (Damals war Odysseus mit einer Schar von zwölf Mann ausgerückt.) Jetzt erfahren wir, daß er am Morgen nach dem Wildbretgelage das Schiffsvolk »in zween Haufen« teilte. Er selber führte den einen Haufen an und setzte den edlen Eurylochos als Gebieter über den andern Haufen ein, der als aus zweiundzwanzig Mann bestehend beschrieben wird. Wenn man annimmt, daß Odysseus' Haufen ungefähr gleich groß war, kommt man auf eine ursprüngliche Bemannung von einigen fünfzig bis sechzig Mann, ungefähr die richtige Zahl für ein Schiff mit höchstens zehn Riemen auf jeder Seite. Je zwanzig lösten sich jeweils ab, während die übrigen wohl aus Edelleuten und Offizieren (wie Odysseus und Eurylochos) bestanden, die nicht zu rudern brauchten. Das homerische Schiff war recht klein; man darf dabei nicht an die großen Galeeren des Altertums denken, die über fünfzig Ruderer verfügten. Die Leichtigkeit, mit der das Schiff des Odysseus jeweils ans

Ufer gezogen wird, und die Schwierigkeiten, denen es bei auch nur einigermaßen grober See begegnet, brachte mich auf den Gedanken, daß vieles in der »Odyssee« verständlich ist, sobald man sich vergegenwärtigt, wie klein die Schiffe waren.

Vom Deck eines kleinen Bootes aus ist das Meer etwas ganz anderes, als der Matrose auf einem Frachter oder der Passagier bei einer Kreuzfahrt zu sehen bekommt. Unterwegs auf dem Mittelmeer in einer kleinen Jacht mit einem oder zwei Gefährten, ist mir aufgefallen, wie jeder unerwartete Windstoß einen persönlichen Charakter annimmt. Hohe Felsen, von denen die Fallböen herabsausen, werden zu etwas ausgesprochen Bösem; man redet mit den Tümmlern, die längsseit aus dem Wasser schnellen; man legt den Inseln und Vorgebirgen menschliche Wesenszüge bei, je nach dem Wetter, das man in ihrer Nähe erlebt hat, und die ganze Zeit über lauscht man auf die mannigfachen Stimmen der See – den Wind in der Takelung, das Brausen des Kielwassers oder das betrübliche Kauen und Schmatzen an der Bordwand bei einer Flaute. Auf Sizilien hörte ich einmal einen alten Matrosen sagen: »Guck, dort geht die Madonna über das Wasser!« Er deutete dabei auf das Gekräusel der Wasseroberfläche, an dem man das Nahen einer leichten Brise erkennt; wir sprechen in einem solchen Fall von »Katzenpfoten«. Die alten Griechen nannten es »die Fußspuren der Thetis«. Das Leben des Seemanns steht in einem jahrhundertealten Zusammenhang, ganz besonders in gewissen Teilen des Mittelmeers. Vieles, was bedeutenden Gelehrten zu schaffen machte, findet seine Erklärung, wenn man ein Jahr oder zwei auf einem Segelboot in diesen Gewässern verbracht hat. – Eurylochos und seine Schar, so geht die Geschichte in der »Odyssee« weiter, begaben sich landeinwärts, auf den Rauch zu, den Odysseus aus Kirkes Waldlichtung aufsteigen sah. Vielleicht weil es anfangs Herbst war, als ich die Schornsteine von San Felice rauchen sah, habe ich den Eindruck, Odysseus sei zu dieser Jahreszeit dort gelandet. Die ganze, wunderbar gefühlsträchtige Stelle ist in eine seltsame Stimmung wie von schwerer Fülle getaucht, in ein »genug ist nicht genug«. Man befindet sich in der stillen, warmen Neige des Jahres, als Odysseus den Hirsch erlegt, und in dem blauen Rauch, der mitten aus dem Wald aufsteigt, liegt etwas wie eine Andeutung vom Nahen des Winters. Die Landschaft hat die scharfen Umrisse eines Breughel; man glaubt die Äpfel mit dumpfem Laut in das weiche Gras fallen zu hören, das mit Spinngeweben überzogen ist. So drangen also Eurylochos und seine Schar durch den Wald, »und sie fanden im Tal des Gebirgs die Wohnung der Kirke von gehauenen Steinen, in weitumschauender Gegend. Ihn umwandelten rings Bergwölfe und mähnichte Löwen, durch die verderblichen Säfte der mächtigen Kirke bezaubert«.

Kirke war bei den Künstlern des Altertums sehr beliebt, und zahlreiche Abbildungen sind auf uns gekommen, die die Göttin zeigen, wie sie die Leute des Odysseus in Tiere verwandelt. Auf einem davon sieht man die Göttin gelassen auf einem Schemel sitzen. Sie ist schön und dunkelhaarig, mit den Zöpfen in einer Art Haarnetz. In der Linken hält sie die Schale, in der die Zaubermittel angerührt wurden, in der Rechten den Zauberstab. Vor ihr windet sich einer der unglückseligen

Griechen in Not und Empörung. Die Verwandlung in ein Tier hat eingesetzt. Wir sehen, wie ihm unten am Rückgrat ein Schwanz entsteht, und auf dem Kopf beginnt der Kamm eines Wildschweins zu sprießen. Der Gegensatz zwischen der gelassenen Gestalt der Göttin und dem verzerrten Leib des Mannes ist seltsam ergreifend.

Nur Eurylochos entging bekanntlich dem Schicksal, verzaubert zu werden. Er ließ nämlich seine Leute allein in Kirkes Haus eintreten, was ihm nicht unbedingt ein gutes Zeugnis als Offizier ausstellt. Da er eine Falle vermutete – er war nicht umsonst ein Verwandter des listenreichen Odysseus –, zog er es vor, draußen zu bleiben. Sobald er sah, was mit seinen Leuten geschehen war, nahm er Reißaus und kehrte zum Schiff zurück, um Bericht zu erstatten.

Hier zeigt sich nun der Charakter des Odysseus von seiner besten Seite. Eurylochos hält dafür, sie sollten das Weite suchen, bevor sie von demselben Schicksal ereilt würden, doch Odysseus denkt keinen Augenblick daran; er hängt den Bogen um die Schulter, ergreift das Schwert und macht sich auf, um seine Gefährten zu retten. Als Eurylochos sich weigert, ihm den Weg zu zeigen, bemerkt Odysseus bloß: »Nun, so bleibe denn du, Eurylochos, hier auf der Stelle! Iß und trink dich satt bei dem schwarzen gebogenen Schiffe! Aber ich geh allein, denn ich fühle die Not, die mich hintreibt.«

An diesem Punkt der Geschichte taucht nun Hermes, der Urahn des Odysseus, auf und gibt ihm die heilsame Pflanze Moly, die ihn gegen den Zaubertrank der Göttin feit. Im Altertum gerieten sich die Sprachgelehrten beim Versuch, diese Pflanze zu bestimmen, oft in die Haare.

Nach der Beschreibung bei Homer hat sie eine schwarze Wurzel und eine milchweiße Blüte, so daß es sich um die wildwachsende Zyklame handeln könnte. Doch der Umstand, daß es für Sterbliche schwer ist, sie auszugraben, läßt die Vermutung aufkommen, daß sie in keinem botanischen Lehrbuch zu finden ist. Schon im Altertum trug auch eine Art Knoblauch *(Allium Moly)* diesen Namen, der aber gelbe Blüten aufweist. In »*The Myths of the Odyssey*« sagt J. E. Harrison dazu: »Die meisten Völker haben ihr Zauberkraut, und der Allermannsharnisch der Deutschen ist merkwürdigerweise ein Mittel sowohl gegen Liebe wie auch gegen Zauber. Sein Saft ist weiß, und er hat eine lange schwarze knollige Wurzel.« Robert Graves weist in »*The Greek Myths*« darauf hin, daß der Glaube bestand, *Allium Moly* wachse bei abnehmendem Mond und diene deshalb als Mittel gegen den Mondzauber der Hekate.

Dem Knoblauch selber sind von jeher, besonders von Matrosen, zauberhafte Eigenschaften zugeschrieben worden. Noch im 14. Jahrhundert, als der magnetische Kompaß auf allen Hochseeschiffen eingeführt wurde, glaubte man, Knoblauch neutralisiere den Magnetit und setze so den magnetischen Kompaß außer Betrieb. Um das zu verhindern, wurde sogar angeregt, den Matrosen solle es verboten werden, Knoblauch zu essen – was unter den Seeleuten des Mittelmeers bestimmt eine Meuterei hervorgerufen hätte.

In San Felice kaufte ich Knoblauch nebst Teigwaren und etwas dunkelroter *salsa*, der Tomatenpaste, wie sie die Dorfbewohner zubereiten und auf den Flachdächern ihrer Häuser trocknen. Mein Knoblauch war allerdings nicht Moly, sondern das bekanntere *Allium sativum*, an dessen scharfen Geruch man sich gewöhnen muß, wenn man im Mittelmeer leben und reisen will. In der Dorfwirtschaft bot sich der *padrone* an, mir Kirkes Grotte zu zeigen, wenn ich am Abend nochmals herkäme.

Zikaden lärmten in dem wirren, aromatischen Gestrüpp, als ich den Weg vom Dorf zum östlichen Strand hinunterstieg. Falken kreisten immer noch über den Hängen von Kirkes Berg. Sonst regte sich nichts in den verzauberten Stunden des Nachmittags.

DIE HERRIN DER WILDEN TIERE

Gegen Abend begab ich mich wieder ins Dorf, und nach einigen Glas Rotwein machten wir uns nach dem »Grotto della Maga« auf, der Höhle der Zauberin. Sie liegt auf der Nordseite der »Insel« und weist eine gewisse Ähnlichkeit mit der Höhle des Polyphem auf Sizilien auf. Allerdings bin ich nicht Speläologe. Die meisten Höhlen kommen mir ähnlich vor, sie riechen nach demselben muffigen alten Spuk und sind, wie auch diese, von Fledermäusen bevölkert. »Hier hat die Zauberin gewohnt!« erklärte mein Führer stolz. Wie lange wurde diese Geschichte wohl schon erzählt? Bestimmt seit dem 19. Jahrhundert. Möglicherweise hat man dieses Märchen schon den römischen Reisenden aufgebunden, obwohl sie sich wahrscheinlich in ihrem Homer zu gut auskannten, um sich eine Höhle als die Behausung der göttlichen Kirke aufreden zu lassen.

Kirke wohnte natürlich nicht in einer Höhle, sondern in einem vornehmen Haus mit schimmernder Pforte, prächtigen Stühlen und Schemeln, goldenen Kannen und Silberschalen. Homer beschreibt eine Welt von mykenischem Prunk, als er Odysseus bei der Göttin einführt. Das Ganze ist himmelweit entfernt von dem Südseezauber im Land der Lotophagen, der Barbarei des Höhlenbewohners Polyphem oder der megalithischen Stadt der menschenfressenden Lästrygonen. Die einzige Höhle in dieser Episode der »Odyssee« ist diejenige, in der die Griechen den Takelkram ihres Schiffs verstauten, nachdem sie es für die Dauer des Winters an Land verholt hatten. Natürlich wäre es sinnlos, feststellen zu wollen, welche der vielen Höhlen am Fuße des Monte Circeo diesem Zwecke diente.

Nachdem Odysseus das heilsame Kraut Moly entgegengenommen hatte, betrat er die vornehme Wohnung der Kirke und wurde von ihr begrüßt. Zu ihrer Überraschung verfehlte ihr Zaubertrunk seine Wirkung auf ihn, da er dagegen gefeit war. Auf einer antiken Gemme ist abgebildet, wie ein Künstler sich Odysseus in diesem Lebensmoment vorstellte. Er hat nichts an als eine spitzige Matrosenmütze, ähnlich der gestrickten Zipfelmütze, wie sie Fischer in der Bretagne und anderswo noch heute tragen. In der rechten Hand hält er sein Schwert, in der linken das heilsame Kraut. Odysseus hielt sich bekanntlich genau an Hermes' Anweisungen: »Wann dich Kirke darauf mit der langen Rute berühret, siehe, dann reiße du schnell das geschliffene Schwert von der Hüfte, spring auf die Zauberin los und drohe sie gleich zu erwürgen. Diese wird in der Angst zu ihrem Lager dich rufen; und nun weigre dich nicht und besteige das Lager der Göttin ...«

Man geht wohl nicht gänzlich fehl, wenn man in der Geschichte von der Zauberin Kirke ein gutes Stück Wirklichkeit sieht, allerdings dichterisch ausgestaltet. Vieles deutet darauf hin, daß es in der vorgeschichtlichen Mittelmeerwelt das Ewig-Weibliche war, das verehrt wurde. Man denke an die »weiße Göttin« an den Wänden der Höhle auf Levanzo, an die Göttinnen, wie sie auf Malta gefunden wurden, oder an die mutterrechtlichen Gebräuche auf Leros in der östlichen Ägäis, um nur drei Orte herauszugreifen. Offenbar herrschte an diesen Küsten einmal das Mutterrecht. Ebenso verraten viele der griechischen Sagen, wie eine matriarchalische Ordnung und eine weibliche Gottheit überdeckt wurden von Eroberern aus dem Norden, deren Religion um eine männliche Gottheit kreiste. Die eine Muse zum Beispiel, die Homer anruft, macht schließlich der dekorativen Schar Platz, die zu dem männlichen Apoll als ihrem Gebieter aufschaut.

Aus der Geschichte von Kirke und Odysseus mag man herauslesen, wie eine vorrömische Naturgöttin der Volsker gestürzt wird. Im Grunde ist es gar nicht unwahrscheinlich, daß die ersten Seefahrer, die an die Küsten des Tyrrhenischen Meeres vordrangen, sich genau so verhielten. Da ich vom Wirklichkeitsgehalt der »Odyssee« überzeugt bin, sehe ich den Helden vor mir, wie er an der Westküste Italiens an Land geht, zufällig in der Nähe eines Tempels, der einer allmächtigen Naturgöttin geweiht ist; da er einem Menschenschlag entstammt, der an das Vorherrschen des männlichen Prinzips auf der Welt glaubt, ist er nicht gewillt, eine Priesterin als Born der Weisheit anzuerkennen.

Das Sagenhafte an der Geschichte von der Verwandlung der Gefährten in Tiere, bis Odysseus die Göttin besiegt, ist leicht von dem abzulösen, was sich wirklich zugetragen hat. Feronia, oder wie immer die Göttin in vorrömischer Zeit geheißen haben mag, wurde wahrscheinlich von Priesterinnen bedient. Zu dem Heiligtum dieser Göttin des Waldes und der wilden Tiere gehörte sicher so etwas wie ein Zoo. Die alten Ägypter zum Beispiel hielten die ihren Tiergöttern entsprechenden Tiere in besonderen Schongebieten in der Nähe der Tempel.

Ebenso hatte Feronia wohl ein Gehege heiliger Tiere bei ihrem Heiligtum. Jedenfalls war die Göttin der wilden Tiere sowohl den homerischen wie auch den vorhomerischen Griechen bekannt; sie wurde unter anderem auf Kreta verehrt, zur Zeit der minoischen Kultur.

Odysseus wird der Priesterin und dem heiligen Hain der Göttin wenig Respekt entgegengebracht haben. Sein unwissendes und abergläubisches Schiffsvolk war vielleicht geneigt, die Göttin und ihre Priesterinnen mit den Angaben der dortigen Bevölkerung zu sehen, nicht aber Odysseus, diese Verkörperung des verstandesmäßigen Menschen. »Sie hatte sie in Tiere verwandelt« – hatte sie unterjocht – aber Odysseus, ithyphallisch wie er war, hatte keine Lust, sich einer Frau zu unterwerfen. Er zog sein Schwert. Die Priesterin flehte um Gnade und bat ihn in ihr Bett.

Abgesehen von Ustica, wo die Töchter des Äolus mit ihren Brüdern in Blutschande lebten, ist Kirkes Insel der erste von Odysseus besuchte Ort, wo von Frauen die Rede ist. Kirke hatte bekanntlich ihre Dienerinnen. »Diese«, heißt es, »waren die Töchter der Quellen und schattigen Haine und der heiligen Ströme, die in das Meer sich ergießen.« Die Verbindung von Quellen, Hainen und Flüssen an dieser Stelle bestärkt mich in dem Glauben, daß der Golf von Gaeta mit seinen für Italien ungewöhnlich zahlreichen Flüssen die Gegend ist, wo Odysseus und seine Leute zum erstenmal überwinterten. Nach den Gefahren, die sie bestanden hatten, ist es weiter nicht erstaunlich, daß die Überlebenden froh waren, in der Nähe des Monte Circeo zu verweilen. Sie hatten eine gute trockene Höhle gefunden, um ihr Schiff unterzubringen, ihr Anführer verstand sich mit der dortigen Priesterin, es gab genug zu essen und zu trinken, und Frauen waren auch vorhanden.

»›Ich weiß ja‹, sagte Kirke, ›wie viel Elend ihr littet im fischdurchwimmelten Meere, und wie viel ihr zu Lande von feindlichen Männern erduldet. Aber wohlan! eßt jetzo der Speis und trinket des Weines, bis ihr so frischen Mut in eure Herzen gesammelt, als womit ihr zuerst der vaterländischen Insel rauhe Gefilde verließt...‹ Solches hörten die Leute gern, und wir saßen ein ganzes Jahr von Tage zu Tage, an der Fülle des Fleisches und süßen Weines uns labend.«

Zum erstenmal war es Odysseus, der gemahnt werden mußte, daß Ithaka immer noch so weit weg war wie je.

WESTWÄRTS ZUM WELTSTROM

Im Sommer des folgenden Jahres verstand sich Odysseus, wenn auch ungern, dazu, wieder unter Segel zu gehen. Er scheint von seinen Leuten gedrängt worden zu sein, es Kirke schonend beizubringen. »Rings mit Weinen und Klagen bestürmen sie meine Seele, sobald du den Rücken nur wendest«, sagte er. »Erfülle mir das Gelübde, so du gelobtest, mich nach Hause zu senden!«

Während der ganzen Kirke-Episode wird betont, daß die Griechen jetzt jede Orientierung verloren haben und sich in wildfremden Landen und Gewässern befinden. »Wir wissen ja nicht, wo Abend ist oder Morgen«, bemerkt er. Bis zu ihrer Rückkehr zur Insel des Äolus war Odysseus nautisch mehr oder weniger Herr der Lage. Er befand sich in unbekannten Gewässern, verstand es jedoch, seine beschränkten Kenntnisse sinnvoll anzuwenden. Sobald aber die Griechen Ustica zum zweitenmal verlassen haben, kennen sie sich nicht mehr aus; die Fahrt nach dem Land der Lästrygonen ist wirklich eine Irrfahrt. Daß Odysseus hierauf nach Osten hält, ist wieder vernünftig, nur geriet er dabei an Kirkes Insel, wo Italien seiner ganzen Länge nach ihm den Weg nach Griechenland versperrte. Falls er mit seinen Gefährten die Heimat jemals wiedersehen soll, muß er sich Auskunft beschaffen. Bevor ihm diese gewährt wird, hat er das schwierigste Stück seiner Reise zu bestehen – die Fahrt zu den Säulen des Herakles und darüber hinaus zum Weltstrom selber.

Verschiedene Forscher sind der Ansicht, diese ganze

Episode stamme aus einer anderen Quelle als das übrige; der Besuch des Odysseus in der Unterwelt habe zuerst als selbständige Dichtung bestanden und sei dann in die »Odyssee« eingerückt worden. Das mag sein; jedenfalls erübrigt es sich, das Höllentor auf einer Seekarte suchen zu wollen. Wie Odysseus selber bemerkt: »Noch kein Sterblicher fuhr im schwarzen Schiff in den Hades.«

Dennoch findet sich auch in diesem Teil der »Odyssee« noch ein Einsprengsel von Wirklichkeit, offenbar weil Homer hier Berichte phönizischer Seefahrer übernommen hat. Robert Graves, der mit Butler der Auffassung ist, die »Odyssee« sei das Werk einer Frau, meint dazu: »Die Verfasserin der ›Odyssee‹ hatte allerdings geringe geographische Kenntnisse und verfügt ganz willkürlich über West-, Süd- und Nordwinde.« Nun waren aber, wie sich wohl gezeigt hat, alle Winde, Entfernungen und geographischen Merkmale, mit denen es Odysseus bisher zu tun hatte, durchaus sinnvoll. Dasselbe gilt für den Wind, der jetzt Odysseus von Kirkes Insel zu den Säulen des Herakles bringt, das heißt, nach der Straße von Gibraltar.

Wenn der Dichter willkürlich einmal diesen, einmal jenen Wind genommen hätte, dann hätte Kirke dem Scheidenden auch einen Südwind bescheren können. Dieser hätte ihm zwar nichts genützt, um von Kap Circeo nach der Straße von Gibraltar zu kommen. Der Schirokko oder Südwind hätte ihn entweder im Golf von Gaeta festgehalten oder nach Norden die ganze italienische Küste entlanggetrieben, von einem Vorgebirge zum andern. Bei Westwind wäre er überhaupt nicht von Kap Circeo klargekommen. Ein Ostwind oder Levanter hätte ihn stracks nach Korsika und Sardinien zurückbefördert, wo er keine guten Erfahrungen gemacht hatte. Doch was steht im Text? »Odysseus«, sagte die Göttin, »kümmre dich nicht so sehr um einen Lotsen des Schiffes! Sondern richte den Mast und spanne die schimmernden Segel; dann sitz ruhig, indes der Hauch des Nordens dich hintreibt!«

Ist es Zufall, daß die Göttin von den vier Hauptwinden den einzigen aussucht, den ein Segler braucht, um von der Nordwestküste Italiens nach der Straße von Gibraltar zu gelangen? Der Nordwind oder Tramontana ist in diesen Gewässern hochwillkommen. Ich bin fast einen ganzen Sommer lang diese freundliche Küste entlanggepinschert, fast immer mit Westwind. Nach dem Segelhandbuch ist das zu erwarten: »Im Sommer herrschen der Westküste Italiens entlang meistens auflandige Winde ... sie sind in der Regel nicht so stark und selten stürmisch.«

Es ist anzunehmen, daß es im Spätsommer oder Anfang Herbst war, als Odysseus und seine Leute sich von Kirke verabschiedeten und die lange Reise nach dem Westen antraten. Jedenfalls war es zwölf Monate nach ihrer Ankunft, und diese dürfte gegen Ende des Sommers stattgefunden haben. Der Norder, mit dem Odysseus unter Segel ging, kommt nicht oft vor, und dann meist im Zusammenhang mit einem Tief, das die Adria hinaufzieht. Ein Nordwind kam wie gerufen für ein Segelboot, das nach der Südspitze von Sardinien wollte – was die beste Route ist, bevor man auf Südwestkurs nach Gibraltar geht.

Ende August 1953 benutzte ich mit meinem Zwanzigtonnen-Kutter dieselbe Route, um nach den Balearen zu gelangen. Da mein Großsegel bei den starken Nordwinden Schaden gelitten hatte, war ich genötigt, Cagliari im Süden von Sardinien anzulaufen, um es notdürftig auszubessern. Nach zwölf Stunden lief ich wieder aus und stellte fest, daß der Nordwind inzwischen nach Nordosten herumgeholt hatte – die nächsten vier Tage kam er stetig aus dieser Richtung. Es war ganz das Wetter, wie es Odysseus hätte brauchen können – blaue Tage und sternenklare Nächte, und immer eine leichte Brise von achtern, so daß wir stets etwas Fahrt hatten, wenn auch bei dem beträchtlichen Tiefgang des Bootes im Durchschnitt wenig mehr als drei Knoten. Ein langes, flaches Boot mit einem Rahsegel hätte es ohne weiteres mit uns aufnehmen können.

Ob wohl die Griechen auch, wie wir, Angelleinen achteraussträhnen ließen? »Fischdurchwimmelt« ist zwar in der »Odyssee« ein stehendes Beiwort für die See, aber daß die Griechen je etwas gefangen hätten, davon ist nie die Rede. Sie hatten natürlich genügend Fleisch mit, da sie, als sie das Boot flottmachten, auch die Schafe an Bord schafften, die Kirke ihnen als Abschiedsgeschenk mitgegeben hatte. Es ist anzunehmen, daß man damals, wie noch bis ins 19. Jahrhundert, das Fleisch so weit als möglich als Lebendware mitnahm. Wenn aber die Griechen nicht angelten, ließen sie sich eine der größten Seglerfreuden entgehen. Ein Erlebnis, wie wir es hatten, als wir bei Kap Spartivento im Süden von Sardinien in einen großen Makrelenschwarm hineinliefen. Wir konnten die Fische kaum rasch genug vom Haken lösen, bevor wir die Leinen wieder auswarfen.

Aus der »Odyssee« und der »Ilias« scheint hervorzugehen, daß die homerischen Helden eine Vorliebe für Fleischkost hatten. Daß von Fischgerichten nur selten die Rede ist, kann jedoch nicht überraschen. Wenn Wildbret oder Hammelfleisch zu haben ist, erwähnt Homer jeweils, daß die Griechen ein Gelage veranstalteten, weil das für die Griechen immer ein Fest und deshalb erwähnenswert war. Etwas so Alltägliches wie Fischkost hingegen brauchte nicht erwähnt zu werden. Als ich in Devon unter Fischern lebte, fanden sie es nie erwähnenswert, wenn sie am Abend zuvor ein gutes Fischgericht gehabt hatten. Ein gutes Beefsteak dagegen, das war etwas, worüber zu reden sich lohnte.

Daß die Griechen lebende Tiere auf lange Seefahrten mitnahmen, ist bezweifelt worden. Dörpfeld und seine Anhänger meinen sogar, das alte Ithaka könne nicht die heute so heißende Insel sein, weil es unmöglich gewesen sei, Pferde und andere Tiere von dort nach dem Festland hinüberzuschaffen. Das ist ein Argument, das nur von jemand vorgebracht werden kann, der sich in seiner Bibliothek mehr zu Hause fühlt als auf dem Wasser. Es ist noch nicht lange her, daß ich im Ägäischen Meer mit Booten reiste, die höchstens vierzehn Meter lang waren und Maulesel, Ziegen, Schafe, Hühner und was weiß ich mitführten. Auch auf den homerischen Booten konnten Schafe oder Ziegen ohne weiteres an den Ruderduchten angebunden werden. Vielleicht war sogar für die kleineren Tiere im Vorschiff ein Raum ausgespart.

Wenn wir uns die Schiffe des Odysseus als ähnlich, wenn auch nicht ganz so seetüchtig wie die der Wikinger vorstellen, wo bleibt da die Schwierigkeit? In der Saga, die von den ersten Siedlern in Vinland erzählt, findet sich die Zeile: »Als sie unsere Stiere brüllen hörten, liefen die Skrälinger weg.« Unter Vinland ist, wie heute allgemein angenommen wird, eine Gegend in der Nähe der Passamaquoddy-Bucht nördlich von Boston zu verstehen. Die Skrälinger, die wegliefen, waren die Indianer. Wenn die Wikinger ihre Rinder über den Nordatlantik nach Amerika bringen konnten, dürfte es den Griechen ohne weiteres möglich gewesen sein, Tiere über das bedeutend freundlichere Mittelmeer zu verschiffen. Diejenigen, die Grönland von Island aus besiedelten, fanden es auch nicht unmöglich, ihre Rinder über eines der ungemütlichsten Meere der Welt mitzunehmen.

Eine Besatzung von vierzig bis fünfzig Mann zu ernähren, wäre ein unlösbares Problem gewesen, wenn die Griechen nicht jeweils so viel Lebendvieh mitgenommen hätten, als mit der Sicherheit des Schiffes vereinbar war. Nach ein paar Tagen auf See wird der Kielraum mit Mist und Harn verunreinigt gewesen sein, ebenso mit dem Blut von den Schlachtungen und dem Abfall, der nicht über Bord geworfen wurde. Kapitän Woodget, der achtzigjährige Sohn des berühmten Kapitäns Woodget vom Klipper »Cutty Sark«, gab 1962 bei einer Unterredung folgende Erinnerung zum besten: »Das Fleisch, das den Matrosen in den neunziger Jahren des letzten Jahrhunderts verabfolgt wurde, war meistens gepökeltes Schweine- oder Rindfleisch. Gewöhnlich führte das Schiff aber auch ein paar lebende Schweine als Vorrat mit. Die Tiere wurden unter Deck gehalten, aber jeden Morgen heraufgebracht und abgespritzt, damit sie nicht allzusehr stanken. Bei der Schlachtung wurde manchmal ein merkwürdiger Brauch befolgt. Bevor das Tier abgetan wurde, drehte man ihm den Kopf in die Richtung, aus der wir gerne einen günstigen Wind gehabt hätten. Es mag Zufall gewesen sein, aber manchmal sprang tatsächlich später ein Wind aus dieser Richtung auf.« (Der Gedanke, dem Gott der Winde zu opfern, wird den alten Griechen nicht unbekannt gewesen sein.) Auffällig ist, daß die Griechen, wenn sie einen Ankerplatz anlaufen, als erstes immer das Schiff an den Strand hinauf verholen. Nicht nur aus Gründen der Sicherheit, sondern ebensosehr, um es mit Sand und Salzwasser zu scheuern. Die offenen Fischerboote im Mittelmeer werden noch heute so behandelt.

Mit den sanitären Annehmlichkeiten wird es in dem blaugeschnäbelten, schwarzen Schiff des Odysseus ohnehin nicht weit her gewesen sein. Auch so war es aber vermutlich noch reinlicher als die Galeeren, die dieses Meer im Mittelalter befuhren. Von diesen lesen wir zum Beispiel: »Eine Flaute hat auch ihre Nachteile, denn die üblen Gerüche, die dann vom Innern des Schiffes aufsteigen, sind so stark, daß man ihnen nicht entrinnen kann, auch wenn man sich die Nase von früh bis spät mit Tabak verstopft.« (Es kann nicht überraschen, daß die Große Pest 1347 von venetianischen Galeeren nach Europa eingeschleppt wurde.) Odysseus' Schiff, von Freien bemannt, wird reinlicher und angenehmer gewesen sein, wenn es auch kleiner war als die mittelalterlichen Galeeren, wo den Rudersklaven nichts anderes übrigblieb, als ihre Notdurft an den Bänken zu verrichten, an die sie gekettet waren.

Bevor er Kap Circeo verließ, wurde Odysseus von

einem weiteren Unglück betroffen, indem Elpenor, der jüngste unter der Mannschaft, tödlich verunfallte. »Nicht eben besonders tapfer gegen den Feind noch mit Verstande gesegnet«, heißt es von ihm, so daß der Verlust vielleicht nicht allzu groß war. Elpenor hatte sich auf dem Dach des Hauses schlafen gelegt, nachdem er sich bei der Abschiedsfeier am Abend zuvor betrunken hatte. Als er am Morgen erwachte und von unten den Lärm und Betrieb der Abreise hörte, »sprang er plötzlich empor und vergaß in seiner Betäubung, wieder hinab die Sprossen der langen Leiter zu steigen, sondern er stürzte sich grade vom Dache hinunter«. Offenbar schwebte dem Dichter dabei das typische Flachdach der Häuser im östlichen Mittelmeer vor, wie man es heute noch in ganz Griechenland findet. Auf dem Lande kommt die Außenleiter auch heute noch vor, wenn sie auch meist durch eine Treppe ersetzt worden ist.

Wie oft habe ich draußen auf diesen flachen, weißen Dächern geschlafen, unter einem sternenübersäten Himmel! Die kurze, traurige Geschichte vom Tode Elpenors klingt durchaus glaubhaft. Was ist natürlicher, als im Sommer draußen auf dem Dach zu schlafen, besonders wenn man vom Wein einen benommenen Kopf hat? Man darf nur nicht vergessen, am Morgen die Leiter zu benützen. Aber der arme Elpenor war auch ohne Katzenjammer nicht gerade einer der hellsten.

In trübseliger Stimmung, wie immer, schifften Odysseus und seine Leute sich ein, »viele Tränen vergießend«. Man wundert sich, daß sie es überhaupt fertigbrachten, diese gastfreundliche Gegend mit ihrem guten Wein und den gefälligen jungen Frauen zu verlassen. Kirke erwartete unterdessen ein Kind von Odysseus, und es scheint unwahrscheinlich, daß sie die einzige unter den Dienerinnen der Feronia gewesen sein sollte, die schwanger war. Doch ohne zu ahnen, daß sie Kap Circeo wiedersehen sollten, brachten Odysseus und seine Leute ihr Schiff zu Wasser. Dann ließen sie sich von dem guten Nordwind, der ihr Segel blähte, nach der Durchfahrt südlich von Sardinien treiben.

DIE SÄULEN DES HERAKLES

Die Säulen des Herakles stellten das Ende der damals bekannten Welt dar. Selbst als der Atlantik regelmäßig von Spanien nach der Bretagne, ja nach England befahren wurde, bildeten die Säulen des Herakles im Altertum die Grenze des Kulturkreises. Dahinter begann der große Strom des Ozeans mit seinen wuchtigen Gezeiten und Strömungen, die für Seeleute, die im Mittelmeer aufgewachsen waren, etwas so Befremdliches, ja Erschreckendes hatten. Ob der geschichtliche Odysseus je so weit kam, ist fraglich. Über diesen Teil der »Odyssee« – und nur über diesen Teil – senkt sich der Schleier des Geheimnisses. Zwar erhielt Odysseus noch genau den richtigen Wind, um von Italien nach Gibraltar zu gelangen, doch nachher erfahren wir keine Einzelheiten mehr, bis er wiederum zu Kirkes Insel zurückkehrt. Es fehlen alle Angaben über Zeit, Kurs, Wind oder Wetter; gesagt wird uns nur, daß das Schiff mit dem günstigen Wind vorwärtskam, bis sie an den Rand des tiefen Okeanos gelangten.

Zur Zeit Homers waren noch keine Griechen ins westliche Mittelmeer vorgedrungen. Nach der Gründung von Karthago im 9. Jahrhundert v. Chr. waren die Phönizier, die auf Sizilien und Sardinien Stützpunkte errichtet hatten, in der Lage, die Zugänge zum westlichen Mittelmeer allen andern zu verwehren. Westlich einer Linie, die sich von Karthago in Nordafrika über Trapani auf Sizilien nach Sardinien hinzieht, war das Mittelmeer gewissermaßen geheim. Die Phönizier hatten den Westhandel gepachtet und wollten sich dieses Alleinrecht natürlich nicht schmälern lassen. Was es damals an schriftlichen oder mündlichen Reiseberichten gab, behielten sie für sich. Auf keinen Fall wird den griechischen Kauffahrern, die in der Levante und im östlichen Mittelmeer tätig waren, davon etwas mitgeteilt worden sein.

Was die Phönizier an Berichten durchsickern ließen, war bestimmt darauf angelegt, die Konkurrenz abzuschrecken. Das wurde in der Geschichte der Seefahrt allgemein so gehalten. Im 15. Jahrhundert, als die Portugiesen die unbekannten Küsten Westafrikas erschlossen, bestärkten sie andere Völker in dem Glauben, die Welt sei nicht weit südlich der Kanarischen Inseln zu Ende. Nachdem die Portugiesen an diesen Ufern längst mit Gold und Sklaven Handel trieben, bekamen andere europäische Seefahrer nur von einer Sonne zu hören, die angeblich so heiß war, daß das Pech zwischen den Planken schmolz und die Schiffe untergingen. Sie bekamen von dem endlosen Weltstrom zu hören, der sich über den Rand der Welt ergoß, und von den Winden, die ein Schiff immer weiter nach Süden trieben, bis es über diesen Rand der Welt hinuntergerissen wurde. Als andere sich daran machten, diese geheimnisvollen Ufer zu erkunden, wurde das Gerücht verbreitet, nur die eigens dafür gebauten portugiesischen Karavellen könnten diese Gewässer unbeschadet befahren. Wie den Phäaken der »Odyssee« traute man auch den Portugiesen magische Schiffe und ein geheimes seemännisches Können zu, wie andere es nicht besaßen.

Von der Straße von Gibraltar und von dem unermeßlichen Meer dahinter hatte der Verfasser der »Odyssee« offenbar gehört. Doch für ihn lag das alles in märchenhafter Ferne. Die Säulen des Herakles wurden von Euripides als der Punkt beschrieben, über den hinaus jede Seefahrt aufhöre, weil der Herrscher über den Okeanos hier keine Seefahrer mehr dulde. Und Euripides lebte im 5. Jahrhundert v. Chr., einige Jahrhunderte nach Homer; dabei sprach er von Gibraltar und dem Atlantik immer noch in denselben verschwommenen Ausdrücken.

Kalpe (der Fels von Gibraltar) und Abila (der Hacho an der marokkanischen Küste) galten im ganzen Altertum als die Säulen des Herakles oder Herkules. Verhältnismäßig wenig Flüsse von bedeutender Größe münden ins Mittelmeer; es verliert durch Verdunstung zwei Drittel mehr Wasser, als es von den Flüssen erhält. Dieser Verlust wird ausgeglichen durch das Einströmen von Wasser aus dem Atlantischen Ozean zwischen den Säulen des Herakles. Hier strömen also ein Meer und ein Ozean zusammen. Auch stoßen hier die Mittelmeerkultur und all die andern Kulturen aufeinander, die aus der ersteren hervorgegangen sind. Als Odysseus mit seinem schwarzen Schiff ins Totenreich geschickt wird, muß er an diese geheimnisvolle Grenze der Welt kommen.

Was immer den Griechen zu Homers Zeiten über den westlichsten Zipfel des Mittelmeers bekannt war, stammte aus phönizischer Quelle; was sie die Säulen des Herakles nannten, hieß bei den Phöniziern die »Säulen des Melkart«, nach den beiden Säulen des großen Tempels des Melkart in Tyros. Viele der mit diesem phönizischen Gott verbundenen Sagen wurden von den Griechen auf Herakles übertragen. Ursprünglich handelte es sich um einen Sonnengott, doch erhielt er später auch die Attribute einer Meeresgottheit. Außerdem galt er den

Phöniziern auch als Herr der Unterwelt und wohnte zwischen den Felsen der Meerenge von Gibraltar.

Es ist deshalb begreiflich, warum Kirke den Odysseus zu den Säulen des Herakles schickt. Jenseits davon liegt das Reich des Okeanos (Kirkes Großvater), der Ort, wo die Sonne (Kirkes Vater) nachts in den unbekannten Westen versinkt. Die Mythologie ist keineswegs nur eine gefällige Art, Sagen zu erzählen. Meistens handelt es sich um ein abgekürztes Verfahren, um gewisse Wahrheiten über die Natur und den Menschen und über die Stellung des Menschen in der Natur festzuhalten.

In diesem Teil der »Odyssee«, der einst eine selbständige Sage gebildet haben mag, hat der Dichter etwas geographisch Vorhandenes, die Straße von Gibraltar und den Atlantischen Ozean dahinter, aus irgendeiner phönizischen Quelle eingeführt. Einen Ort, wo Odysseus seine Gruft grub und sein Sühnopfer für die Toten ausgoß, wird man nicht geographisch bestimmen wollen. Dagegen ist es nicht sinnwidrig, aus dem Bericht über die ewig von Nacht und Nebel umfangenen Kimmerier die Stimme eines Seefahrers herauszuhören, der im hohen Norden gewesen war. Daß es Gegenden gibt, wo die Sonne monatelang nicht scheint, konnte Homer nicht wissen. Ebenso unwahrscheinlich ist aber, daß er es einfach erfand. An Winterabenden in London, wenn der Schein der Straßenlaternen vom Nebel verschluckt wird, habe ich manchmal gedacht, Homer habe unsere Verhältnisse vorausgeahnt – »die Stadt der Kimmerier, die ständig in Nacht und Nebel tappen«. Die Kunde von Menschen, die im Dunkel lebten, mag von irgendeinem Bernsteinhändler, der mit dem Baltikum verkehrte, nach dem Süden gelangt sein. Baltischer Bernstein wurde schon Jahrhunderte vor der Zeit Homers nach Griechenland eingeführt.

Nicht alle, die die »Odyssee« erläutern, haben darauf verzichtet, den Eingang zur Unterwelt geographisch zu bestimmen. Victor Bérard verlegte ihn nach dem Golf von Neapel, und es ist nicht zu bestreiten, daß es im Altertum mehrere Orte gab, von denen man glaubte, daß sie ins schattenhafte Reich der Toten hinunterführen. Der bekannteste war eine Grotte am Kap Tänaron, der südlichsten Spitze von Griechenland. Bei Enna auf Sizilien hat man mir die Grotte gezeigt, wo Persephone angeblich untertauchte. Bei Phanari an der Westküste Griechenlands fließen immer noch der Acheron und der Kokytos ins Ionische Meer, der Fluß des Jammers und der Fluß der Klagen. Im Kokytos bin ich einmal schwimmen gegangen, er war trüb und kalt, und die Mücken waren dicht wie Dampf über dem Wasser. Das einzig Gute an diesem »Strom der Wehklagen« war, daß er mein Boot von einer dreimonatigen Anwachsung von Algen befreite. Ich war in der Flußmündung vor Anker gegangen, und im Verlauf der Nacht hatte das Süßwasser sämtliche Seealgen abgetötet.

Merkwürdig ist an der Geschichte von Odysseus' Begegnung mit den Toten, daß er der einzige Held ist, der dazu nicht unter die Erde hinabzusteigen brauchte. Nachdem er den von Kirke bezeichneten Ort am Ufer des Okeanos erreicht hat, gräbt er eine Grube und gießt das Trankopfer aus – Honig, Milch und Wasser, mit weißem Mehl bestreut. Bald scharen sich die Schatten der Toten um ihn herum. Im Gegensatz zu Äneas, Herakles und

Dante, die alle in die Totenwelt hinabsteigen mußten, bleibt Odysseus dabei fest auf der Erdoberfläche. Ein etruskischer Spiegel zeigt die Begegnung des Odysseus mit Teiresias, dem blinden Seher, der ihm sein Schicksal weissagt. Teiresias macht dabei einen ausgesprochen androgynen Eindruck – vielleicht eine Anspielung darauf, daß es Teiresias allein vergönnt war, als Mann und als Frau zu leben und so die Geheimnisse beider Geschlechter zu kennen. (Wenn das zu den für einen Seher erforderlichen Eigenschaften gehört, dürften solche heute leicht aufzutreiben sein, wo Geschlechtswechsel so häufig ist, daß die Zeitungen kaum noch darüber berichten.)

In der Dämmerwelt jenseits der Säulen des Melkart erfuhr nun Odysseus sein künftiges Geschick. Es war ihm beschieden, zu Kirkes Insel zurückzukehren. Von dort aus konnte er mit all seinen Gefährten nach Ithaka gelangen, vorausgesetzt, daß sie keines von den Rindern des Sonnengottes töteten. Falls auch nur eines dieser heiligen Tiere Schaden nähme, dann war es um sein Schiff und seine Gefährten geschehen. Dann würde er als einziger nach Ithaka zurückkehren, arg mitgenommen und auf fremdem Schiff.

Während die Schatten der Toten sich an dem Blut in der Grube labten, floh Odysseus zu seinem Schiff zurück und befahl den Gefährten, an Bord zu gehen und die Taue loszuwerfen; sie setzten sich an die Riemen, und die Strömung trug sie den Okeanos hinunter. In der Straße von Gibraltar besteht eine stetige Oberflächenströmung ostwärts gegen das Mittelmeer zu. Ich brauchte einmal drei Tage, um von Almeria gegen Gibraltar aufzukreuzen. Doch Odysseus wollte nach Osten, und die Strömung kam ihm zustatten. »Erst vom Ruder getrieben, und drauf vom günstigen Winde«, trat er den Rückweg an. Das schaurigste seiner Abenteuer war zu Ende. Er geriet wieder in das helle Licht des Mittelmeers, wo sich sein Kurs auf einer Seekarte verfolgen läßt.

SIRENENGELÄNDE

Mit der Rückkehr des Odysseus auf die Insel der Kirke sind wir wieder im Hauptzusammenhang der Geschichte. Immerhin, zweierlei ist an dem Abstecher in die Unterwelt authentisch: der Nordwind, der ihn nach der Straße von Gibraltar bringt, und die Meeresströmung, die ihn wieder wohlbehalten ins Mittelmeer zurückträgt, was sie auch heute noch tun würde.

»Die Irrfahrten des Odysseus«, ist gesagt worden, »mögen noch so sehr auf einem Tatsachenbericht beruhen und für die einzelnen Strecken genaue Angaben machen, es geht doch daraus hervor, wie fadenscheinig Homers Kenntnisse waren, was die Länder jenseits des westlichen Horizonts betrifft.« Daß der Dichter die beschriebenen Orte nicht selber gesehen hatte, möchte ich nicht bestreiten. Es ist die Genauigkeit des Grundrisses, was mich beschäftigt. Von dem Augenblick an, wo er zu Kirke zurückkehrt, werden die nautischen Angaben wieder deutlich. Die Segelanweisungen, die er nun von Kirke erhält, lassen sich getrost denen im Handbuch des Britischen Marineamts an die Seite setzen.

Nachdem er auf der Insel anlangte, hatte Odysseus zuerst dafür zu sorgen, daß Elpenors Leiche bestattet wurde, wie es der Brauch war. Elpenors Geist war der erste gewesen, der Odysseus über die dunkle Grube hinweg begrüßte. Die Griechen waren in solcher Hast von Kirkes Insel aufgebrochen, daß sie es versäumt hatten, ihren Kameraden zu Grabe zu tragen, und Elpenors Geist hatte Odysseus angefleht, das Versäumte nachzu-

holen. Auch bat er ihn, ihm am Ufer der grauen See einen Grabhügel zu errichten und auf diesem den Riemen aufzupflanzen, den er zu seinen Lebzeiten gehandhabt hatte. Odysseus tat noch ein übriges für den Toten; er begrub dessen Asche zuoberst auf dem Landvorsprung. Auf dem Monte Circeo selber also lagen die Überreste Elpenors, seither längst verweht. Sein Riemen, mit dem breiten Blatt, verwitterte noch zu Lebzeiten des Odysseus.
Ein noch auffälligeres Monument bezeichnet jetzt Elpenors Ruhestätte. Etwas östlich des Gipfels hebt sich der Leuchtturm von Cervia weiß gegen das Hinterland ab. Die ganze Nacht lag ich unter seinem Blinklicht vor Anker, mit einem kollegialen Gefühl für die italienische Familie, die in dem würfelförmigen Haus am Fuße des Turms wohnte und in ihrem kleinen Gärtchen schöne Gurken und Tomaten zog. Es war angenehm, in den dunkeln Stunden der Hundewache an Deck zu kommen und an dem blinkenden Licht zu erkennen, daß man nicht allein war auf der Welt. Östlich davon, am andern Ende der Bucht, wiederholte das Blinkfeuer von Gaeta die Warnung, und weitab gegen Süden wiesen die Lichtzeichen von Zannone und Ponza dem Seemann den Weg. Es ist heute leichter, dieses Meer zu befahren, als vor dreitausend Jahren, als Odysseus und seine Leute den toten Kameraden bestatteten.

Kirke war zwar eine Göttin oder Priesterin, aber dennoch nicht allwissend. Ihre ersten Begrüßungsworte waren: »Arme, die ihr lebendig in Hades' Wohnung *hinabfuhrt!*« Eine vernünftige und praktische Frau, verschwendete sie keine Zeit mit Klagen, daß Odysseus sie jetzt verlassen mußte. Sie hatte sich von Anfang an damit abgefunden, daß es ihm bestimmt war, eines Tages nach Ithaka zurückzukehren. Im Gegensatz zu Kalypso war sie zu stolz, um den Helden zurückhalten zu wollen. Zuerst wies sie ihre Dienerinnen an, den Griechen frisches Brot, Fleisch und funkelnden Rotwein aufzutragen. Auch fiel sie ihm nicht sogleich mit Reisevorschriften zur Last, sondern bat ihn und seine Leute, sich an der Mahlzeit gütlich zu tun. Später, erklärte sie, werde sie ihm seinen Kurs anweisen und ihn auf die verschiedenen Wahrzeichen aufmerksam machen, damit er den ihm drohenden Gefahren entgehe.

Am Abend, während die übrigen sich drunten beim Schiff zur Ruhe legten, begab sich Odysseus ins Haus der Kirke. Während sie beieinander lagen, erzählte er ihr, was ihm auf der Fahrt nach den Säulen des Herakles alles widerfahren war. Kirke ihrerseits gab ihm ihre Anweisungen für die Heimreise. »Erstlich«, sagte sie, »erreicht dein Schiff die Sirenen; diese bezaubern alle sterblichen Menschen, wer ihre Wohnung berühret. Welcher mit törichtem Herzen hinanfährt und der Sirenen Stimme lauscht, dem wird zu Hause nimmer die Gattin und unmündige Kinder mit freudigem Gruße begegnen; denn es bezaubert ihn der helle Gesang der Sirenen, die auf der Wiese sitzen, von aufgehäuftem Gebeine modernder Menschen umringt und ausgetrockneten Häuten. Aber du steure vorbei, und verklebe die Ohren der Freunde mit dem geschmolzenen Wachse der Honigscheiben, daß niemand von den andern sie höre. Doch willst du selber sie hören: Siehe, dann binde man dich an Händen und Füßen im Schiffe, aufrecht stehend am Maste, mit festumschlungenen Leinen, daß du den holden Gesang der zwo Sirenen vernehmest. Flehst du die Freunde nun an und befiehlst die Leinen zu lösen, eilend feßle man dich mit mehreren Banden noch stärker!«

Dann ging sie dazu über, ihm die anderen gefährlichen Stellen zu erklären, vor denen er sich hüten mußte. Diese gehen uns vorläufig noch nichts an; zuerst gilt es nämlich, den Wohnort der Sirenen ausfindig zu machen. Kirke glaubte jedenfalls genau zu wissen, wo die Sirenen zu finden waren, setzt sie doch hinzu, Odysseus werde, einmal an dieser Gefahr vorbei, einen Punkt erreicht haben, über den hinaus sie ihm keine deutlichen Anweisungen geben könne. Sie konnte ihm nur die beiden möglichen Routen angeben, zwischen denen er seine Wahl treffen mußte.

Strabon, die lateinischen Dichter und viele Schriftsteller des Altertums stellen sich die Sirenen ohne weiteres im Gebiet des Golfs von Neapel vor. Das stimmt auch geographisch, da Odysseus sicher so weit als möglich nach Süden der italienischen Küste folgte. In jeder Segelanweisung mußten die Inseln enthalten sein, an denen der Seefahrer vorbeikommt, bevor er für die nächste Strecke auf anderen Kurs geht. Die Durchfahrt zwischen Ischia und Procida und die zwischen Capri und Kap Campanella werden in jeder seemännischen Beschreibung dieser Küste vorgekommen sein. Capri ist von manchen als der Wohnort der Sirenen betrachtet worden, aber im allgemeinen geht die Meinung dahin, mit den Inseln der Sirenen seien die Galli-Inseln gemeint, die an der Einfahrt zum Golf von Salerno liegen.

Die Galli-Inseln sind die letzte Inselgruppe an der Westküste Italiens und liegen fast genau nördlich der Li-

parischen Inseln. Wenn ich einem Segler ohne Karte oder Kompaß raten müßte, wie er am besten von Kap Circeo nach Sizilien gelange, würde ich wahrscheinlich sagen: »Halte an den Inseln vorbei – Ischia, Procida und Capri –, bis du zu einer Gruppe kleiner Inseln zuvorderst an einem Golf kommst. Es sind ihrer drei, dicht beieinander. Halte hier von der Küste ab und lieg Süden an. Bleib auf südlichem Kurs, bis du den Vulkan Stromboli sichtest und die nächste Inselgruppe – es kann mehrere Tage dauern. Wenn du sie siehst, hast du zwei Möglichkeiten: Halte entweder den Inseln entlang nach Westen, bis Ustica in Sicht kommt, und dann über Trapani rund um die Küste; oder nimm die kürzere Route und bleibe auf südlichem Kurs. Damit kommst du dann durch die Straße von Messina.«

Die Galli-Inseln vorne am Golf von Salerno eignen sich vorzüglich als Wegweiser. Natürlich wäre es auch möglich, immer der italienischen Küste entlang nach der Straße von Messina zu gelangen, aber es ist eine lange und zeitraubende Route, wie ich aus Erfahrung sagen kann. Außerdem ist die Küste Italiens von den Galli-Inseln südwärts recht gefährlich und bietet so gut wie keine Ankerplätze. Kap Palinuro und das Fischerdorf Santa Nicola sind so ziemlich die beiden einzigen Stellen, wo ein kleines Segelboot eine Zuflucht findet, und auch das nur, wenn das Wetter gnädig ist. Im Herbst 1951 kam ich hier um mein Beiboot, und beinahe wäre ich auch um meine Jacht gekommen. Ich hätte lieber den Segelanweisungen folgen sollen, die Odysseus von Kirke erhielt, nämlich nach den Galli-Inseln südwärts zu halten.

»Drei öde kleine Felsklippen«, lautet Strabons Beschreibung der Sirenen-Inseln. In Wirklichkeit sind es ihrer fünf, aber nur drei davon liegen nahe beieinander, so daß der Irrtum verständlich ist. Norman Douglas, der sonst auf Capri schwor, zweifelte nicht daran, daß die antike Überlieferung recht hat. »Ohne Bäume sind sie zwar, die Klippen der Sirenen, doch nicht ohne Blumen... Im Winter herrschen die Narzissen vor; die Luft ist mit ihrem schweren Duft geschwängert, und die glänzenden braunen Zwiebeln drängen einander aus dem Boden; im Mai ist dieser unter einem leuchtenden Gewirr von bunten Blumen verborgen, das man gesehen haben muß, um es zu glauben. Alle Blumen aus Campania scheinen sich auf diese Felseninsel geflüchtet zu haben [die größte der Galli-Inseln]. Die durch die rasche Verdunstung feuchte Luft trägt zweifellos zu diesem üppigen Pflanzenwuchs bei, und ebenso der fette Boden am äußern Hang. Ich versuchte einmal ein Verzeichnis der Blumen auf den Galli-Inseln zu erstellen, gab es aber wieder auf; jeden Monat sind es wieder andere« *(»Siren Land«).*

Leider habe ich die Blumen der Sirenen-Inseln nie gesehen. Das erstemal, als ich hierher kam, war es Nacht. Das zweitemal war es im Hochsommer, und alles war braunverbrannt. Nur die Zikaden sangen, und die wohlriechenden Sträucher glühten und knisterten, als könnten sie jeden Augenblick in Flammen aufgehen.

Es sind etwa fünfundvierzig Meilen vom Kap Circeo zu den Galli-Inseln, wenn man die Durchfahrt bei Procida und Capri benützt; etwas mehr, wenn man der Küste im Golf von Gaeta und im Golf von Neapel folgt, wie Odysseus das vermutlich tat. Ob unter Riemen oder Segel, er kann nicht lange gebraucht haben, um dieses stille und goldene Ufer entlangzufahren. Auch so, wie es heute aussieht, getupft mit den Gebäuden und Überbleibseln mannigfacher Kulturen und überall mit dem tiefen Grün der Reben lackiert, hat das Land immer noch etwas Schlummerndes und In-sich-Gekehrtes. Eine Welle nach der andern von Menschen und Kulturen sind über diese Ufer und Inseln hinweggegangen und haben ihre Spuren zurückgelassen, und doch haben sie ihren Charakter bewahrt. Es herrscht hier eine Atmosphäre, in der alles zutiefst ertrinkt. Ich bin die Lethargie und das *taedium vitae* des Mittelmeers gewohnt – gefeit, wie ich mir gerne einrede, durch eine Verehrung der samothrakischen Götter –, und doch bin ich hier dem Schiffbruch nähergekommen als sonstwo. Dabei denke ich nicht an den Schiffbruch im wörtlichen Sinn, wie ich ihm bei Tropea an der Straße von Messina nur mit knapper Not entging, ich denke an den Schiffbruch, den Energie, Ehrgeiz und überhaupt jegliche Selbstbehauptung hier erleiden.

Kurz nach dem letzten Krieg kam ich in einer kleinen, in Holland gebauten Jacht hierher. Ich wollte mit meiner Frau noch nach Sizilien, Malta und im folgenden Jahr dann weiter nach Griechenland. Es war September, als wir in den kleinen Hafen von Capri einliefen und an der Kaimauer neben einem hoch mit Melonen beladenen Boot festmachten. Tagsüber spannten der Eigner und sein Sohn jeweils auf der Mole ihr ausgefranstes Großtuch als Sonnenschutz über eine Stange und verkauften ihre Früchte an die Vorübergehenden. Wenn ich des Nachts an Deck stieg, in den stillen Stunden, wo alles, was ich berührte, vom Schirokko noch taubeperlt war, konnte ich die reifen Früchte riechen. Selbst nachdem ich eine Zigarette angezündet hatte, haftete mir der feuchte Melonengeruch noch am Gaumen, nicht ohne eine Andeutung von Verderbnis. Über mir in der Stadt war die kleine Piazza mit Sternen und Nachtviolen übersät, und das dünne Klimpern der Mandoline kam über das Wasser her. Die Insel war in jenen Tagen fast verlassen, der Touristenstrom der Nachkriegszeit hatte noch nicht eingesetzt, es gab an Land recht wenig zu essen, und Geld hatte auch kein Mensch. Wir fanden ein kleines Haus oben in Anacapri, mit einem Gärtchen, einem Brunnen und einer alten Weinlaube an der Südseite des Hauses. Wir schmiedeten Pläne, uns hier niederzulassen, das Boot zu verkaufen, irgendwo Geld aufzutreiben, und kehrten uns nicht daran, daß wir möglicherweise nie welches verdienen konnten. Schade, wer weiß? Briefe kamen an, wir waren für den Winter auf Malta fällig, unsere Seefahrtsversicherung lief im Oktober ab, Bankdirektoren waren kühl und ohne Sinn für Romantik, und auch mit dem schönen Wetter war es wohl bald aus. So zogen wir denn weiter. Seither war ich noch mehrmals hier, doch der Glanz jener Vorherbsttage wollte sich nie wieder ganz einstellen. Was ich damals gehört hatte, war nichts anderes, als was man gewöhnlich den Sirenengesang nennt: der Drang, von jedem Streben abzulassen und sich vom Kampfplatz des Lebens zurückzuziehen. Wie die meisten mußte ich wieder in die großen Städte zurück, um dort meine Sandburgen gegen die alles verschlingende Flut zu bauen. Vielleicht wäre ich besser auf Capri geblieben. Etwas verblaßt mit dem Alter, und das

Ohr vernimmt die Melodie der Sirenen nicht mehr ganz so deutlich.

Es war wohl solch ein stiller Tag, mit bezogener Luft, als Odysseus an den steilen Kalksteinufern von Capri vorübersegelte, den Galli-Inseln entgegen. Nichts war zu hören als die Ruderschläge und das Glucksen am Steuerpaddel vorbei. Doch bald mußte zu hören sein, was die Sirenen über das Wasser zu ihm herüberriefen:

»Komm, besungner Odysseus, du großer Ruhm der Achaier!
Lenke dein Schiff ans Land, und horche unserer Stimme.
Denn hier steurte noch keiner im schwarzen Schiffe vorüber,
Eh er dem süßen Gesang aus unserem Munde gelauschet;
Und dann ging er von hinnen, vergnügt und weiser als vormals.
Uns ist alles bekannt, was ihr Argeier und Troer
Durch der Götter Verhängnis in Trojas Fluren geduldet:
Alles, was irgend geschieht auf der lebenschenkenden Erde!«

Die Sirenen verhießen ihm nichts von alledem, wofür die Menschen sich sonst abrackern, weder Reichtum, Frauen, Macht, noch unsterblichen Ruhm. Weisheit war ihre Gabe und Voraussicht all dessen, »was irgend geschieht auf der lebenschenkenden Erde«. Es ist die gefährlichste aller Gaben.

»Und wer immer diese Stimmen hört, sagt Homer, kehrt nie wieder zu Weib und Kind zurück, was wohl bedeutet, daß es Menschen gibt, die Weisheit höher schätzen als häusliches Glück; offenbar dichterische Übertreibung.« Doch der Mann, der dieses schrieb, vermochte sich nie aus dem Bann der Sirenen-Inseln zu lösen. Das einzige Mal, als ich Norman Douglas anderswo sah – in London, während des Kriegs –, da schien er so tief in den Traum von seiner wahren Heimat versunken, daß er dem Ort, wohin er verbannt war, keinerlei Wirklichkeit zuerkennen konnte. Zum Glück erlebte er es noch, nach Capri zurückkehren zu können, wo er auch gestorben ist.

Ob es wohl Capri, Procida, Ischia oder gar die Inseln der Sirenen waren, die Petronius Arbiter vorschwebten, als er schrieb: »Du Ufer, mir teurer als mein Leben! Du mein Meer! Wie glücklich bin ich, wieder in diese meine Lande kommen zu dürfen! Wie schön ist dieser Tag! Hier pflegte ich einst zu schwimmen und Najaden aufzustöbern. Und hier ist das Herz der Quelle, und dort wedeln die Algen. Dies ist der Hafen meiner stillen Sehnsucht. Doch, ich habe gelebt! Auch kann mir kein mißgünstig Schicksal rauben, was mir jene vergangenen Stunden einst geschenkt.« Dem Verfasser der *»Saturae«* schwebte bestimmt der Golf von Neapel vor, als er sein großes Werk schrieb, und wenn er die Bucht kannte, wird er auch die davorliegenden Inseln gekannt haben. Jahrhunderte nach Odysseus ließ sich der *arbiter elegantiarum* wohl nach den Galli-Inseln hinausrudern, den *Sirenusae*, wie sie damals hießen. Auf der größten davon, Gallo Grande, findet sich noch der Platz, wo im 1. Jahrhundert eine Villa stand. Ein Hedonist wie Petron mag in diesem einsamen Ort ein Heilmittel gegen das wüste Leben in Neros Rom gesehen haben.

Ein Argument, das gegen die Gleichsetzung der Galli mit den Inseln der Sirenen angeführt worden ist, geht dahin, daß Homer nur zwei Sirenen erwähnt, wo es doch auf jeden Fall drei Inseln sind, nämlich Gallo Grande, Castellucio und La Rotonda. Die übrigen, die auch noch dazugehören, Isca und Vivara, liegen über eine Meile entfernt, in entgegengesetzter Richtung.

Hat Homer geschlafen, oder waren es mehr als zwei Sirenen? Offenbar waren es ursprünglich noch viel mehr. Plutarch, Hyginus und andere haben uns die Namen von zehn oder elf überliefert. Vielleicht gab es sie in doppelter Dreifaltigkeit: Thelxinoë, die Bezaubernde; Aglaope, die schönen Gesichts; und Peisinoë, die Verführerin. Die andern drei, bei denen es sich um unsere Sirenen von den Galli-Inseln zu handeln scheint, waren Parthenope, die jungfräulichen Gesichts; Ligeia, die helle Stimme; und Leukosia, die Weiße. Diesen drei waren in römischer Zeit hierzulande Heiligtümer errichtet; für Parthenope in Neapel, für Leukosia und Ligeia am Golf von Salerno. Homer erwähnt keine Namen. Er sagt nur, daß Odysseus, als ihre schönen Stimmen über das Wasser klangen, von solcher Sehnsucht erfüllt wurde, daß er seinen Leuten bedeutete, sie sollten ihn losbinden.

Apollonios der Rhodier, der viele Jahrhunderte nach Homer die Fahrt der Argonauten beschrieb, erzählt uns, die Sirenen hätten sich alle das Leben genommen, als Orpheus ihnen vom Deck der »Argo« aus etwas vorsang; aus verletztem Stolz, in ihrer Kunst übertroffen worden zu sein, hätten sie sich von den Klippen ins Meer gestürzt. Hier irrt Apollonios; die Argonauten kamen nämlich früher als Odysseus. (Sein Vater, Laertes, gehörte zur Besatzung der »Argo«.) Entweder hat Apollonios, so lange nachher, die Dinge durcheinandergebracht, oder dann bildeten die Sirenen, die die Argonauten zu betören suchten, einen andern Zweig des Geschlechts. Jedenfalls wohnten sie ganz woanders, vermutlich auf den Echinaden, an der Mündung des Acheloos in Westgriechenland.

So ungern ich schöne Täuschungen zerstöre, muß ich doch feststellen, daß die Sirenen trotz ihrer lieblichen Stimme nicht gut aussahen. Man macht sich da leicht falsche Vorstellungen. Es waren keine nackten, liebenswerten Geschöpfe, die scharenweise über die Bordwand von Odysseus' Boot kletterten, um die Seeleute ebensosehr mit ihrer körperlichen Schönheit wie mit ihren Stimmen zu bedrängen. Homer beschreibt sie überhaupt nicht, doch in den frühesten Darstellungen erscheinen sie als Vögel mit Frauenköpfen. Später werden sie im Altertum als Frauen mit Vogelbeinen abgebildet, manchmal mit, manchmal ohne Flügel.

Über ihre Abstammung wird mancherlei berichtet, nach der ältesten Kunde waren sie die Töchter der Chthon, der Erdentiefe. Sie waren die Gespielinnen der Persephone, der Gattin des Hades, und sie war es, die sie ins Menschenreich schickte. Wie die Harpyen, lebten auch die Sirenen von Menschenseelen. Im Gegensatz zu den Harpyen, aber ähnlich wie die Spinnenweibchen, bedurften sie der irdischen Liebe, bevor sie dem Mann den Tod gaben. Sie waren »Göttinnen des Todes und der

Liebe... Man sieht auf einem späteren Reliefbild, wie sich eine Sirene, bei der nur die Unterschenkel in Vogelfüße auslaufen, einem schlafenden, satyrgleichen Manne liebend hingibt, wie etwa die Selene dem Endymion. Etwas Liebreizendes hatte schon die eiförmige Bildung früher Darstellungen der Sirenen an sich, zumal sie oft klein geformte Menschen an sich drückten. Und sie dienten nicht nur der Todesgöttin, sondern auch den sterblichen Menschen, indem sie sie – oder ihre Sehnsüchte – mit goldenen Flügeln himmelwärts trugen« (Karl Kerényi). Ob wohl dem Barocklyriker Andrew Marvell etwas Ähnliches vorschwebte, als er »An seine spröde Geliebte« schrieb:

»Genießen wir, solang wir reich!
Laß uns, verliebten Falken gleich,
In einem Mal die Zeit verzehren
Und ihrem tück'schen Zahne wehren.«

Übertragen von Hans Hennecke

Es herrschte Windstille, berichtet uns Homer, als Odysseus sich diesen Inseln näherte. Das Segel hing schlaff herab, und so holten die Griechen es denn ein und verstauten es. Dann legten sie sich in die Riemen, während Odysseus das Bienenwachs knetete und ihnen damit die Ohren verstopfte. Schließlich fesselten sie ihn mit Händen und Füßen an den Mast.

Windstille war immer ein Zeichen, daß sich die Sirenen in der Nähe befanden; sie liebten die heißen Stunden der Siesta und die Sommernächte, in denen kein Lüftchen weht. Die Sirenen waren keine Walküren, die auf dem Sturmwind einherritten. Es ist nicht einmal ganz sicher, ob sie überhaupt fliegen konnten. Wie sie zu ihrer vogelähnlichen Gestalt kamen, ist rätselhaft, obwohl es heißt, Aphrodite habe sie in Vögel verwandelt, weil sie sich – mit einer bei Frauen zum Glück seltenen Beharrlichkeit – weigerten, Göttern oder Männern zu Willen zu sein. Auf ihre Stimmen blieben sie aber nach wie vor stolz und waren sogar, wie es heißt, unbedacht genug, die Musen zum Wettstreit herauszufordern. Als sie unterlagen, rupften ihnen die Musen das Gefieder aus, so daß sie nicht mehr fliegen konnten.

Als Odysseus vorbeikam, hatten sie wohl ihr Gefieder noch; auf einer Amphore, die sich jetzt im Britischen Museum befindet, ist Odysseus abgebildet, nackt an den Mast gefesselt, wie er den bärtigen Kopf hebt, um dem Gesang der Sirenen zu lauschen, und zwar sind es, Homer zum Trotz, drei, alle gefiedert und beflügelt. Während jedoch zwei auf den Klippen singen, scheint die dritte wie ein Falke auf das Boot herabzustoßen. Sieht man näher hin, bemerkt man indessen, daß das eine, sichtbare Auge zu ist. Ihre Vogelfüße berühren fast den Fels, auf dem sie mit ihren Schwestern gesessen hat, und ihre ganze Haltung hat etwas Schlaffes und Jämmerliches, einem Geflügel in der Speisekammer vergleichbar. Tatsächlich fällt diese dritte Sirene, da ihr Gesang nicht wirkte, tot aus der Luft herab, was erklären könnte, warum Homer nur deren zwei erwähnt. Natürlich hätten ihre beiden Schwestern, wenn es mit der Sage seine Richtigkeit hatte, kurz darauf ebenfalls sterben sollen; die Sirenen waren ja angeblich dem Tode geweiht, wenn sich ein Mensch ihrer Verlockung entziehen konnte. Ich glaube aber nicht, daß es mit der Sage seine Richtigkeit hatte.

Im Altertum wurden die Sirenen dauernd auf Urnen, Sarkophagen und Grabsteinen abgebildet; sie erscheinen in diesem Zusammenhang als Seelenvögel. Oft spielen sie Instrumente, unter anderen die Doppelflöte, die Leier oder die Zimbeln. Ebenso oft erscheinen sie in der Gesellschaft des Dionysos, dem sie bei seinen Festen an die Hand gehen, sind sie doch die Dienerinnen der Lust wie auch des Todes. Auf einer apulischen Vase im Britischen Museum spielen zwei Sirenen auf der Doppelflöte, während Dionysos eine Weinranke und ein Trinkhorn darüber hält, zwei Satyrn neben sich. Auf der Rückseite dieser Vase blasen zwei Satyrn fröhlich Flöte und schauen gleichmütig zu, während ein weiterer Satyr eine widerstrebende Mänade zu vergewaltigen sucht.

Erst im Mittelalter hat ein nordischer Einschlag die Sirenen mit Fischschwänzen ausgestattet und sie in eine Art Nixen verwandelt. Die Sirene, wie Dante sie beschreibt, war jedoch keine Wasserjungfer nach dem Sinn von Matthew Arnold, sondern streng und schreckenerregend. Auch sie trat, wie die Sirenen des Odysseus, in den stillen, heißen Mittagsstunden auf.

Ihr Name könnte sehr wohl vom selben Stamm abgeleitet sein wie Sirius, der Hundsstern, »der Sengende« oder »der Glitzernde«. Sirius, der glänzendste Stern am Himmel, steigt auf, wenn die Sonne ins Zeichen des Löwen tritt, in der heißesten Jahreszeit. Homer nennt ihn den Stern des Spätsommers und auch den »Unstern«, da sein heliakischer Aufgang nicht nur die heißeste Zeit, sondern auch Gewitter und Wetterumschlag ankündigte, wie sie im Mittelmeer für den Herbst kennzeichnend sind. Die Römer, die den Stern *Canicula* nannten, brachten ihn ebenfalls mit dieser Jahreszeit in Verbindung, was noch in unserem Ausdruck »Hundstage« weiterlebt.

In diesen heißen, schwülen Stunden, wo der Sommer dem Herbst entgegenglutet, gelangte Odysseus in den Golf von Salerno und hörte es von den Felseninseln singen. Über die unbewegte Wasserfläche hin, die hier wie eine Traubenbeere schimmert, kam der Gesang der Sirenen. Die tauben Gefährten ließen seine verzweifelten Anstrengungen, sich zu befreien, unbeachtet, während Perimedes und Eurylochos dem vorher empfangenen Befehl nachkamen und ihn noch fester an den Mast banden. Die Ruderer schlugen das Wasser, und das Boot wandte sich nach Süden, mit Kurs auf die Liparischen Inseln. Erst als sie von den verwunschenen Inseln klargekommen waren, entfernten die Leute das Wachs aus den Ohren und befreiten Odysseus. Er hatte die Sirenen gehört und war mit dem Leben davongekommen. Ich glaube nicht, daß er sie je vergessen hat.

WAS DIE SIRENEN SANGEN

Daß die Sirenen sich alle das Leben nahmen, nachdem Odysseus ihnen entgangen war, scheint mir fraglich. Noch Jahrhunderte später wurde Parthenope in Neapel verehrt, und ein Fackelrennen wurde zu ihren Ehren abgehalten. An der Meerenge von Messina und in andern Teilen von Magna Graecia hat sich der Sirenenkult lange erhalten. Zwar scheinen sie ihr früher böses Wesen verloren zu haben, indem sie im Alter sanfter und weniger gefräßig wurden. Vergil erwähnt sie in der »Äneis« mit den Worten: »Sie, die früher grausam waren.« Man darf deshalb annehmen, daß sie im ersten vorchristlichen Jahrhundert nicht mehr die Gepflogenheit hatten, Seeleute in ihr Verderben zu locken. Vergil, der die Bucht von Neapel über alles liebte und bei Pozzuoli begraben wurde, hat die Sirenen sicher gekannt. Oft scheint man in seinen »Eklogen« ihre Stimmen zu vernehmen: »Welche Gaben kann ich dir bringen als Entgelt für Lieder wie die deinen? – mir teurer noch als das Sirren des kommenden Südwinds, oder die Ufer, an die die Brandung schlägt, oder das Rauschen der Bäche, wenn sie durch die Felsentäler laufen ...«

Ich glaube nicht, daß sie völlig tot sind, höchstens, daß ihr Gesang vom Lärm der Welt übertönt worden ist. Ihr Bild ist im Laufe der Jahrhunderte nachgedunkelt, aber für Röntgenstrahlen ist es immer noch sichtbar, und ein sorgfältiger Restaurator bringt sie wieder ans Licht. »Was für Lieder die Sirenen sangen, oder welchen Namen sich Achilleus zulegte, als er sich unter Frauen versteckte, das ist schwer zu sagen, aber Mutmaßungen lassen sich doch darüber anstellen« (Sir Thomas Browne). Was den Gesang der Sirenen betrifft, wissen wir sogar, worauf er hinauslief. Sie verhießen denen, die sie hörten, die verbotene Frucht vom Baum der Erkenntnis, und, wie auch in der hebräischen Mythologie, wer von dieser Frucht kostet, wird umkommen. Nicht sogleich, sondern durch langsamen Verfall; sie siechen langsam dahin, bis sie, wie Homer sagt, nur noch aus Haut und Knochen bestehen. Sie haben erkannt, daß das Leben ein Trauerspiel ist, das nur ein einziges Ende haben kann. Nur die Götter können diese Erkenntnis ertragen, weil sie unsterblich und deshalb darüber erhaben sind.

Gesehen habe ich sie nie, die Sirenen, aber ich glaube sie gehört zu haben. Das ist nun auch schon lange her. Es war im Herbst des Jahres 1943. Sizilien war von den Alliierten besetzt, Italien hatte kapituliert, und als nächstes kam die erste größere Landung alliierter Truppen auf dem europäischen Festland. Diese Invasion von der See her, die unter dem Namen »Unternehmen Lawine« ging, bezweckte die Einnahme des Hafens von Salerno und des Flugplatzes Montecorvino an dieser Bucht. Sie fand am 9. September 1943 statt.

Unter den Schiffen, denen die Aufgabe übertragen war, die Einfahrt in den Golf von Salerno zu sichern, befand sich der Geleitzerstörer »H. M. S. Exmoor«, auf dem ich damals diente. Ich kann nicht genau angeben, an welchem Tag sich die nachstehende Geschichte zutrug, aber es geschah sicher zwei oder drei Tage nach den ersten Landungen in Salerno. Leider durften wir damals kein Tagebuch führen – nach den zahllosen Kriegserinnerungen von Admiralen, Generälen und Generalleutnants der Flieger zu schließen, ist dieses Verbot offenbar in den oberen Rängen nicht befolgt worden.

Ich hatte die zweite Nachtwache (von Mitternacht bis vier Uhr früh). Es war eine so ruhige Nacht, daß ich das Rauschen der Bugwelle hören konnte. Vorher hatten bei Salerno Kampfhandlungen stattgefunden, doch in jenem Augenblick war alles sehr friedlich. Wir waren fast zwanzig Meilen vom Brückenkopf entfernt, auf dem nördlichen Sektor der U-Boot-Abwehr und des Radar-Sicherungsdienstes vor der Einfahrt in den Golf.

Wir liefen zur Funkmeß-Beobachtung auf eine kleine Inselgruppe zu, wendeten dann und liefen wieder ein paar Meilen hinaus. Dabei mußten wir dicht an die Inseln herangehen, denn gerade an diese würden vorhandene U-Boote sich halten, in der Hoffnung, durch das von den Felsklippen zurückgeworfene Echo vor unseren Ortungsgeräten geschützt zu sein. Auch Torpedobooten konnten diese Inseln als Treffpunkt und Deckung dienen, bevor sie zu einem Blitzangriff auf die in der Bucht vor Anker liegenden Fahrzeuge ansetzten. Es handelte sich um die bereits bekannten Galli-Inseln.

Die Wache ließ sich angenehm an, mit dem ganzen Süden in der trägen Luft. Die Metallfassungen der Brücke waren beschlagen, und das Holzdeck um den Kreiselkompaß war dunkel vor Feuchtigkeit. Ich erinnere mich nicht, auf welchem Schlag unseres Zickzackkurses es geschah, daß ich den Laut zum erstenmal hörte. Es war, das weiß ich hingegen genau, als wir bei den im Mondschein deutlich sichtbaren Inseln waren. Ich glaube, es war ungefähr um zwei Uhr früh, als wir das eine Ende unserer Sicherungsstrecke erreicht hatten. Dabei wurde jeweils so vorgegangen, daß wir kurze Zeit bei abgestellten Maschinen dort lagen, während die Funkmeß- und Unterwasserortungsgeräte das Gebiet um die Inseln absuchten.

Ohren und Augen mußte man damals offen halten. In der Zwischenzeit ist nicht nur die Erinnerung unscharf geworden, ich habe auch gelernt, mit Wörtern umzugehen, was immer verdächtig ist, wenn es einem um die Wahrheit geht. Ich greife deshalb auf einen Bericht zurück, den ich 1948 schrieb, nur fünf Jahre nach dem Vorfall.

»Musik drang über die Wasserfläche her... Dann hörte ich etwas, das wie Singstimmen klang. Genau beschreiben kann ich es nicht, aber es war leise, gewissermaßen ein naturhaftes Singen, wie das von Wind und Wellen. Und doch war es keines von beiden; es hatte nämlich etwas Menschliches, etwas Gefühlsträchtiges, das einem zusetzte.

Wie konnte ich an Bord eines Schiffes leises Singen hören? Die Antwort ist, daß wir die meiste Zeit ganz langsam dahinpinscherten und dann jeweils längere Zeit liegen blieben. Es geschah, während die Maschinen abgestellt waren, daß ich das Singen hörte. Ich wollte gerade den andern Wachegänger darauf aufmerksam machen, als wir wieder Fahrt aufnahmen. Auf dem nächsten Schlag, als wir dicht unter den Klippen waren und wieder stillagen, hörte ich genau hin. Ich hörte es wieder, nur diesmal viel näher, wie es schien – und nun bekam ich es, kein Mensch weiß wieso, mit der Angst zu tun. Wer mochte da in einer solchen Nacht singen, wo die Gegend voller Kriegsschiffe war und die Menschen ihr möglichstes taten, einander umzubringen?

Ich stieß Nobby an und fragte ihn, ob er etwas höre. ›Nein‹, sagte er, ›überhaupt nichts.‹ Sogar während er sprach, konnte ich das Singen hören – es war nicht nur eine Stimme, es waren mehrere. Irgendein Text oder eine Melodie waren nicht auszumachen. Als ich später darüber nachdachte, fand ich ein Wort, das den Eindruck genau zu treffen schien – ›seelenlos‹. Es hatte etwas Ungegenständliches an sich. In dem Augenblick kam der Kapitän auf die Brücke. Auch er konnte nichts hören. Da ich jedoch darauf beharrte, daß ich irgend etwas gehört hatte, verstand er sich dazu, noch dichter an die Klippen heranzugehen, um zu sehen, ob wir jemand erkennen könnten. Es war mir eingefallen, es könnte sich um Überlebende von einem versenkten Fahrzeug handeln, denen es gelungen war, sich auf die Felsen zu retten, und die unsere Aufmerksamkeit erregen wollten.

Wir gingen so dicht, als ratsam war, an eine der Felseninseln heran (wahrscheinlich Gallo Grande, aber ich könnte es nicht mehr sagen) und stellten dann die Maschinen ab. Nichts zuerst – dann fing es plötzlich wieder an. Es schien sich gerührt zu haben, wurde doch der Laut, von dem ich geschworen hätte, daß er von dieser Klippe ausging, jetzt durch sie abgeschirmt und schien von einer der andern zu kommen. Zuerst war es, wie gesagt, ›seelenlos‹, ein naturhaftes Singen, wie der Wind es hervorbringen könnte, der durch eine Höhle streicht. Dann allmählich, während ich hinhörte, wurde es menschlicher. Irgendwie wußte ich, daß es eine

Frauenstimme war, denn keine Männerkehle hätte diesen leisen, feinen Laut hervorbringen können.

So lagen wir da, und niemand von den andern konnte es hören. Weder der Kapitän noch Nobby Clarke, der andere Wachegänger, noch irgendeiner der Ausgucks. ›Du wirst mir doch nicht durchdrehn‹, meinte Nobby. Der Kapitän sagte: ›Wir wollen uns diese verdammten Inseln ringsum ansehen, für den Fall, daß da einer drauf sitzt und guckt.‹ Ich sagte ihm, es klinge wie Gesang, wozu er sich aber nicht äußerte. ›Das sind wieder die Engel von Mons‹, sagte Nobby. ›Nur haben sie diesmal wohl ihre Harfen mitgebracht.‹

Wir umfuhren jedes dieser Inselchen und jede Klippe, ohne etwas zu sehen. Natürlich wurde ich veralbert und mußte sagen, ich könne nichts mehr hören. Wahr ist aber, daß ich es jedesmal hörte, wenn wir stillagen. Nie kam es von der nächstliegenden Klippe; es schien sich immer zu verschieben, gewissermaßen Abstand zu halten.

Schließlich mußten wir wieder Kurs in die Bucht hinaus nehmen. Ich gestehe, daß ich froh war, als das geschah. Es war nämlich so weit gekommen, daß mir das Singen allmählich einleuchtete. Erstens war es sehr alt. Man frage mich nicht, woher ich das wußte. Ich wußte es einfach. Und zweitens, es war auf mich persönlich gemünzt – dessen war ich ganz sicher. Es begann mich zu ziehen, so daß ich mich ihm anschließen wollte – und dieser Anschluß, ahnte ich dunkel, bedeutete ein Zurück in die Vergangenheit. Als wir bei dem letzten der Felsen lagen, gerade bevor wir wendeten, hielt ich mich krampfhaft an einer Stütze fest, und der Schweiß stand mir auf der Stirn. Es bedeutete, das wußte ich, eine Flucht in eine frühere Zeit, in eine andere Welt. Immer wieder stellte sich ein Bild ein, gewissermaßen ein Bild von Tempeln am Ufer: weiße Ufer unter der Sonne und dort, wo die Wellen ans Ufer schlugen, stand ein kleiner Tempel.

Wir kamen nie mehr dorthin. Kurz nachdem wir uns entfernt hatten, erhielten wir ein FT, Kurs nach Salerno zu nehmen und unter der Küste irgendeine Aufgabe zu erfüllen...«

Es gibt auf den Galli-Inseln eine Menge Felshöhlen und Spalten unmittelbar über dem Meeresspiegel, und da können eine Menge stöhnender, raunender und wehklagender Laute entstehen. Aber es war damals vollkommen windstill, und die See war glatt.

Eine naheliegende Erklärung ist, daß ich irgendwann einmal, vielleicht vor dem Krieg in der Schule, eine Erläuterung zur »Odyssee« gelesen hatte, wonach die Galli-Inseln als die Inseln der Sirenen gelten. Das ist durchaus möglich, und ich kann es weder beweisen noch widerlegen. Soviel ich weiß, habe ich von dieser Einweisung der Sirenen auf die Galli-Inseln aber erst 1949 erfahren, als ich das Buch von Norman Douglas, *»Siren Land«*, las.

Meine Geschichte hat noch ein trauriges Nachspiel. Als ich nach dem Krieg zum Golf von Salerno zurückkehrte, wobei ich mir der Zusammenhänge zwischen den Galli-Inseln und den Sirenen bewußt war, hörte ich nichts mehr. Ich ging nach Salerno und hätte die Inseln gern gründlich erkundet, aber es herrschte wiederum Flaute, und mit der Brennstoffzufuhr meines kleinen Hilfsmotors klappte etwas nicht. Ich wollte nach Salerno kommen, solange sich der Motor noch ein Keuchen abrang. Es war sieben Jahre her, seit ich an den Galli-Inseln vorbeigekommen war, und vielleicht hatte ich mich allzu stark verändert, um die Stimmen noch zu hören. Jedenfalls war es mehr als eine Stimme gewesen, was ich damals von der Brücke des Zerstörers »Exmoor« aus gehört hatte. Wir kamen nie dahinter, was meine »Halluzinationen«, wie man es damals höflich nannte, ausgelöst haben könnte. Es gab keine Überlebenden, kein Schiff war in jener Nacht versenkt worden, nichts war da, was die Laute hätte erklären können, die ich vernommen hatte. Wir vergewisserten uns am nächsten Tag, für den Fall, daß wir ein paar Schiffbrüchige traurig auf den nassen Felsen hatten sitzen lassen. Der Grund, warum ich die Stimmen das zweitemal nicht mehr hörte, ist vielleicht der, daß ich meine Frau bei mir hatte. Es ist nichts davon überliefert, daß die Sirenen sich je einem Schiff bemerkbar machten, das Frauen an Bord hatte. Wie alt die Sirenen auch sein mögen und wie tief ihre Einsicht in alles, was auf Erden geschieht und geschehen wird, sie sind immer noch Frauen. Sie begehren nichts von ihrem eigenen Geschlecht.

DIE IRRENDEN KLIPPEN

Kirke hatte Odysseus gesagt, wenn er einmal an den Sirenen vorüber sei, habe er die Wahl zwischen zwei Wegen. Der eine führe ihn zwischen den Irrenden Klippen hindurch, der andere an Skylla und Charybdis vorbei. Bekanntlich entschied er sich für den kürzeren Heimweg, durch die gefährliche Straße von Messina.

Wir wissen, daß er die Irrenden Klippen sichtete, wenn er auch nicht zwischen ihnen hindurchging. Sie waren nämlich sein nächster Wegweiser auf dem Meer, nachdem er die Galli-Inseln hinter sich hatte. Kirkes Beschreibung dieser tückischen Felsklippen lautete folgendermaßen: »Sind nun deine Gefährten bei diesen [den Sirenen] vorübergerudert, dann bestimm ich den Weg nicht weiter, ob du zur Rechten oder zur Linken dein Schiff hinsteuern müssest; erwäg es selber in deinem Geist. Ich will dir beide bezeichnen. Hier stürmt, gegen den Fuß der überhängenden Klippen hochaufbrausend, die Woge der bläulichen Amphitrite. Irrende Klippen nennt sie die Sprache der seligen Götter. Selbst kein fliegender Vogel, noch selbst die schüchternen Tauben eilen vorbei, die Zeus, dem Vater, Ambrosia bringen, sondern der glatte Fels raubt eine von ihnen beständig! Aber der Vater erschafft eine andre, die Zahl zu ergänzen. Und noch nimmer entrann ein Schiff, das ihnen sich nahte, sondern zugleich die Trümmer des Schiffs und die Leichen der Männer wirbeln die Woge des Meers und verzehrende Feuerorkane …«

Gibt es im Mittelmeer etwas, das dieser Beschreibung

entspricht? Und, falls ja, liegt dieser Ort im Bereich von Kirkes Segelanweisungen? Beide Fragen sind zu bejahen. Es gibt einen und nur einen Ort, der dieser Schilderung entspricht, und zwar liegt er genau da, wo ein von den Galli-Inseln nach Süden gehendes Fahrzeug den Kurs ändern müßte – entweder nach Südost, um durch die Straße von Messina zu kommen, oder nach West, um Sizilien zu umfahren.

Hundertundzwölf Seemeilen von den Galli-Inseln entfernt liegt die vulkanische Insel Stromboli mit einer kleinen Nebeninsel, Strombolicchio, etwas weniger als eine Meile weit weg. Der Stromboli ist auch heute noch ein unschätzbares Wahrzeichen für Seefahrer in diesem Abschnitt des Tyrrhenischen Meers. Im Segelhandbuch wird er folgendermaßen beschrieben: »Stromboli ist 926 Meter hoch und besteht ausschließlich aus einem kegelförmigen Vulkan. Dieser ist fast ununterbrochen tätig, und der Lavastrom, der auf der Nordwestseite mit Steinen und Asche jäh ins Meer abfällt, steht in einem ausgesprochenen Gegensatz zu den grünen Hängen an der Nordostseite der Insel ... Strombolicchio, etwa eine Meile nach Nordnordost, ist eine steil aufragende Klippe von etwa 52 Metern Höhe, zuoberst mit felsigen Überhängen.« Kirkes Beschreibung eines Ortes, wo nicht einmal die Vögel ihres Lebens sicher sind, ist durchaus sinnvoll, wenn man bedenkt, daß es sich um einen tätigen Vulkan handelt. Ebenso trifft zu, was sie über die »verzehrenden Feuerorkane« sagt. Selbst ihre Nebenbemerkung über die Brandung, die »hochaufbrausend anstürmende Woge«, ist von Belang, da Stromboli und Strombolicchio für sich allein stehen, nördlich der andern Liparischen Inseln. Sie sind jedem Wind ausgesetzt, der gerade weht, und jeder Dünung, die das Tyrrhenische Meer auf und ab läuft.

Auf der Fahrt von den Galli-Inseln südwärts sichtet man als erstes den beängstigenden Kegel des Stromboli, des Nachts feurig belebt, tagsüber mit einem Rauchkranz. Zu einer Zeit, als noch nicht auf jedem Landvorsprung ein Leuchtturm stand, war der Stromboli für den Seefahrer noch wichtiger als heute. Er stellte ein natürliches Leuchtfeuer dar, nach dem man sich orientieren konnte, und zwar eines, das schon lange vor dem ersten Leuchtturm bei Alexandrien im Betrieb war.

Auf seinem Weg der Küste entlang nach Süden sichtete Odysseus den Stromboli zuerst an Steuerbord voraus. Wenn er auf seinem Kurs blieb und den Vulkan an Steuerbord ließ, mußte er früher oder später in die Einfahrt zur Straße von Messina geraten, wo Skylla und Charybdis auf ihn lauerten. Wenn er anderseits nach Westen und rings um Sizilien wollte, dann bildeten Stromboli und Strombolicchio die Wegweiser, die ihm sagten, daß er nun auf andern Kurs gehen müsse. Da Strombolicchio etwas weniger als eine Meile nordnordöstlich von Stromboli liegt, verläuft die Durchfahrt zwischen ihnen in annähernd ost-westlicher Linie. Das heißt, wenn Odysseus auf andern Kurs ging, sobald er den Vulkan an Steuerbordseite sichtete, und zwischen den beiden Inseln hindurchhielt, dann brachte ihn das ohne weiteres auf westlichen Kurs. Lag er dann vom Stromboli aus weitere hundert Meilen genau Westen an, mußte er das für sich allein auf dem Meer »schwimmende« Ustica sichten, sein nächstes wichtiges Wahrzeichen. Er wußte ja, daß ihn ein südwestlicher Kurs von hier zur Durchfahrt zwischen Favignana (der Ziegeninsel) und dem westlichsten Punkt von Sizilien bringen würde, wo jetzt die Stadt Marsala liegt.

Was diese natürlichen »Zugänge« zu den Meeren für die Fahrensleute bedeuteten, ehe es genaue Seekarten, Kompasse und Entfernungsmesser gab, das kann nicht genug betont werden. Wie die Straße von Bonifacio, wie die Straße von Messina war auch die Durchfahrt zwischen Stromboli und Strombolicchio für die Seefahrer der Frühzeit von ausschlaggebender Bedeutung. Wenn Kirke feststellt, Odysseus habe hier die Wahl zwischen zwei möglichen Kursen, dann ist das durchaus einleuchtend.

»Bei Nacht bietet der Stromboli einen einzigartigen Anblick«, schreibt der Vulkanologe Edward Hull. »Beobachtet man ihn vom Deck eines Schiffes aus, sieht man es über dem Gipfel des Berges von Zeit zu Zeit rötlich aufglühen; der rote Schein nimmt allmählich zu und dann ebenso allmählich wieder ab. Dies wiederholt sich die ganze Nacht hindurch; erst wenn es hell wird, ist die Erscheinung nicht mehr sichtbar. Die Ähnlichkeit des Stromboli mit einem Blinkfeuer allergrößten Ausmaßes ist sehr auffallend; der Berg ist deshalb bekannt als ›der Leuchtturm des Mittelmeers‹.«

Der Vulkan ist seit Menschengedenken tätig und wird von Strabon in seiner »Erdkunde« erwähnt. Ich bin selber auch daran vorbeigekommen und konnte seine Ähnlichkeit mit einem Leuchtfeuer feststellen. Als Odysseus durch diese Gegend kam, war es allerdings nicht Nacht. Er sagt ausdrücklich, als sie von der Insel der Sirenen wegruderten, da »sah ich von ferne Dampf und brandende Flut und hörte ein dumpfes Getöse«. Seine Leute waren so entgeistert, daß sie die Riemen fallen ließen; er mußte im Schiff umhergehen und ihnen erst wieder Mut zusprechen. Gleichzeitig gab er dem Mann am Steuerruder genaue Anweisungen. Sie sind außerordentlich bemerkenswert, geben sie doch die genaue Position seines Schiffes an jenem Tag, vor einigen dreitausend Jahren, als Odysseus am Stromboli vorüberkam. »Steuermann«, sagte er, »dir aber befehle ich dieses; merk es dir gut, denn du besorgst das Ruder des Schiffes. Lenke das Schiff mit aller Gewalt aus dem Dampf und der Brandung, die du dort siehst, und arbeite grad auf den Fels zu ...«

Mit diesem Fels kann er nichts anderes als die Steilküste des Strombolicchio gemeint haben, die nordnordöstlich von Stromboli liegt und deshalb als erstes in Sicht kam. Der Dampf oder Qualm, von dem er spricht, bedarf keiner Erklärung, doch selbst die Erwähnung der tosenden Brandung kommt nicht von ungefähr. Edward Hull bemerkt in diesem Zusammenhang: »Die Dampfausbrüche, begleitet von einem *Getöse wie von einem Hochofen* oder wie von einer Lokomotive, die Dampf abläßt, finden in unregelmäßigen Abständen statt, die von weniger als einer Minute bis zu zwanzig oder mehr Minuten dauern.« Gleichzeitig wird Gestein in eine Höhe von mehr als hundert Metern emporgeschleudert. Das also war zweifellos der Ort, wo selbst Vögel ihres Lebens nicht sicher waren, wo Feuerstürme ein Schiff zerstörten und wo die Leute des Odysseus vor dem Getöse erschraken.

Etwas hat denen, die die »Odyssee« erläutern, zu

schaffen gemacht und sie bewogen, die »Irrenden Klippen« als Fabel abzutun, nämlich die Frage, warum Homer, falls es sich hier um eine so genaue Beschreibung des Stromboli handelt, vorher kein Wort vom Vesuv gesagt hat, an dem Odysseus doch vorbeikommen mußte.

Das ist weiter kein Rätsel. Zu der Zeit, als Homer schrieb, war der Vesuv kein tätiger Vulkan. Man ahnte überhaupt nicht, daß dieser Berg vulkanischen Ursprungs war, bis Diodorus Siculus und Strabon, Jahrhunderte später, aus äußeren Anzeichen schlossen, der Vesuv sei früher tätig gewesen. Erst 63 n. Chr., als sich in der Gegend von Neapel Erdstöße ereigneten, merkte man, daß der Vesuv sich wieder regte. In der Nacht vom 24. August 79 erfolgte ein besonders heftiges Erdbeben, und am nächsten Tag stieg eine Wolke von Rauch und Dampf aus dem Berg empor. Kurz darauf wurde Pompeji verschüttet.

Doch zur Zeit Homers war der Vesuv untätig. Daß von ihm nicht die Rede ist, spricht deshalb für die Genauigkeit der Schilderungen in der »Odyssee«. Was die Beschreibung der Durchfahrt zwischen Stromboli und Strombolicchio anbelangt und die Fahrt des Odysseus an ihnen vorbei, das könnte überhaupt nicht klarer und deutlicher sein.

SKYLLA UND CHARYBDIS

Nachdem er am Feuerschein und Meeresgetöse des Stromboli vorbei war, hielt Odysseus weiterhin südwärts nach der Straße von Messina. Wie sehr auch die Meinungen über andere in der »Odyssee« erwähnte Orte auseinandergehen, Skylla und Charybdis hat man noch nie anderswo als in der Straße von Messina gesucht. Im ganzen Altertum herrschte darüber Einmütigkeit, daß hier die beiden Ungeheuer beheimatet waren, an denen Odysseus vorüber mußte, bevor er einen sicheren Hafen an der Ostküste von Sizilien erreichte.

Seit der Abreise von Kirkes Insel hatten Odysseus und seine Leute eine Strecke von mehr als 230 Meilen zurückgelegt. Von Monte Circeo zu den Galli-Inseln sind es in gerader Linie 80 Seemeilen, von den Galli-Inseln zum Stromboli 112 und vom Stromboli bis zur Straße von Messina 40. Zeitangaben finden sich hier bei Homer keine, aber es ist anzunehmen, daß Odysseus diese Strekken, namentlich die zwischen Monte Circeo und den Galli-Inseln, nicht in gerader Linie befuhr, so daß die in Wirklichkeit zurückgelegte Strecke wahrscheinlich gegen 300 Meilen betrug. Nach dem Abschied von Kirke hatte er »günstigen, segelschwellenden Wind zum guten Begleiter«, so daß er die erste Etappe unter Segel zurücklegen konnte. Der Wind hörte dann auf, als sie sich den Inseln der Sirenen näherten, an denen sie vorbeiruderten. Die ersten achtzig Meilen oder so machte das Boot wahrscheinlich etwa drei Knoten Fahrt, hernach vielleicht noch anderthalb bis zwei. Schätzungsweise wird Odysseus gegen acht Tage lang unterwegs gewesen sein, bis er die Berge Siziliens in blauer Ferne auftauchen sah, hinter dem Küstenstrich zwischen dem heutigen Milazzo und Messina. Voraus lagen nun die Schrecken der Meerenge.

Allzuoft sind die Gefahren dieser Gewässer geschmälert worden. Sind sie wirklich so harmlos und sicher, wie man voreilig angenommen hat? Ich kam 1943 zum erstenmal hierher, auf unserem Weg nach Norden, vor den alliierten Landungen bei Salerno. Weder damals noch verschiedentlich bei späterer Gelegenheit ist mir etwas auch nur im geringsten Beunruhigendes aufgefallen. Zwar bemerkte ich manchmal an der engsten Stelle der Meerenge sonderbare Wellenlinien über das Wasser hin, und die Oberfläche hatte immer etwas Zerschlagenes, wie man es im Mittelmeer sonst nirgends sieht. Doch wenn man mit zwanzig oder mehr Knoten Fahrt durch die See klüst, mit großen Kraftreserven in den Turbinen unter Deck, dann macht man sich nichts aus kleinen Strudeln und Strömungen. Ich wußte zwar aus dem Segelhandbuch, daß »die seit dem Altertum berühmten Strömungen und Wirbel einige Vorsicht erfordern beim Befahren der Meerenge; außerdem sind die Fahrzeuge in der Nähe der hohen Küste beiderseits heftigen Böen ausgesetzt, die manchmal mit solcher Gewalt die Täler herabstürzen, daß sie selbst Dampfern ungemütlich werden ...« Aber ich glaube, das einzige, worauf ich aufpaßte, war die Sandbank vor Kap Peloro auf der sizilianischen Seite. Ich hatte keine Lust, es einem Bekannten von mir gleichzutun, der es fertiggebracht hatte, hier mit seinem Fahrzeug aufzubrummen.

Ich fuhr gerne durch diese Meerenge, wo man auf der einen Seite das hellbraune Sizilien sah und auf der andern die Ruinen von Reggio, mit den Bergen, zackig und grau, im Hintergrund. Die Luft hier schien mir immer etwas frischer als anderswo im Mittelmeer, und im Winter, wenn Schnee auf den Bergen lag, hatte der Wind diesen festigenden, kristallinischen Geschmack, der Kopf und Herz reinfegt. Als ich 1944 das Mittelmeer verließ, trug ich von der Straße von Messina nichts als diese paar Eindrücke davon.

Erst als ich sieben Jahre später am Ruder meines eigenen kleinen Segelboots wieder hierherkam, lernte ich diese sagenhaften Gewässer richtig kennen. Im 20. Jahrhundert gewinnt der Reisende meist nur einen oberflächlichen Eindruck; die Leistung der Turbinen oder Düsenmotoren, die ihn vom einen Ende der Welt zum andern befördern, lassen ihn mit den Ländern und Gewässern, die er durchquert, nicht mehr in Berührung kommen. Genau wie der Millionär sich durch sein Geld vom gewöhnlichen Getriebe der Welt abkapselt, so ist der Reisende heute von der Wirklichkeit abgekapselt durch die ungeheure Kraftentfaltung der Verkehrsmittel. Um ein Beispiel anzuführen: Kürzlich flog ich von London nach Malta – eine Reise von ein paar Stunden. In einer Druckkabine aß ich irgendwo über den Alpen zu Mittag und genehmigte mir einen Martini, als wir über Sizilien hinwegflogen, wobei ich recht gleichgültig auf die langen, sonnverbrannten Flanken des Ätna zu meiner Linken hinausschaute. Nichts von alledem bedeutete mir etwas. Und doch, dachte ich, hatte ich für dieselbe Reise, von England nach Malta, einst in einem Zehntonnenboot vier Monate gebraucht. Das hatte mir allerdings etwas bedeutet, und als ich mit dem letzten Ausläufer eines Sturms in den Hafen von Malta einlief, hatte ich das Gefühl, meine Ankunft verdient zu haben. Orte bedeuten an sich wenig; man muß sie sich durch die Reise verdienen. Wie Cavafy, der alte alexandrinische Dichter, schrieb: »Sieh zu, daß du recht alt bist, wenn du in Ithaka vor Anker gehst. Reich beladen mit den Erfahrungen, die du auf deiner Reise gewonnen hast, erwarte nicht, daß dir die Insel Reichtum schenkt. Ithaka hat dir deine wunderbare Reise geschenkt. Ohne Ithaka wärst du niemals aufgebrochen...« Das gilt für das Reisen überhaupt – was mich wieder auf die Straße von Messina, auf Skylla und Charybdis bringt.

»Die betreffende Meerenge«, schrieb Thukydides, »ist das Gewässer zwischen Rhegium (Reggio) und Messana (Messina), der Ort, wo Sizilien am wenigsten weit vom Festland entfernt ist, und das ist die sogenannte Charybdis, durch die Odysseus gefahren sein soll. Sie gilt als gefährlich, weil sie so schmal ist, und wegen der Strömungen, die durch das Einströmen des Tyrrhenischen Meers verursacht werden.« Thukydides hat recht, wenn er vom Einströmen des Tyrrhenischen Meers spricht; es ist der Temperaturunterschied zwischen dem Tyrrhenischen und Ionischen Meer, wodurch sich die Strömung in der Straße von Messina erklärt. Da das Ionische Meer merklich kälter und salzhaltiger ist, entsteht eine Strömung, die an der Oberfläche nach Süden durch die Meerenge fließt, unter der Oberfläche nach Norden. Für den Seefahrer ist natürlich nur der Oberflächenstrom von Belang, und dieser kann, besonders bei Nordwind, eine

Geschwindigkeit bis zu einem Knoten entwickeln. Für kleine Schiffe, mit anderthalb bis vier Knoten Fahrt, ist eine solche Strömung nicht unerheblich. Gefährlich ist aber die Meerenge hauptsächlich wegen der Gezeiten, denn hier machen sich diese ausnahmsweise auch im Mittelmeer bemerkbar. Für die Seefahrer der Frühzeit, die mit Ebbe und Flut, wie sie außerhalb des Mittelmeers bestehen, nicht vertraut waren, müssen die in der Straße von Messina auftretenden Erscheinungen beängstigend, ja schreckerregend gewesen sein.

»Zweimal jeden Mondtag«, heißt es im Segelhandbuch, »hat der Wasserspiegel ein Höchstgefälle nordwärts durch die Meerenge, und zweimal jeden Mondtag ein Gefälle südwärts. Obwohl der Unterschied gering ist und höchstens dreißig Zentimeter beträgt, ist er auf eine so kurze Strecke zusammengedrängt, daß dadurch ein Strom von vier Knoten bei Hochwasser entsteht. Dieser Strom verläuft dort mit seiner größten Gewalt, wo die Meerenge am schmalsten und untiefsten ist, nämlich zwischen Punta Pezzo und Ganzirri.« Nun liegt aber Punta Pezzo auf der italienischen Seite ganz in der Nähe des Dorfes, das noch heute den Namen Scilla trägt, und das sizilianische Dorf Ganzirri liegt etwas nördlich von Messina, landeinwärts des Charybdis genannten Wirbels. Zwischen Scilla und Ganzirri ist also der Punkt, wo der Gezeitenstrom sich am stärksten bemerkbar macht. Eine Stromversetzung von vier Knoten ist etwas, wogegen kein homerisches Boot etwas hätte ausrichten können, selbst wenn diese Gewässer nicht noch andere Gefahren für den ahnungslosen Seemann bereitgehalten hätten.

Skylla und Charybdis waren die beiden Gefahren, vor denen Odysseus von Kirke ausdrücklich gewarnt wurde: »Dorthin [das heißt, wenn Odysseus sich bei Stromboli nicht nach Westen wandte] drohn zween Felsen: der eine berühret den Himmel mit dem spitzigen Gipfel, vom düsterblauen Gewölke rings umhüllt, das nimmer zerfließt; und nimmer erhellen heitere Tage den Gipfel im Sommer oder im Herbste. Keiner vermöchte hinauf und keiner hinunter zu steigen, wenn er auch zwanzig Händ und zwanzig Füße bewegte; denn der Stein ist so glatt, als wär er ringsum behauen. In der Mitte des Felsens ist eine benachbarte Höhle, abendwärts, gewandt nach des Erebos Gegend, allwo ihr euer gebogenes Schiff vorbeilenkt, edler Odysseus. Von dem Boden des Schiffs vermöchte der fertigste Schütze nicht den gefiederten Pfeil bis an die Höhle zu schnellen. Diese Höhle bewohnt die fürchterlich bellende Skylla, deren Stimme hell, wie der jungen saugenden Hunde Winseln tönt, sie selbst ein greuliches Scheusal, daß niemand ihrer Gestalt sich freut, wenn auch ein Gott ihr begegnet. Siehe, das Ungeheuer hat zwölf abscheuliche Klauen und sechs Häls unglaublicher Länge, auf jeglichem Halse einen gräßlichen Kopf, mit dreifachen Reihen gespitzter, dichtgeschlossener Zähne voll schwarzen Todes bewaffnet. Bis an die Mitte steckt ihr Leib in der Höhle des Felsens, aber die Köpfe bewegt sie hervor aus dem schrecklichen Abgrund, blickt heißhungrig umher und fischt sich rings um den Felsen Schwertfisch oft und Delphine und oft noch größeres Seewild, aus der unzähligen Schar der brausenden Amphitrite. Noch kein kühner Pilot, der an Skyllas Felsen vorbeifuhr, rühmt sich verschont zu sein; sie schwinget in

jeglichem Rachen einen geraubeten Mann aus dem blaugeschnäbelten Schiffe.«

Bevor wir uns mit Kirkes Beschreibung des anderen Ungeheuers, Charybdis, befassen und bevor wir auf die Skylla als Sagengestalt eingehen, sind da ein oder zwei Punkte, die sich aus der Schilderung sogleich ergeben. Höhe und Aussehen des Felsens scheinen ein klarer Fall von dichterischer Übertreibung, oder vielleicht handelt es sich eher um ein altes Seemannsgarn. Der Felsen ist heute nur etwa siebzig Meter hoch, wenn er auch einst höher gewesen sein mag. In diesem Gebiet haben noch in neuerer Zeit beträchtliche Veränderungen stattgefunden. (Die ganze Straße von Messina liegt auf dieser fehlerhaften Stelle der Erdkruste, die von den Ponza-Inseln nach Norden zieht, den Vesuv mit einschließt und sich südlich von Stromboli teilt, um westwärts durch die Liparische Gruppe und südwärts nach Sizilien und dem Ätna zu verlaufen.) Was ich aber an Kirkes Beschreibung der Skylla besonders bemerkenswert finde, ist die Erwähnung ihrer Fischerei. Delphine kommen überall im Mittelmeer vor, geben also zu keinerlei Bemerkung Anlaß. Dagegen bietet die Erwähnung von Schwertfischen einen unerwarteten Anhaltspunkt, um die Skylla mit der Straße von Messina in Zusammenhang zu bringen, auch wenn keine diesbezügliche Überlieferung bestände. Der Nordostzipfel von Sizilien an der Straße von Messina ist eines der wenigen Gebiete im Mittelmeer, wo Schwertfische regelmäßig gefangen werden. Der Schwertfischfang spielt sogar eine wichtige Rolle im Haushalt der Familien, die an der Küste zwischen Messina und Milazzo wohnen und ein überkommenes Ausbeutungsrecht für diese Gewässer haben. – Wenn die schönen großen Fische zum Laichen sich der Küste nähern, werden sie von den Fischern der Gegend in ihren besonderen Booten gejagt. Diese weisen ein kleines Krähennest auf, von dem aus der Schiffer einen Überblick hat und dem Mann mit der Handharpune im Bug des Bootes Anweisungen geben kann. Ich bin auch schon mit ihnen hinausgefahren, nördlich von Messina, und habe den spannenden Augenblick miterlebt, wenn die Harpune festkommt und der mächtige Rücken und die schwertähnliche Schnauze schimmernd aus dem Wasser auftauchen, während der Fisch springt. Der Harpunier schlägt die Leine um den hölzernen Poller im Bug des Bootes, die Leine strafft sich, bis sie steif steht und die Wassertropfen davon abfallen, und dann übernimmt das Boot den Widerstand, während der Fisch wegrundet.

Auf solche Schwertfische machte auch die Skylla Jagd, und wo hätte sie das besser tun können als hier, in einem der wenigen Gewässer im Mittelmeer, wo Schwertfische vorkommen?

Dieses Gebiet ist überhaupt bemerkenswert wegen der außerordentlichen Mannigfaltigkeit der Seetiere, die hier zu sehen sind, darunter auch Hundshaie, Tintenfische und Kraken. Wenn die Tiefseeströmungen auf die Untiefen bei Messina stoßen, werden sie nach oben abgelenkt und schleppen dabei eine Menge Lebewesen aus der Tiefe mit sich empor. Deshalb wimmelt es bei Messina zu gewissen Zeiten an der Oberfläche von Geschöpfen, die gewöhnlich in der Tiefe wohnen, wo alles schwarz und still ist. »Nach einem starken auflandigen Wind«, sagt ein amerikanischer Biologe, Dr. Paul A. Zahn, »habe ich den Strand an der Straße von Messina übersät gesehen mit Tausenden von toten und halbtoten Geschöpfen, deren phantastisches Aussehen selbst einen Salvador Dali zusammenzucken ließe ...«

Die meisten dieser Tiefseelebewesen sind solche, wie man sie sonst nirgends im Mittelmeer, überhaupt nirgends auf der Welt sieht, es sei denn, man verwende ein Tiefseenetz. Ich glaube deshalb, es ist nicht abwegig, in der scheußlichen Skylla eine Anspielung auf die außerordentlichen »Seegreuel« zu sehen, die in diesen Gewässern vorkommenden Kraken, zum Beispiel, oder den Viperfisch mit seinen Säbelzähnen. Es wimmelt in diesen Gewässern von Tintenfischen, Kraken und Quallen. In den zwölf Füßen und sechs Hälsen der Skylla darf man wohl eine Anspielung auf Kraken und Tintenfisch erkennen. Robert Graves macht dazu in *»The Greek Myths«* folgende Bemerkung: »Da die kretische Seegöttin ebenfalls als ein Krake dargestellt wurde und die Skylla mehrere von Odysseus' Leuten aus dem Boot riß, läßt sich denken, daß Kreter, die mit Indien Handel trieben, große tropische Abarten kannten, denen dieses gefährliche Verhalten zugeschrieben wird.« Doch selbst der kleinste Tintenfisch hat etwas Beängstigendes, und seine Art, sich über die Wasserfläche zu schnellen, kann sehr verblüffend wirken. Sie kamen oft mit einem Satz bei mir an Bord, vermutlich von den Lichtern angelockt. Ihr plötzliches Auftauchen hat etwas Teuflisches, und ihr Aussehen ist so unmöglich, daß es einem wohl einen Schrecken einjagen kann, auch wenn man nicht an Gespenster glaubt.

Noch etwas, das nicht unbeachtet bleiben darf, ist das

»Bellen« oder Jaulen der Skylla. Sie wurde im Altertum meist mit einem Hundekopf, oder mehreren Hundeköpfen, abgebildet. Doch das Jaulen der Skylla mag seinen Ursprung in dem Heulen und Jaulen des Windes haben, der sich in den zahlreichen Höhlen verfängt, mit denen der Fels durchlöchert ist. Das Getöse in der Straße von Messina, wenn der Wind von Norden kommt und der Strom gekentert ist (das heißt, nordwärts gegen den Wind läuft), das läßt sich nur von einem kleinen Boot aus richtig wahrnehmen. (So habe ich nichts davon gehört, als ich auf einem Zerstörer hier durchkam, und auch später nicht, als ich die Durchfahrt mit einem Motorboot bewältigte.) Ein holländischer Geograph aus dem 18. Jahrhundert hat ein Gemälde, das er von diesem Felsen machte, folgendermaßen beschrieben: »Skylla ist eine Felsklippe auf der kalabrischen Seite, die gegenüber Kap Faro ins Meer vorspringt. Dieser Fels hat die Gestalt einer Frau; er weist breite Spalten und tiefe Höhlen auf, in denen der Wind und die Wellen ein gräßliches Jaulen erzeugen ...«

Hält man dieses Getöse mit der Vorstellung von Kraken, Tintenfischen und anderen Tiefseewesen zusammen und fügt noch die vorhandenen Gefahren der Stromversetzung hinzu, nebst dem Felsen selber und seinen vorgelagerten Klippen, dann kommt man einem Bildnis der Göttin recht nahe.

Um nun auf Charybdis zu kommen: das ist eine bedeutend einfachere Sache; es gibt sie nämlich noch heute.

Zuerst einmal Kirkes Beschreibung: »Doch weit niedriger ist der andere Felsen, Odysseus, und dem ersten so nahe, daß ihn dein Bogen erreichte. Dort ist ein Feigenbaum mit großen laubichten Ästen; drunter lauert Charybdis, die wasserstrudelnde Göttin. Dreimal gurgelt sie täglich es aus, und schlürfet es dreimal schrecklich hinein. Weh dir, wofern du der Schlürfenden nahest! Selbst Poseidon könnte dich nicht dem Verderben entreißen: Darum steure du dicht an Skyllas Felsen und rudre schnell mit dem Schiffe davon. Es ist doch besser, Odysseus, sechs Gefährten im Schiff zu vermissen als alle mit einmal!«

Das Auffälligste daran ist, daß zwar die Göttin Skylla als die Schrecklichere der beiden geschildert wird, Kirke aber doch besonders eindringlich vor der Charybdis warnt. Skylla hat im Laufe der Zeit durch die Sagenbildung göttliches und furchterregendes Ausmaß angenommen. Wenn er dicht an ihr vorüberrudert, wird er aber nur sechs Mann verlieren, während Charybdis (die mit ein paar Zeilen abgetan wird) sein ganzes Schiff versenken wird, wenn er sich nicht hütet, ihr zu nahe zu kommen, während sie gerade am Einschlucken ist. Das ist immer noch wahr; die Gefahren der Skylla-Klippen und des italienischen Ufers sind nämlich bedeutend geringer als die des sizilianischen Ufers, wo die Charybdis noch heute strudelt und kreist. Wiederum, wie in jeder andern Beziehung, sind die Anweisungen der Kirke vollkommen wahrheitsgemäß. Noch heute wird ein kleines Boot, das von Norden in die Meerenge einläuft, sich dicht am Felsen der Skylla halten, um dem Wirbel der Charybdis und den Untiefen der sizilianischen Landzunge zu entgehen. Ich habe es selber verschiedentlich so gehalten.

Das Segelhandbuch hat darüber folgendes zu sagen:

»Kleine Wirbel sind fast überall in der Meerenge zu sehen, besonders nach einem der *tagli*. Sie bezeichnen Stellen, wo das dichtere Wasser absinkt. Gewöhnlich sind sie von öligglatten Flecken begleitet, wo das Wasser von unten heraufquillt. Die einzigen Wirbel, die einem kleinen Boot gefährlich werden könnten, sind solche, die immer an derselben Stelle entstehen, verursacht durch Eigenheiten im Meeresgrund. Es sind dies die folgenden:
a. Unter der Küste südlich von Punta San Raineri;
b. 200 bis 300 Meter vor Torre Faro;
c. einige hundert Meter westlich von Punta Pezzo.

Bei auflaufendem Wasser sind sie stärker und größer; keiner dieser Wirbel ist ständig vorhanden, jeder hält nur etwa eine halbe Stunde vor, vergeht dann, und ein neuer entsteht in der Nähe. b ist die Charybdis der Alten; ihr Gegenüber, die Skylla, macht sich nur noch schwach bemerkbar, infolge von örtlichen Veränderungen, die auf ein Erdbeben im Februar 1783 zurückgehen. Dagegen besteht Grund zur Annahme, daß vor der Ortschaft Scilla einst ein Wirbel vorhanden war und daß beide, dieser und die Charybdis, früher bedeutender waren, als es die Charybdis heute ist.«

Die homerische Charybdis kreist nicht mehr einen Pfeilschuß vom Felsen der Skylla entfernt, sondern dicht unter der sizilianischen Küste, genau östlich des Dorfes Ganzirri. Auf der Seite der Skylla entsteht, nach dem Segelhandbuch, ein Wirbel vor Punta Pezzo, einige vier Meilen vom ersten entfernt. Ein weiterer kleiner Wirbel, durch den ich selber gekommen bin, liegt nördlich des Dorfes Canitella, ungefähr drei Meilen von der Skylla entfernt, auf der italienischen Seite.

Besteht die Wahrscheinlichkeit, daß diese Gewässer für die Schiffahrt einst bedeutend gefährlicher waren als heute? Das ist nicht nur wahrscheinlich, es ist Tatsache. Noch 1824, das heißt, lange nach den durch das Erdbeben von 1783 bedingten Veränderungen des Meeresgrunds, konnte Admiral Smyth schreiben: »Für die offenen Boote der Rhegier, Lokrer, Zanklaier und Griechen muß die Charybdis furchterregend gewesen sein; noch heute bildet sie für kleinere Fahrzeuge eine Gefahr, und ich habe mehrere Kriegsschiffe, sogar ein mit vierundsiebzig Kanonen bestücktes Schiff gesehen, die von ihr herumgewirbelt wurden...«

Ein mit vierundsiebzig Kanonen bestücktes Kriegsschiff wäre Odysseus als ein unglaublicher Leviathan vorgekommen, und wenn ein Schiff dieser Größe von der Charybdis herumgewirbelt werden konnte, was wäre dann wohl mit einem homerischen Fahrzeug geschehen? Odysseus fuhr nach unseren Begriffen in einem kleinen Boot; ein Kriegsschiff des 19. Jahrhunderts hätten die Zeitgenossen Homers als ein Weltwunder bestaunt.

Es gibt immer noch Strudel auf den Meeren, die heftig genug sind, um große, moderne Schiffe zu gefährden, beispielsweise in der Straße von Naruto, an der Einfahrt zur Japanischen Binnenlandsee, und bei den Hebriden, westlich von Schottland. Bekannt ist, daß die Charybdis bis ins späte 18. Jahrhundert eine Gefahr bildete, und es besteht kein Grund zur Annahme, daß sie 2000 Jahre v. Chr. weniger schreckenerregend war. Wenn man bedenkt, wie klein die homerischen Schiffe waren, und berücksichtigt, daß diese abergläubischen Seeleute der Frühzeit unbekannte, auf keiner Seekarte vorhandene Gewässer befuhren, darf man annehmen, daß die Schrecken der Straße von Messina für sie überaus wirklich waren.

DURCH DIE MEERENGE

An einem sonnigen Tag, mehr als eine Woche nachdem er sich von Kirke verabschiedet hatte, näherte sich Odysseus den Schrecken dieser unbekannten Meerenge. Er zog seine Rüstung an und griff nach zwei langen Speeren, um sich und seine Gefährten gegen die Meeresgöttin verteidigen zu können. Kirke hatte ihm zwar davon abgeraten. Im übrigen aber befolgte er ihre Anweisungen aufs Wort. Er legte seinen Kurs so an, daß er dicht unter der italienischen Küste am Felsen der Skylla vorbeikam, wie sie es ihn geheißen hatte.

»Seufzend ruderten wir hinein in die schreckliche Enge: denn hier drohete Skylla, und dort die wilde Charybdis, welche die salzige Flut des Meeres fürchterlich einschlang. Wenn sie die Flut ausbrach: wie ein Kessel auf flammendem Feuer brauste mit Ungestüm ihr siedender Strudel, und hochauf spritzte der Schaum und bedeckte die beiden Gipfel der Felsen. Wenn sie die salzige Flut des Meeres wieder hineinschlang, senkte sich mitten der Schlund des reißenden Strudels, und ringsum donnerte furchtbar der Fels, und unten blickten des Grundes schwarze Kiesel hervor. Und bleiches Entsetzen ergriff uns.«

Dichterisch ausgestaltet, ist dies doch eine klare Beschreibung eines gewaltigen Strudels. Doch was ist von der Skylla zu halten, die unterdessen, während Odysseus und seine Leute entgeistert auf die Charybdis starrten, von ihrem Felsen herunterlangte und sechs Mann aus dem hohlen Schiff herausholte? Es mag, wie gesagt, ein

Zusammenhang bestehen zwischen dem Meeresungeheuer mit zwölf Füßen und sechs Hälsen und den in diesem Gebiet häufigen Kraken und Tintenfischen, aber man darf wohl dem Vergleich nicht allzuviel abverlangen; die Skylla ist offenbar viel mehr als nur die Darstellung eines Lebewesens oder einer Naturerscheinung. Dennoch ist es gut, sich vor Augen zu halten, daß es riesenhafte Tintenfische gibt und daß sie dem Menschen gefährlich werden können. Alle Tintenfische, wie die Seepolypen, sind fleischfressende Raubtiere. Sie fischen sich tatsächlich ihre Nahrung, und die allergrößten dieser Tintenfische nehmen es sogar mit dem Wal auf. Im Mittelmeer sind die Tintenfische zwar meistens klein, aber in andern Gewässern kommen welche vor, die riesenhaftes Ausmaß haben. Der Tintenfisch *Architeuthis* ist das größte aller wirbellosen Tiere; ein Exemplar, das vor Neufundland gefangen wurde, hatte eine Länge von insgesamt achtzehn Metern. Einschließlich der Fangarme wäre es etwa dreißig Tonnen schwer gewesen. Von einer andern *Architeuthis* wurden zwei Fangarme gefunden, die vierzig Meter lang waren, was auf eine Länge des Tiers von dreiundzwanzig Metern schließen läßt, also auf ein Riesentier von etwa zweiundvierzig Tonnen Gewicht. Der Krake des nordischen Volksglaubens war zweifellos solch ein riesiger Tintenfisch. Ob es Tintenfische von solcher Größe auch im Mittelmeer gab, ist fraglich, aber es gab sie und gibt sie in östlichen Gewässern und auch im Atlantik. Es scheint wahrscheinlich, daß die Sagengestalt der Skylla auf dem Bericht von einem solchen Riesentier, *Architeuthis*, beruht, wie ihn ein phönizischer Händler von seinen Fahrten durch das

Rote Meer und nach dem Indischen Ozean nach Hause gebracht haben mag.

Merkwürdig ist an Kirkes Beschreibung dieser Gegend auch, daß sie einen »Feigenbaum mit großen laubichten Ästen« erwähnt, der auf dem Felsen steht, unter welchem Charybdis, die wasserstrudelnde Göttin, lauert. Von diesem Feigenbaum hören wir nichts mehr, als Odysseus und seine Leute durch die Meerenge rudern, aber die Tatsache, daß er von Kirke ausdrücklich erwähnt wird, deutet darauf hin, daß er mit dem Strudel etwas zu tun hatte. Es kann kaum Zufall sein, daß in der indischen Sagenwelt eine genaue Entsprechung besteht. Der Held Saktideva gelangt auf der Suche nach der Goldenen Stadt auf die Insel des Fischerkönigs, Satyavrata, der ihm ein Schiff schenkt und bereit ist, ihm als Führer zu dienen. Als sie weitersegeln, erblicken sie voraus etwas, das aussieht wie ein dunkler, auf dem Meeresgewoge dümpelnder Berg. Saktideva erkundigt sich, was das sei, und der Fischerkönig erwidert: »Es ist ein Feigenbaum, unter dem ein Strudel die Menschen in den Tod reißt.« Danach opfert sich der Fischerkönig, so daß Saktideva sich retten kann, indem er sich an den Ästen des Feigenbaums festhält, ehe sein Boot vom Strudel verschlungen wird. J. E. Harrison bemerkt dazu: »Was die Bedeutung dieses wiederholt auftauchenden Feigenbaums ist, läßt sich schwer sagen. Vielleicht hängt sein griechischer Name, *erineos*, mit Erinys, der vernichtenden Macht der Unterwelt zusammen.« Es hat ganz den Anschein, als ob auch Charybdis, wie schon Skylla, mit östlichem Sagengut angereichert worden wäre.

Nach der griechischen Sage war Skylla die Tochter eines Meeresgottes Phorkys und der Göttin Hekate. Diese war ein geheimnisvolles Wesen, das über Erde, Himmel und Hölle herrschte und ihre Macht auch beibehielt, nachdem Zeus die Titanen, zu denen sie gehörte, gestürzt hatte. Angesichts der Tatsache, daß ihre Tochter Skylla am Eingang zur Straße von Messina mit dem vom Mond abhängigen Gezeitenstrom wohnte, ist man nicht überrascht zu finden, daß Hekate eine Mondgöttin war. Sie lehrte Zauberei und Hexenkunst, wohnte an Kreuzwegen und wurde, in Anbetracht ihrer Herrschaft über den Mondzyklus, vornehmlich von Frauen verehrt. In den Darstellungen des Altertums hat Skylla den Oberkörper einer schönen Frau, aber mit Hundeköpfen anstelle der Geschlechtsteile, und ihr Leib läuft in einen Fischschwanz aus. Sie war nahe verwandt mit Lamia, einer Art Kinderschreck. Skylla scheint auch von den Etruskern verehrt worden zu sein. Wie ihre Mutter Hekate war sie eine dreifache Göttin; sie herrschte über den Himmel, die Erde und den unterirdischen Bereich. Daher sind auch ihre körperlichen Attribute immer ein Vielfaches der Zahl drei – zwölf Füße, sechs Köpfe, und selbst die Zähne sind in dreifachen Reihen angeordnet.

Wenn man versucht, geographische Tatsachen mit dichterischer Erfindung in Einklang zu bringen, fällt es manchmal schwer, sich zu vergegenwärtigen, daß vor dreitausend oder mehr Jahren der Mensch keinen Begriff von den Grenzen hatte, die für uns das Reich der Wirklichkeit von dem der Phantasie trennen. »Über die Grenzen zwischen dem Menschlichen und dem Übermenschlichen, dem Stofflichen und dem Unstofflichen herrschte keine Klarheit. Götter, Menschen, Tiere und überhaupt alle Lebewesen hatten etwas gemein, und zwischen den Lebenden und den Toten bestand ein begehbarer Weg... Jeder Strom, Baum und Berg war der Wohnort eines vergeistigten Wesens, das sich auf dem Grenzgebiet zwischen dem Menschlichen und dem Göttlichen bewegte und an beidem teilhatte. Und so wenig ausgeprägt war das Ichgefühl, daß man glaubte, die Grenze lasse sich mit etwas Zauber überschreiten und aus einem Menschen könne ein Wolf werden, eine Schlange oder ein Wiedehopf oder eine Lilie. Er konnte sich verjüngen; er konnte von den Toten auferstehen. Der Zauberer brauchte nur einen Zweig zu schwenken und Wassertropfen zu verstreuen, um einen Regenschauer an den Hängen des Lykaion hervorzubringen. Wie Melampus konnte er die Sprache aller Lebewesen verstehen, selbst die der Holzwürmer im modernden Gebälk, und er konnte mit Alkman sagen: ›Ich verstehe die Lieder aller Vögel.‹«

Kinder kennen diese Gefühle auch, doch in der Jugend der Menschheit empfanden selbst Erwachsene noch so. Die Dichter haben sich diese Fähigkeit von jeher bewahrt. William Blake, »der nüchternste, praktischste, anspruchsloseste und fleißigste Mensch«, wie man ihn beschrieben hat, war durchaus imstande, die Engel auf den Bäumen singen zu hören, und das war im verstandesgläubigen 18. Jahrhundert. Ein Pantheist wie van Gogh konnte Gott ebensogut in einem Rohrstuhl oder in einem Paar alter Schuhe erblicken wie in den Wolken und dem Himmel über Arles. Vielleicht sind Künstler diejenigen unter uns, die sich den unschuldigen Blick des Kindes ins reifere Alter hinübergerettet haben. Für den Geologen mag die Skylla eine Höhlung in einem Kalksteinfelsen sein und Charybdis ein Strudel von bescheidenem Ausmaß für den Hydrographen; damit wird aber die Auffassung des Dichters nicht unbedingt entwertet. Der Stromboli ist von einem Vulkanologen als »ein interessantes Beispiel eines fast ununterbrochen tätigen Vulkans« beschrieben worden; aber ebensogut darf das Kind oder der Dichter in ihm die Wohnstätte eines Gottes sehen. Es ist nicht erwiesen, daß die wissenschaftliche Betrachtung der Dinge eher »wahr« ist als die dichterische. Über dem Eingang zu jeder Bibliothek, Universität oder sonstigen Forschungsstätte sollten die Worte von William James stehen: »Vielleicht sind wir im Weltall nur wie Hunde und Katzen in unseren Bibliotheken; sie sehen die Bücher und hören das Gespräch, haben aber keine Ahnung, was das alles bedeutet.«

Während also Charybdis der Strudel ist, der dem zerbrechlichen Boot des Odysseus leicht hätte zum Verhängnis werden können, ist die Skylla entschieden mehr als das. Sie ist vor allem das Meer, von seiner trostlosen Seite gesehen, eine Vereinigung von Sturm, Klippen, Treibsand, Wasserhose und Seeschlange. Von den Sirenen hatte Odysseus den bezaubernden Gesang gehört, der Liebe und Tod in einer Verheißung letzter Erkenntnis vereinte. Die Weisheit dieses Meeres war darin zusammengefaßt: daß alles schon dagewesen ist, daß alles wieder sein wird und daß die wahre Weisheit darin besteht, sich in das Los des Menschen zu schicken, es sich im Schatten wohl sein zu lassen und seinen Garten zu bebauen. Von Skylla dagegen hatte er das Jaulen der dunklen Elementarkräfte gehört, die einen Menschen mit demselben Gleichmut zermalmen, mit dem sie Tiefseegeschöpfe vom Meeresgrund heraufschleudern, damit sie am Ufer der Straße von Messina elendiglich zugrunde gehen.

Jetzt erfuhr Odysseus auch, was Mitleid ist. Als die sechs Mann von Skylla aus seinem Boot herausgepflückt wurden, da »schrien sie und jammerten alle laut und riefen mich, ach zum letztenmale! beim Namen«. Alkinoos gegenüber beklagte er ihr Schicksal mit den Worten: »Wie am Vorgebirge mit langer Rute der Fischer lauernd den kleinen Fischen die ködertragende Angel an dem Horne des Stiers hinab in die Fluten des Meers wirft und zappelnde Beute geschwind ans Ufer hinaufschwenkt: Also wurden sie zappelnd empor an dem Felsen gehoben. Dort in der Höhle fraß sie das Ungeheuer, und schreiend streckten jene nach mir in der grausamsten Marter die Hand aus. Nichts Erbärmlichers hab ich mit meinen Augen gesehen, soviel Jammer mich auch im stürmenden Meere verfolgte!«

DIE INSEL DES SONNENGOTTES

Mit einem Verlust von sechs Mann entkam Odysseus also den Gefahren der Straße von Messina. Wäre er nicht von Kirke unterwiesen worden, hätte er aber unfehlbar das ganze Schiff verloren. Was man natürlicherweise tut, wenn man sich einer schmalen Durchfahrt nähert, ist, nach der Mitte der Fahrrinne zu halten, um den beiderseits vorgelagerten Klippen und Untiefen zu entgehen. Wenn Odysseus den üblichen Kurs gesteuert hätte, wäre er aber stracks in die Charybdis geraten.

Als ich im Spätherbst 1952 durch diese Meerenge kam, verhielt ich mich genau, wie Odysseus sich vor dreitausend Jahren verhalten hatte – ich steuerte dicht der italienischen Küste entlang, wo jetzt das Dorf Scilla steht, um den kabbeligen, sich überschlagenden Seen auf der sizilianischen Seite zu entgehen. Von der »Odyssee« bis zur neuesten Ausgabe des Segelhandbuchs des Britischen Marineamts wird kleinen Fahrzeugen unter Segel dieser Kurs empfohlen. Zum Glück lauerte keine tückische Göttin mit langen Fangarmen auf mich, nur ein dumpfes Dröhnen war zu hören. In einem Segelboot nimmt man jede Veränderung im Geräusch von Wind und Wellen wahr.

Auf der italienischen Seite, wo einst die Skylla hauste, regte sich nichts. Ein paar unruhige Wirbel in der Nähe des Felsens, das war alles, und die alte Ortschaft lag friedlich im Sonnenschein da. Das Wasser verlief sich kräuselnd den bleichen Sandstrand hinauf, wo die Fischerboote in sicherer Entfernung lagen. Netze waren zum

Trocknen ausgebreitet, und der Rauch aus den Schornsteinen zog rasch nach Süden hin. Auf der sizilianischen Seite dagegen stellte ich, ein paar Kabellängen weit weg, eine sonderbar trudelnde Wasserfläche fest. Es sah nicht aus wie die Brecher, die wir gerade hinter uns hatten. Etwas Glattes und Gläsernes war daran, dabei war das Wasser in Bewegung... In der Mitte konnte ich dann eine deutliche Vertiefung erkennen, und die gischtigen Seen bewegten sich alle im Kreise. Wir hielten davon ab. Das war etwa vierhundert Meter vor dem Leuchtturm (Torre Faro), und die kreisenden Wasser bewegten sich ganz langsam, wie ein Kreisel, der am Auslaufen ist. Oder fing er etwa erst an zu kreisen? Der Mittelpunkt lag etwa hundert Meter querab von unserem Boot. Ringsum war das Wasser gischtig, doch die kreisende Mitte hatte etwas Honigartiges, wie geschmolzener Zucker, wenn er am Abkühlen ist.

Das war die Charybdis, wie ich sie von meinem kleinen Boot aus sah, viele Jahre nachdem Veränderungen am Meeresgrund ihre Gewalt vermindert hatten. Doch selbst so, wie sie sich heute darbietet, mochte sie für einen Seemann vor dreitausend Jahren etwas Erschreckendes gehabt haben. Und dabei gibt es Gelehrte, die behaupten: »... die Zyklopen gehören gänzlich ins Reich der Fabel, zusammen mit der Äolischen Insel, Kalypso, Kirke, den Sirenen, Skylla und Charybdis, und den Rindern der Sonne.«

Nachdem Odysseus den »fabelhaften« Gefahren der Meerenge entgangen war, hielt er der Ostküste Siziliens entlang, einer Insel, die weder er noch der Dichter in Zusammenhang brachte mit der Gegend, wo er zuvor an die

Zyklopen geraten war. Daß die Seefahrer der Frühzeit, ohne Karten und Instrumente, ein Stück einer unbekannten Küste nicht mit einem andern in Verbindung brachten, darüber darf man sich nicht allzusehr wundern. Es ist gedankenlos, zu behaupten, wer an der Westküste Siziliens gelandet sei, hätte bestimmt gemerkt, daß er sich auf derselben Insel befinde, nachdem er an deren Ostküste gelangt war. Das stimmt einfach nicht. Mir selber ist es mehrmals widerfahren, daß ich mich vorübergehend nicht mehr zurechtfand, als ich mit einem modernen Segelboot in diesen Gewässern kreuzte. Nichts in der »Odyssee« deutet darauf hin, daß Odysseus das Land der Zyklopen, wo er vor mehr als einem Jahr gewesen war, jemals mit der Insel in Verbindung brachte, die er während der Durchfahrt durch die Straße von Messina zu seiner Rechten hatte.

»Da erreichten wir bald des Gottes herrliche Insel, wo die Herden des hochhinwandelnden Helios weiden, viele treffliche Schafe und viel breitstirniges Hornvieh...« Es war nur natürlich, daß die Mannschaft, nachdem sie eben erst mit knapper Not dem Tode entronnen war, laut begehrte, an Land zu gehen, um sich zu erholen. Odysseus erinnerte sich indessen, daß ihm ganz besonders eingeschärft worden war, sich vor der Insel des Sonnengottes zu hüten. Sowohl Teiresias wie auch Kirke hatten ihn gewarnt, falls auch nur eines der heiligen Tiere Schaden nehme, werde es übel mit ihm ausgehen; er werde Schiffbruch leiden, alle seine Gefährten verlieren, und wenn er selber mit dem Leben davonkomme, werde er erst viele Jahre später und in übler Verfassung allein heimkehren.

Alles das teilte Odysseus seinen Leuten mit und erklärte, sie sollten lieber sehen, daß sie weiterkämen. Sogleich stand er gewissermaßen einer Meuterei gegenüber, wobei Eurylochos, sein Standesgenosse, sich zum Wortführer aufwarf. »Du strotzest von Kraft«, gab er ihm zu bedenken, »und nimmer ermüden deine Glieder; sie sind aus hartem Stahle gebildet, daß du den müden Freunden nicht ans Land zu steigen erlaubst... Laßt uns am Ufer ein Mahl bei dem schnellen Schiffe bereiten. Morgen steigen wir ein und steuern ins offene Weltmeer.«

Ungern willigte Odysseus ein, aber erst nachdem er allen den Schwur abgenommen hatte, daß sie keines der Rinder auf der Insel antasten wollten. »Ihr müßt mir versprechen«, sagte er, »nur von der Speise zu essen, die Kirke uns mitgegeben.«

Nach meinen Berechnungen müssen sie jetzt einige neun Tage auf See gewesen sein, und obwohl sie bestimmt noch genug zu essen hatten, war es wohl mit dem Wasservorrat nicht mehr weit her. Es ist deshalb anzunehmen, daß sie zuerst nach einem sicheren Liegeplatz für das Schiff Ausschau hielten, um dann an Land zu gehen und sich nach Süßwasser umzusehen. Das ist auch genau, was man im Text findet: »Als sie es jetzo gelobt und vollendet den heiligen Eidschwur, landeten wir in der Bucht mit dem starkgezimmerten Schiffe, nahe bei süßem Wasser, und meine Gefährten entstiegen alle dem Schiff.«

Bevor man Mutmaßungen anstellt, wo diese geschützte Bucht gewesen sein kann, gilt es die Einwände zu erwägen, die gegen die Gleichsetzung der Insel des

Sonnengottes mit Sizilien erhoben worden sind. Sie gehen meistens von dem Umstand aus, daß Teiresias und Kirke, als sie Odysseus vor einer Landung auf dieser Insel warnen, den Namen Thrinakia fallen lassen. Nun heißt Thrinakia »Insel des Dreizacks«, und das ist ein Ausdruck, der im Altertum nie auf Sizilien angewandt wurde. Trinakria hingegen war der Name, unter dem Sizilien bei den Alten gemeinhin bekannt war – die Dreieckige Insel –, aus dem leicht ersichtlichen Grund, weil Sizilien ein fast gleichseitiges Dreieck ist. (Noch heute ist das Wappen von Sizilien dasselbe dreibeinige Zeichen wie das der Insel Man zwischen England und Irland.) Nun ist die Insel des Dreizacks allerdings etwas anderes als die Dreieckige Insel; wenn man aber bedenkt, daß der Unterschied lediglich in der Auswechslung eines einzigen Buchstabens besteht, des griechischen Theta für ein Tau, und dem Dazukommen eines zweiten »r«, dann mag man doch finden, daß hier aus einem Maulwurfshügel ein Berg gemacht wurde. Zumal es ganz klar ist, in welchem Teil der Welt sich Odysseus gegenwärtig bewegt. Allerdings, wenn man Skylla und Charybdis, die Irrenden Klippen, die Sirenen und Kirkes Insel alle ins Reich der Fabel verwiesen hat, muß man auch Thrinakia dort suchen.

Ich bin nicht der Auffassung, Homer müsse selber Seemann gewesen sein, um die »Odyssee« schreiben zu können, und die beschriebenen Schauplätze selber gekannt haben. Ich bin lediglich überzeugt, daß den Irrfahrten des Odysseus der Tatsachenbericht eines Seefahrers zugrunde liegt, und diese Überzeugung wird dadurch nicht erschüttert, daß jemand statt Trinakria versehentlich Thrinakia geschrieben hat. Solche Versehen und bedeutend wichtigere kommen heute noch täglich in jeder Redaktionsstube vor.

Genau wie sich herausgestellt hat, daß Kirkes Segelanweisungen Odysseus unfehlbar nach Sizilien führten, einem günstigen Ausgangspunkt für eine Fahrt über das Ionische Meer nach Ithaka, ebenso wird sich herausstellen, daß alles, was ihm von jetzt an zustößt, ohne weiteres in diesen geographischen Rahmen paßt. Wo also lag die geschützte Bucht, die die erschöpften Seeleute ansteuerten, noch ganz benommen vom Verlust von sechs ihrer Freunde? Manche halten dafür, es sei die Reede von Messina gewesen, dieser schützende Landvorsprung einige vier Meilen südlich der Charybdis. Ausgeschlossen ist es nicht, aber ich halte es für unwahrscheinlich. Vor allem sind hier Strom und Strudel fast ebenso abschreckend wie zwischen Skylla und Charybdis. Und dann würde das auch bedingen, daß sie das verhältnismäßig sichere italienische Ufer verlassen und die Meerenge überquert hätten, ein paar Minuten nachdem sie vom Strom an der Charybdis vorbei nach Süden geschwemmt worden waren. Heutzutage würde man die Meerenge ohne weiteres überqueren, um sich in den Schutz des modernen künstlichen Hafens zu begeben. Aber Seeleute, die eben erst einen tödlichen Schreck abgekriegt und Verluste erlitten hatten, handelten wohl nicht so. Viel wahrscheinlicher ist, daß sie diese schreckenerregende Meerenge soweit als möglich hinter sich brachten, ehe sie nach einem Ankerplatz Ausschau hielten, wo sie übernachten konnten. Dann wissen wir auch, daß Odysseus der Mannschaft Kenntnis gab von den Weissagungen des Teiresias und der Kirke, daß die Leute aufbegehrten und daß schließlich Eurylochos eine lange Ansprache hielt. Alles das kann sich kaum in der kurzen Zeitspanne abgespielt haben, die erforderlich ist, um vom Felsen der Skylla zur Reede von Messina zu gelangen. Außerdem war es nach der Beschreibung von Skylla und Charybdis hellichter Tag, als sie dort vorbeikamen, während Eurylochos in seiner Ansprache von »der Nacht aufsteigenden Schatten« spricht. Offenbar sind mehrere Stunden vergangen, seit sie der Todesgefahr entrannen. Daß ihnen dabei die Strömung zustatten kam, ist klar, sonst wäre ihnen die Durchfahrt überhaupt nicht gelungen. Von der Strömung getragen, ruderten sie auf Teufel komm raus, um sich in Sicherheit zu bringen, so daß das Boot seine Höchstgeschwindigkeit erreichte – mindestens vier Knoten.

Südlich des Hafens von Messina ist die Küste Siziliens kahl und abweisend. Einige fünfundzwanzig Meilen weit gibt es keinen richtigen Ankerplatz, und wir suchen nicht einen Ankerplatz unter der Küste, sondern eine geschützte Bucht. Mindestens ein halbes dutzendmal bin ich in beiden Richtungen diese Küste entlanggesegelt, und es gibt hier nur eine einzige geschützte Bucht. Ich habe sie mehrmals angelaufen, als Ausgangspunkt für Fahrten nach den Ionischen Inseln. Dieser Liegeplatz ist die Rada di Taormina, die einzige kleine Einbuchtung an dieser etwas einförmigen Küste, wo kleine Boote vor dem Wetter geschützt sind, mit Sandstrand, wo Fischerboote an Land verholt werden können. Die Bucht ist sechsundzwanzig Meilen von der Skylla entfernt, etwas über sechs Stunden bei vier Knoten Fahrt, und nur wenig mehr als acht Stunden bei drei Knoten Fahrt. Ob nun Odysseus um die Mittagszeit oder etwas früher durch die Meerenge kam, Taormina liegt ungefähr da, wo man ihn gegen Abend an einem Herbsttag erwarten würde.

Von Messina südwärts gibt es sonst der ganzen Küste entlang nichts, was im entferntesten einer geschützten Bucht gleicht, bis man nach L'Ognina kommt, unweit von Catania. L'Ognina ist jedoch fünfzig Meilen von Skylla und Charybdis entfernt und scheidet schon deswegen aus. Außerdem ist es nur ein Einschnitt, keine Bucht. Die Rada di Taormina dagegen wird in der unpersönlichen Sprache des Segelhandbuchs folgendermaßen beschrieben: »Die kleine Bucht, in die man zwischen Capo San Andrea und Capo Taormina gelangt, wird durch die Isola Bella zweigeteilt, die mit dem Ufer durch eine Untiefe zusammenhängt... Sand und guter Ankergrund... und Kieselstrand mit Wald dahinter...« Es ist in der Tat ein idealer Liegeplatz für Jachten, Fischerboote und kleine Küstenfahrer. Außerdem münden in der Nähe zwei Flüßchen, Alcantara und Minissale, ins Meer, eine Seltenheit auf einer Insel, wo das Wasser im Sommer Goldes wert ist. In Taormina selber gibt es Quellen; wie lange schon, läßt sich allerdings nicht sagen. »Eine Bucht, nahe bei süßem Wasser« – dergleichen wäre an manchen Küsten nicht schwer zu finden, aber in diesem Teil Siziliens entspricht nur die Rada di Taormina der Beschreibung.

Die Griechen gingen vor Anker und begaben sich dann an Land, um sich ihr Abendessen zu bereiten. Leider wußten sie nicht, daß es in dieser Bucht Langusten gibt, wie sie feiner auf Sizilien nicht zu haben sind. Das letztemal, als ich hier war, unterwegs nach Syrakus, kaufte ich fünf dieser meergrünen Prachtsdinger für ungefähr ein englisches Pfund. Droben in den großen Hotels des heutigen Kurorts kosteten sie bestimmt ein Pfund das Stück, aber es besteht eine geheime Brüderschaft unter denen, die zur See fahren. Und die Sizilianer waren alle so erstaunt, daß meine Frau und ich unser Boot allein handhabten, daß es ihnen zu Herzen ging – »eine Frau, und schuftet wie ein Matrose!« Bei unseren Langusten handelte es sich um *Palinurus vulgaris*, dem die beiden großen Zwickscheren des amerikanischen und nordeuropäischen *Homarus gammarus* fehlen. Doch wen kümmert das, wenn sie noch feucht sind, etwas Seegras zwischen den stacheligen Beinen nachschleifen und traurige Blasen aus dem behaarten Maul steigen lassen? Auf See, ein paar Meilen südlich von Odysseus' Bucht, setzten wir sie dann am Abend alle in einem Eimer Salzwasser auf den Kocher in der Kombüse. Viel mehr braucht es nicht auf dieser Welt als raumen Wind, Sonnenuntergang hinter dem Ätna, Seegeräusche, warme Langusten, gutes, grobes Brot und etwas Rotwein aus Taormina. Und das bringt mich wieder auf Odysseus ...

Nachdem die Griechen gegessen und sich schlafen gelegt hatten, kam ein Sturm auf. Solange es dunkel war, konnten sie nichts unternehmen, doch beim ersten Morgengrauen schleppten sie ihr Boot an den Strand hinauf und brachten es in einer Grotte in Sicherheit. Grotten gibt es in dieser Bucht immer noch genug, ebenso wie Sandstrand. Plötzliche, beängstigende Stürme sind im Herbst häufig; zu dieser Zeit wird das Mittelmeer nämlich tükkisch. In den modernen Hafenanlagen von Riposto, einige Meilen weiter südlich, kam ich einmal im Herbst beinahe um mein Boot, als eine Wasserhose über die See hergefegt kam und beim Aufprall an Land in eine Sprühwasserwolke zerstob und herniederprasselte. Über den Bergen landeinwärts bilden sich Gewitter, und die Küstengewässer sind für kleine Fahrzeuge äußerst gefährlich. Nach meinen Berechnungen geschah es zu dieser Jahreszeit, daß Odysseus sein Boot bei Taormina auf den Strand setzte.

Das hervorstechendste Merkmal an dieser Küste ist zweifellos der Gipfel des Ätna, der südlich von Taormina 3313 Meter hoch aufragt. Im Winter mit Schnee bedeckt, im Sommer von Gewölk umhüllt, raucht er gemütlich seine Friedenspfeife oder schleudert Gestein in die Luft, während die Lava sich gegen das Meer hinunterwälzt. Auf dem Rückweg von Ithaka nach Sizilien habe ich diesen König der Küste vom Deck meines kleinen Bootes aus schon gesehen, während ich noch weit draußen auf See war. Es bedeutete, daß meine Fahrt vorüber war, und daß ich in ein paar Stunden sicher am Kai von Syrakus vertäut liegen würde, einige hundert Meter von Arethusas Quelle entfernt, mit der Aussicht auf eine gute warme Mahlzeit an Land. Man hat es deshalb merkwürdig gefunden, daß Homer, der gewisse Teile der benachbarten Küste so genau beschreibt, den Ätna überhaupt nicht erwähnt.

Man weiß, daß der Vesuv damals untätig war und deshalb erst viele Jahrhunderte nach Homer Beachtung fand. Möglicherweise gilt für den Ätna dasselbe; der erste Ausbruch, von dem uns berichtet wird, fand nämlich erst im 6. Jahrhundert v. Chr. statt, zur Zeit des Pythagoras, mindestens zweihundert Jahre nach Homers Lebzeiten. Pindar (522-442 v. Chr.) ist der erste Dichter, der den »jahraus, jahrein mit blendendem Schnee bedeckten Ätna« erwähnt, und auch Aischylos beschreibt den Berg, »auf dessen Gipfel Hephaistos sitzt«. Thukydides hielt fest, daß drei Ausbrüche stattgefunden hatten, seit Griechen auf Sizilien ansässig waren. Auch späterhin hat fast jeder Geschichtsschreiber oder Dichter des Altertums dazu beigetragen, diesen höchsten Berg in Süditalien zu feiern. Doch die früheste Kunde von vulkanischer Tätigkeit geht, wie gesagt, ins 6. Jahrhundert v. Chr. zurück.

Das mag erklären, warum in der »Odyssee« nicht von ihm die Rede ist. Und doch, wenn man bedenkt, wie genau der Stromboli und Skylla und Charybdis geschildert werden, scheint es nicht seltsam, daß der Ätna, auch wenn er damals untätig war, überhaupt nicht erwähnt wird? Wenn ein kleiner Ankerplatz wie der von Taormina mit seinem Süßwasser und seinem Sandstrand so eingehend beschrieben wird, warum sollte etwas geographisch so Wichtiges wie der Ätna übergangen worden sein? Die Antwort ist sehr einfach: Homers Quelle war der Reisebericht eines Seemanns, und Seeleute verzeichnen nur, was für die Sicherheit ihres Fahrzeugs und ihrer Mannschaft unmittelbar von Belang ist. Stromboli und die Straße von Messina sind für die Schiffahrt von Bedeutung, der Ätna, einige zehn Meilen landeinwärts, ist es nicht. Seine großartige Schönheit ist etwas, das kein Dichter, falls er es sah, jemals vergessen könnte. Aber Homer hat Sizilien nicht gesehen, und die Unterlagen, die er bei seiner Erzählung benutzte, stammten nicht von einem Dichter.

Eine Bestätigung dieses Sachverhalts wird durch das Segelhandbuch des Britischen Marineamts geliefert. Ein kleiner Liegeplatz wie der von Taormina (obwohl er für den heutigen Seeverkehr unwesentlich ist), nimmt darin mehr als eine Seite ein, genau gesprochen 65 Zeilen. Der mächtige Ätna, der höchste Vulkan in Europa und eines der natürlichen Weltwunder, wird in knapp 19 Zeilen abgetan. Er ist für Fahrensleute nicht von Belang.

Auch in meinem eigenen Logbuch für diese Gewässer findet sich nichts über den Ätna, außer das eine Mal, als ich ihn auf dem *Rückweg* nach Sizilien gewissermaßen als Einseglungsmarke benutzte. Dabei bin ich hier des Nachts vorbeigesegelt, wenn der Vulkan ausbrach und Lavaströme wie leuchtende Bänder an seinen Hängen hinunterliefen. Ich habe die erstaunlichen Gewitter beobachtet, die sich in der Aschenwolke über dem Gipfel abspielen. Aber für mein Boot hatte ich dabei nichts zu befürchten, da der Berg zu weit landeinwärts liegt, um eine Gefahr zu bilden. Ein Ausbruch des Stromboli hingegen, das wäre ganz etwas anderes gewesen. Was in der »Odyssee« nicht erwähnt wird, ist ebenso bedeutsam wie die Dinge, die wahrheitsgetreu und genau verzeichnet werden.

DIE SONNENRINDER

Am ersten Morgen in ihrer sicheren sizilianischen Bucht brachten die Griechen also ihr Boot in einer Grotte unter. Das Wetter hatte offenbar umgeschlagen, und sie rechneten mit einem längeren Aufenthalt an Land. Odysseus rief seine Leute zusammen und schärfte ihnen nochmals ein, die in der Nähe grasenden Rinder und Schafe auf keinen Fall anzutasten. Da die Leute nachgerade erfahren hatten, daß ihr Führer Bescheid wußte, fügten sie sich seinem Befehl ohne Widerrede.

Mit den heiligen Rindern des Sonnengottes Helios, oder Hyperion, wie er bei Homer heißt, sind wir wieder in der Welt der Sage. »Helios selbst«, schreibt Karl Kerényi, »war vor allem Vater. Als Vater war er verwoben mit unserem Leben: als alles schauender und hörender Zeuge unserer Taten, gleichsam ein über uns schwebendes höheres Gewissen, das zur Bezeugung der Wahrheit angerufen wurde, und zugleich ein zeugender Vater, dem die Tage unseres Lebens fortwährend entsprangen. Allmorgendlich beschenkt er uns mit einem Lebenstag, es sei denn, daß er uns einen bestimmten Tag oder alle Tage vorenthalten will. So vorenthielt er dem Odysseus den Tag der Heimkunft lange Zeit, den Gefährten des Odysseus aber für immer.«

Diese Episode in der »Odyssee« findet eine Parallele in der zehnten Arbeit des Herakles, wo dem Helden aufgetragen ist, die heiligen Sonnenrinder zu stehlen. Homer gibt in der »Odyssee« sogar die Zahl dieser Tiere an, nämlich 350 Rinder und 350 Schafe, und es ist späteren

Kommentatoren nicht entgangen, daß das die Zahl der Tage im Jahr ist, wo zwölf Mondmonate zusammen ein unvollständiges Sonnenjahr ergeben.

Zwei Töchter des Sonnengottes, Phaetusa, die Leuchtende, und Lampetia, die Erhellende, betreuten die heiligen Tiere. In verschiedenen Sagenkreisen hat der alleserzeugende Sonnengott etwas mit Rindern, vor allem mit dem Stier, zu tun. Auch bei den Griechen wurde der Wagen des Helios zuerst von Stieren gezogen; erst später traten Pferde an deren Stelle. Meistens wurde er als ein schöner Jüngling mit goldenem Haar abgebildet, nicht als grober, urzeitlicher Riese also. So haben sich die Griechen stets die Götter anderer Völker angeeignet, sie hellenisiert und in anmutige, menschenähnliche Gestalten verwandelt. Der ungeschlachte phönizische Riese Melkart wird zu Herakles, der unverkennbaren Gestalt des edlen Athleten. Einiges ist dann von Herakles auf Odysseus übertragen worden, der im Laufe der Jahrhunderte aus einem einfachen Seemannshelden zum Inbegriff lebenstüchtiger Klugheit wird. Von dem klassischen Odysseus mit seiner Verschlagenheit, ja Treulosigkeit kommen wir dann zu Dantes unermüdlichem Wanderer aus Forschungstrieb, der dann wiederum von Tennyson in einen romantischen Forschungsreisenden im Jugendstil verwandelt wird.

Wenn die Weidegründe der Sonnenrinder von der Sage in diese Gegend Siziliens verlegt werden, kann es nicht überraschen, daß selbst der Ortsname hier mit der Geschichte von Odysseus in Zusammenhang steht. Taormina, das vom 4. Jahrhundert v. Chr. an eine griechische Stadt war, wurde von den griechischen Siedlern »Tauromenion« genannt und von den Römern später »Tauromenium«, von dem der heutige Name sich herleitet. Ist es bloßer Zufall, daß in diesem Namen das griechische Wort *tauros*, der Stier, steckt? Selbst wenn man von der Geschichte absieht, daß der Sonnengott hier seine heiligen Rinder hatte, kann man ohne weiteres glauben, daß diese Gegend immer Weideland war. Zwischen der Küste und dem Ätna liegt hier eines der fruchtbarsten Gebiete Siziliens, jetzt eine bebaute Ebene, früher zweifellos Grasland. Fünfzehn Kilometer weiter weg, an den Hängen des Ätna selber, heißt das größte Bergtal merkwürdigerweise Val del Bove, das Tal des Ochsen. Wann diese kahle Mondlandschaft zu diesem Namen gekommen ist, habe ich nicht feststellen können, aber bei Taormina dachte man offenbar seit dem 4. Jahrhundert v. Chr. an Stiere und den Stier-Gott. Das wäre an sich schon auffällig genug, auch wenn der natürliche Ankerplatz nicht so genau mit der Homerischen Beschreibung des Ortes übereinstimmte, wohin Odysseus sein Schiff brachte, bevor er vom Unheil ereilt wurde.

Denn das Unheil blieb natürlich nicht aus. In der ganzen »Odyssee« findet man, daß die Mannschaft des Odysseus sich auf eine Art verhält, die man nur als »äußerst menschlich« bezeichnen kann. Einige wollen im leichtlebigen Lotosland abtrünnig werden, andere nehmen nur ungern von der Ziegeninsel Abschied, während alle nach bestandener Gefahr darauf erpicht sind, so bald als möglich an Land zu gehen. Sie sind nur allzu menschlich, und man kann sich darauf verlassen, daß sie, wenn ihnen einmal die Lebensmittel ausgehen, durch keinerlei Warnungen davon abzuschrecken sind, sich an den Rindern zu vergreifen, die da in nächster Nähe weiden.

Leider gehen ihnen die Lebensmittel mit der Zeit tatsächlich aus, denn kaum hat sich der ablandige Sturmwind gelegt, als »der Süd den ganzen Monat durchstürmte«. Einen Monat lang hatten sie also, was man heute Schirokkowetter nennt, und danach wehte »niemals ein anderer Wind als der Ost und der herrschende Südwind«. Was Odysseus und seine Leute brauchten, um nach Griechenland zu kommen, war ein tüchtiger Wester. Ist es wiederum bloßer Zufall, daß die Winde mit den geographischen Tatsachen übereinstimmen? Ein Nordwind hätte das Fahrzeug der sizilianischen Küste entlang nach Malta getrieben. Ein Ostwind hätte sie in Taormina festgehalten, und ein Südwind hätte sie wieder in den Bereich von Skylla und Charybdis gebracht. Sie brauchten einen Westwind, um nach Ithaka zu gelangen, wurden aber mit nichts als südlichen und östlichen Winden bedacht. So waren sie genötigt, in Taormina zu bleiben.

Ein Südwind, der »den ganzen Monat durchstürmt«, ist an dieser Küste nichts Außergewöhnliches. Der Schirokko ist in diesem Teil des Mittelmeeres immer vorherrschend, aber am ärgsten ist er im September und Oktober. Zu dieser Jahreszeit stürzt der »Khamsin« genannte nordafrikanische Wind über das warme Mittelmeer und verursacht die furchtbaren Staubstürme, die immer noch Teile Siziliens verwüsten. Dieser Wind, zuerst heiß wie aus einem Backofen, ist meistens mit Feuchtigkeit gesättigt, bis er diese Gestade erreicht. Wer ihn nie erlebt hat, kann sich nicht vorstellen, wie er auf die körperliche und seelische Verfassung des Menschen einwirkt. Ich habe mir sagen lassen, auf Sizilien habe man einst, wenn der Schirokko länger als zehn Tage lang wehte, alle Gewalttaten und Leidenschaftsverbrechen auf das Wetter geschoben – und die Täter mit einer Verwarnung davonkommen lassen.

August, September und Oktober haben den höchsten Anfall an Schirokkowinden in diesem Teil der Welt. »Nachdem die Heißluft die nordafrikanische Küste verlassen hat, nimmt sie vom Meer rasch Feuchtigkeit auf, während sie sich an der verhältnismäßig kühlen Wasseroberfläche abkühlt. Das Ergebnis ist ein hoher Feuchtigkeitsgehalt. Das damit verbundene Wetter ist warm, diesig und höchst ungemütlich; eine zusammenhängende Schicht von Stratuswolken ist häufig, während an Land der Tau nachts manchmal so schwer ist, daß überall in den Gossen Wasser rinnt. Der Schirokko kann zu jeder Jahreszeit auftreten, ist aber im Herbst am unangenehmsten.« Von Taormina aus schrieb D.H. Lawrence im November 1921: »Das Wetter hier hatte einen scharfen kalten Einschlag. Doch jetzt Schirokko in heißen Schwaden von feuchtem, haftendem Nebel. Zum Teufel mit dem Schirokko.« Der Wind ist nicht nur ungemütlich, vom Standpunkt des Seemanns aus ist er auch gefährlich, weil er von der nordafrikanischen Küste aus über vierhundert Meilen hin Zeit gehabt hat, Kraft zu sammeln. Ein langer, stetiger Schirokko, wie ich ihn auf Sizilien und Malta erlebt habe, führt im Herbst zu Verhältnissen, die auch größeren Fahrzeugen zu schaffen machen.

Odysseus hatte also einen ganzen Monat lang unter

dem Schirokko zu leiden. Es heißt da: »Solange es an Speis und rotem Weine nicht fehlte, schonten die Leute die Rinder...« Doch die Vorräte, die sie vor bald sechs Wochen vom Monte Circeo mitgebracht hatten, waren nun nahezu erschöpft. Sobald es soweit war, begannen die Leute begehrliche Blicke nach den fetten Herden auf der Weide zu werfen. Der Worte des Odysseus eingedenk, begnügten sie sich zuerst damit, Fische, Vögel und anderes Wild zu fangen. Aber die Besatzung bestand immer noch aus vierzig Mann, und vierzig Mann sind nicht leicht zu verpflegen. Odysseus, heißt es, suchte die Einsamkeit auf, um die Götter um Hilfe anzuflehen. Er wußte, daß Unheil drohte, wenn er nicht bald wieder unter Segel gehen konnte. Leider wurde er dabei von dem im Mittelmeer üblichen Ruhebedürfnis übermannt, das namentlich zu dieser Jahreszeit begreiflich ist, wo der Mensch unter dem Einfluß des Schirokko zu einem schlaffen Bündel fußliger Nerven wird. Odysseus schlief ein.

Als er erwachte, fand er, daß das Unglück bereits geschehen war. Eurylochos hatte wieder als Unruhestifter gewirkt. Sie würden ohnehin alle umkommen, hatte er den Leuten gesagt, nämlich vor Hunger. Da sei es doch besser, vorerst etwas zu essen, auch wenn sie sich dadurch den Zorn der Götter zuzögen und von ihnen vernichtet würden. Odysseus hatte nichts davon gehört, merkte aber sofort, was geschehen war, als ihm unterwegs der süße Duft gebratenen Fleisches in die Nase stieg. Seine Leute, von Eurylochos angestachelt, hatten die besten der heiligen Rinder geschlachtet.

Es hatte keinen Sinn, auf die Leute zu schimpfen, das

Geschehene ließ sich nicht rückgängig machen. Eurylochos, der sich schon auf Kirkes Insel schimpflich benommen hatte, der sich zwar als Freund bewährt hatte, als sie an den Sirenen vorbeikamen, war dann mit der Zeit immer rebellischer geworden und hatte jetzt Tod und Verderben über sie gebracht. Die Griechen hatten sich gegen das Leben selber vergangen. Indem sie einige der heiligen Rinder des Jahres töteten, hatten sie ihre eigenen Tage verkürzt, genauso sicher, als hätten sie Selbstmord begangen.

Sechs Tage lang taten sich die Leute an dem frischen Fleisch gütlich, trotz aller Zeichen, daß die Rache nahe bevorstand. »Als nun der siebente Tag von Zeus Kronion gesandt ward, siehe, da legten sich schnell die reißenden Wirbel der Windsbraut.« Es war Spätsommer gewesen, als sie Kirkes Insel verließen, und mindestens neun Tage waren vergangen, bevor sie durch die Straße von Messina nach der Bucht von Taormina kamen. Seither hatte ein Monat lang der Schirokko geweht, dann hatten sie weiterhin südliche und östliche Winde gehabt, und jetzt eine ganze Woche lang Sturm. Nach meinen Berechnungen sind wir jetzt im November, der mittelländische Winter hat eingesetzt. Es ist nicht die Zeit, um mit einem offenen Boot auf Fahrt zu gehen.

Trotz der schönen Postkarten und Verkehrsplakate ist das Mittelmeer im Winter äußerst gefährlich. Für den Segler ist es viel schlimmer als manch ein Ozean, da immer irgendwo eine Küste droht – etwas, das einem Boot viel rascher zum Verhängnis wird als die größten atlantischen Seen. Der amerikanische Alleinsegler Carl Petersen (der für seine Weltumseglung im Jahre 1953 die *Blue*

Water Medal gewann) erzählte mir, das schlechteste Wetter, das er irgendwo auf der Welt getroffen habe, sei im Winter zwischen Kreta und Malta gewesen.

Wenn Odysseus und seine Leute sich entschlossen, zu dieser Jahreszeit unter Segel zu gehen, dann höchstens deshalb, weil sie überzeugt waren, ein Tabu gebrochen zu haben. Zwar hatten sie in Taormina keine der Annehmlichkeiten vorgefunden, die ihnen Kirke und ihre Dienerinnen im Winter zuvor geboten hatten. (Nach dem Abschied von Kirke sollten die Griechen überhaupt keinen Menschen mehr begegnen.) Immerhin, sie hatten einen sicheren Ankerplatz gefunden, und Süßwasser war auch da, ebenso wie Fisch und Wildbret. Sie hätten also allen Grund gehabt, hier zu überwintern. Aber man darf in der »Odyssee« Dichtung und Wahrheit nicht verwechseln; eine wirkliche Reise ist mit mannigfachem Sagengut übermalt worden. Vermutlich weil sie überzeugt waren, die Götter beleidigt zu haben, beschlossen die Griechen jedenfalls, zu der gefährlichsten Zeit des Jahres unter Segel zu gehen, um nach Hause zu kommen.

Sobald der Sturm sich gelegt hatte, heißt es: »Wir stiegen ins Schiff und steuerten ins offene Weltmeer, aufgerichtet den Mast und gespannt die schimmernden Segel.«

SCHIFFBRUCH

Odysseus wußte, in welche Richtung er zu steuern hatte. Von Taormina aus hätte ein genau östlicher Kurs die Griechen über das Ionische Meer nach Hause gebracht, ungefähr zur Durchfahrt zwischen Zante und Kephallenia. Auch bei ungenauer Schiffsführung mußten sie auf östlichem Kurs irgendwo an die Ufer von Griechenland gelangen.

Daß sie nach Osten steuerten, steht fest; es heißt da nämlich: »Da nun das Eiland hinter uns lag und nirgend ein ander Land erschien und rings nur Luft und Wasser zu schaun war, setzte Kronion uns die finstere Wolke zu Häupten, grad überm Schiff; und wurden die Wasser unter ihr dunkel.« Bemerkenswert ist daran, daß sie, nachdem sie aus Taormina ausgelaufen waren, die Insel hinter sich ließen. Wenn sie weiterhin der Küste Siziliens entlanggefahren wären, hätten sie längere Zeit gebraucht, um die Insel hinter sich zu bringen; es sind nämlich mindestens siebzig Meilen von Taormina bis Kap Passero, der Südspitze von Sizilien. Und nach der tückischen Straße von Messina wollten sie ohnehin nicht zurück. Sie handelten vollkommen vernünftig und hielten auf die hohe See hinaus, »wo rings nur Luft und Wasser zu schaun war«.

Die Abschlachtung der heiligen Rinder war Zeus von Lampetia, der Tochter des Sonnengottes, bereits gemeldet worden. Die Vergeltung war nun fällig. Ein Sturmwind kam von achtern auf, mit einem plötzlichen Windstoß, der »die vorderen Stage des Mastbaums brach«.

Der Mast stürzte ins Boot und schlug dabei dem Mann am Ruder den Schädel ein. Mehr erzählt uns Homer nicht, auch erwähnt er nicht, ob sie unter Segel waren oder nicht, als sie vom Sturm überfallen wurden. Es ist jedoch nicht schwierig, den Vorfall zu rekonstruieren, da wir ja wissen, wie dieser Schiffstyp getakelt war.

Der Mast wurde durch Vorstage und Backstage gestützt, die vom Topp in einem Winkel von fünfundvierzig Grad nach dem Dollbord fuhren. Es war nur ein kurzer Mast, der keiner kunstvollen Takelung bedurfte; wahrscheinlich hatte er nur zwei Vorstage, zwei Backstage und ein Achterstag, das nach dem Heck des Bootes fuhr. Die Aufgabe dieses Achterstags war, den Mast zu stützen, wo es am nötigsten war, wenn das Boot vor dem Wind lief. Das Achterstag bestand, wie wir aus dem Text erfahren, aus Leder, dem stärksten Geschirr, das man damals kannte. Die andern Stage bestanden wahrscheinlich aus Papyrus. So war der in einer dreiseitigen Spur stehende Mast nach allen Seiten gestützt. Wenn nun die Vorstage brachen, war es unvermeidlich, daß die Backstage und vor allem das lederne Achterstag einen Zug ausübten und den Mast nach achtern ins Boot hineinrissen.

Der Sturm, der das schwarze Schiff des Odysseus traf, ereignete sich, bald nachdem sie das Land hinter sich gelassen hatten. Sie waren wohl noch nicht sehr weit gekommen und lagen südlich der Einfahrt zur Straße von Messina. Auch im günstigsten Fall ist es hier nicht recht geheuer. Wenn aber der Wind von Westen kommt, von den Bergen Siziliens herunter, dann ist er von beängstigender Stärke. Er stürzt unerwartet vom Land herunter und auf die See hinaus, mit der ganzen Beschleunigung, die ihm der plötzliche Temperaturunterschied verleiht. »Bei westlichen und südwestlichen Winden«, heißt es im Segelhandbuch, »sind in diesem Gebiet besonders starke Fallböen zu erwarten.«

Nahezu zwei Jahre war es her, seit Odysseus und seine Mannschaft Troja verlassen hatten, und das wahrhaft Traurige an dem Schiffbruch ist, daß nur noch die verhältnismäßig kurze Strecke über das Ionische Meer sie jetzt von ihrer Heimat trennte. Es sind etwa 250 Meilen von Taormina nach Kephallenia und Ithaka. Doch mit dem Mastbruch und dem Ausfall des Steuermanns muß sich das Schiff sofort längsseit zur anrollenden See gedreht haben. Binnen kurzem begann das Schiff auseinanderzubrechen, »und es fielen im Nu über Bord die Gesellen, und sie trieben wie Möwen auf den Wellen dahin«. Was könnte die weißen Gesichter der sich abkämpfenden Seeleute besser veranschaulichen als das Bild von den »Möwen auf den Wellen«?

Es ist behauptet worden, der ganze Vorfall sei schlecht beschrieben, unnatürlich, mit einem Wort, Homer habe sich auf dem Meer nicht ausgekannt. Entmastet, ein Spielball von Wind und Wellen, bricht das Schiff des Odysseus auseinander. Eine schwere See reißt die Planken auf, und die Spanten geben nach. Der Mast war »dicht am Kiel« geknickt worden, etwas oberhalb der Mastspur. Sogleich ergreift Odysseus das lederne Achterstag und verwendet es, um Mast und Kiel aneinanderzulaschen. An dieser Beschreibung ist nichts Laienhaftes; Odysseus verhält sich durchaus vernünftig und seemännisch. Mit dem stärksten Tau im Schiff lascht er die beiden stärksten und tragkräftigsten Hölzer aneinander, um sich über Wasser zu halten. Und dann »ließ der Weststurm nach mit schaudernden Güssen« – ein typisches Gewitter – und wiederum »kam Südwind auf«.

Nachdem der Sturm vorüber war, stellten sich wieder die im November üblichen Wetterverhältnisse ein, die Odysseus und seine Leute vorher an Land zurückgehalten hatten. Doch jetzt war er allein, und die Weissagungen des Teiresias und der Kirke hatten sich erfüllt. Das Vergehen gegen die heiligen Rinder war durch den Untergang des Schiffes und den Tod aller Gefährten gesühnt worden. Selbst der eigenwillige Eurylochos war dahin, und nur noch Odysseus war übrig auf seinem notdürftigen Floß, den Launen von Wind und Wellen ausgeliefert.

Der Wind hatte wieder nach Süden herumgeholt. Was erwartet man zu hören, wenn einer südlich der Straße von Messina bei heftigem Südwind auf einem Floß treibt? Daß er wieder in die Meerenge hineingetragen wird. Und was man erwartet, ist genau das, was geschieht. »Über die Nacht hin trug's mich fort; und frühe gen Morgen war ich zum Fels der Skylla gelangt und der grausen Charybdis ...«

An diesem Punkt taucht wieder dieser geheimnisvolle Feigenbaum auf, der Baum des Lebens, der über den Strudel des Todes hinaushängt. Genau wie Saktideva in der indischen Sage, greift auch Odysseus empor und hält sich an dem Baum fest. Wie eine Fledermaus klammert er sich an und entgeht so dem dunklen Rachen der Charybdis, die gerade am Einschlürfen ist.

Saktideva wurde durch das Opfer des Fischerkönigs

gerettet, um seine Fahrt zu der Goldenen Stadt fortsetzen zu können. Odysseus seinerseits ist durch das Opfer all seiner Gefährten gerettet worden. Auch er wird es noch erleben, seine Goldene Stadt wiederzusehen – die Felseninsel Ithaka –, aber das wird noch Jahre dauern. Während er sich verzweifelt an den Feigenbaum klammert, werden Mast und Kiel, die seine Rettung waren, unter ihm vom tosenden Strudel verschlungen.

DER NABEL DES MEERS

Als der Strudel nachließ, kamen Mast und Kiel nebst anderem Treibholz ruhig wieder an die Oberfläche getrudelt. Odysseus ließ sich ins Wasser fallen, kletterte erneut auf sein Floß und paddelte mit den Händen hinweg, zurück durch die Meerenge. Auch noch so angestrengtes Paddeln hätte ihm nichts geholfen, wenn die Flut nach Norden gelaufen wäre. Die Leichtigkeit, mit der er entkam, läßt sich nur dadurch erklären, daß der Strom gekentert war und ihn südwärts versetzte, mit einer Geschwindigkeit von bis zu vier Knoten. Von irgendeinem Wind ist nicht die Rede; der Schirokko, der ihn zur Charybdis zurückgetrieben hatte, muß sich inzwischen gelegt haben.

»Neun Tage trieb ich dahin...« Damit kommen wir zu einer der rätselhaftesten Stellen in der ganzen »Odyssee«, zu dem Zwangsaufenthalt des Helden auf der entlegenen Insel Ogygia. Odysseus, heißt es, ließ sich neun Tage und Nächte treiben, und »in der zehnten der Nächte führten die Himmlischen mich gen Ogygia, wo Kalypso wohnet, die schöngelockte, die hehre, melodische Göttin...«

In den letzten zwei Weltkriegen hat sich gezeigt, daß Schiffbrüchige sich tatsächlich unter den furchtbarsten Verhältnissen unglaublich lang am Leben erhalten können. Es ist durchaus möglich, daß sich ein Mensch auf einem Floß gegen zehn Tage lang über Wasser halten konnte, vorausgesetzt, daß er Trinkwasser hatte. Nahrung war auch nötig, aber nur von untergeordneter Bedeutung. Man muß deshalb annehmen, daß Odysseus vorsorglich einige Wasserschläuche und etwas Mundvorrat an seinem Rettungsfloß festgezurrt hatte, ehe das Schiff unter ihm wegsackte. Es ist dem erfindungsreichen Griechen durchaus zuzutrauen, daß er daran dachte, als er sich allein auf dem sinkenden Schiff befand. Wasser wurde damals, wie heute noch in manchen Teilen der Welt, in Schläuchen aus Ziegenleder mitgeführt, die haltbar genug waren, um Wind und Wetter, ja sogar den Strudel der Charybdis zu überdauern. Auch Getreide und Fleisch blieben in Ledertaschen haltbar. (Ich habe *biltong*, südafrikanisches Dörrfleisch, gegessen, nachdem es tagelang in den Satteltaschen unserer Pferde gewesen war. Schmackhaft war es nicht, aber es erhielt am Leben.)

Angenommen also, Odysseus habe sich auf einem behelfsmäßigen Floß fast zehn Tage lang über Wasser gehalten, wo lag nun diese Insel, an deren Strand er gespült wurde? Die Frage wurde im Altertum von Scholiasten und Geographen ausgiebig erörtert. Gerade solche Fragen waren es übrigens, die den Philosophen Seneca veranlaßten, sich gegen »die Kleinkrämerei der Literaturforscher« zu wenden und »die betriebsame Oberflächlichkeit der Schulen (zum Beispiel, wieviel Ruderer hatte Odysseus, und ähnliche Fragen)« zu verspotten. Die Freude sei Seneca und seinen Nachfolgern unbenommen. Dessen ungeachtet wollen wir zusehen, ob uns an diesem Punkt der »Odyssee«, und nur an diesem Punkt, jede verstandesmäßige Überlegung im Stich läßt.

Ein an der Ostküste von Sizilien treibendes Floß wird unfehlbar einen Drall nach Süden gehabt haben. Die grundlegenden Verhältnisse in diesen Gewässern haben sich seit Jahrtausenden erhalten, wenn auch kleinere Veränderungen eingetreten sind, wie zum Beispiel die Abschwächung der Strudel in der Straße von Messina. Odysseus trieb wahrscheinlich südwärts, weil der ganzen Ostküste entlang eine ausgeprägte Strömung nach Süden besteht. »An der Ostküste Siziliens, vom Breitenkreis des Ätna ab«, heißt es im Segelhandbuch, »besteht im Sommer und Herbst ein südwärts setzender Strom, mit einer Geschwindigkeit von ungefähr 0,2 Knoten; dieser Strom, in der Nähe der Küste recht spürbar, erstreckt sich über eine bis eindreiviertel Meilen vom Ufer weg; ein kurzes Stück darüber hinaus besteht meistens kein bestimmter Strom. Verursacht wird dieser nach Süden setzende Strom offenbar dadurch, daß die südwestliche Strömung an der Küste Süditaliens in der Nähe des Ätna auf die sizilianische Küste stößt ...«

Nun kann Odysseus überhaupt nur mit dem Schub des auflaufenden Wassers aus der Straße von Messina herausgekommen sein, und es dauerte wohl nicht lange, bis er von der hier herrschenden Uferströmung erfaßt wurde. Vom Wind wird im Text an dieser Stelle nichts gesagt, so daß es wohl am besten ist, man läßt ihn ganz aus dem Spiel, obwohl es natürlich vorteilhaft wäre, einen Nordwind vorauszusetzen. Es ist aber durchaus wahrscheinlich, daß auf den Schirokko und das unbeständige Wetter eine Reihe jener diesigen Herbsttage folgte, wo sich auf der Wasserfläche nichts regt als vereinzelt drüberhinlaufende Katzenpfoten.

Inseln gibt es heute vor der Ostküste Siziliens keine. Es finden sich da höchstens Felsklippen, die aber zu klein sind, um auch nur den Namen Inselchen zu verdienen. Allerdings gab es früher einmal eine kleine Insel unter der Küste, nämlich Ortygia, auf welcher die Stadt Syrakus erbaut wurde. Schon im Altertum hat man in dieser Insel das Ogygia der Kalypso sehen wollen. Ortygia ist eine sehr kleine Insel, die mit dem Festland seit jeher durch eine Mole verbunden ist. Heute liegt sie ungefähr eine Kabellänge, das heißt 185 Meter, vom Festland entfernt. Auch wenn man in Anschlag bringt, daß sich die Entfernung im Laufe der Zeit durch Anschwemmung und Ablagerung verringert hat, muß doch Ortygia immer nur eine »Insel« in Anführungszeichen gewesen sein, wie die der Kirke. Aber eine Insel in Anführungszeichen war die der Kalypso entschieden nicht.

Der Ausdruck, der verwendet wird, um Kalypsos Insel zu beschreiben, lautet »der Nabel des Meers«. Ortygia, auf dem Syrakus steht, hätte man nie mit diesen Worten beschreiben können. Was sich ferner aufdrängt, ist der Umstand, daß Odysseus nicht in der Lage war, ohne Hilfe der Kalypso von der Insel wegzukommen. Wenn er aber auf Ortygia festgehalten worden wäre, hätte er ohne weiteres ans sizilianische Ufer hinüberschwimmen können. Schwimmen konnte Odysseus ja. Es wär ihm ein leichtes gewesen, sein Floß zu erreichen, als es die Charybdis wieder hergab, und später mußte er ein gewaltiges Stück weit schwimmen, ehe er das Land der Phäaken erreichte. Auf Kalypsos Insel sehen wir ihn aber dasitzen und auf »die große Wüste des Meeres« hinausschauen, ohne entfliehen zu können, ehe ihm Kalypso selber zeigt, wo er das Holz und Zubehör finden kann, um sich ein Floß zu zimmern. Das kann niemals die Insel gewesen sein, auf der Syrakus gebaut wurde, selbst wenn die Beiwörter »einsam«, »mitten im Meer« und »schön bewaldet« jemals auf Ortygia zutrafen.

Im Ionischen Meer gibt es zwischen Sizilien und den Westgriechenland vorgelagerten Inseln keine andern Inseln; man muß deshalb weiter südlich suchen. Dabei ist es wichtig, sich zu vergegenwärtigen, daß der nach Süden setzende Strom heute noch besteht, wie schon vor dreitausend Jahren. Wer auf einem Floß unter dieser Küste dahintrieb, mußte immer weiter nach Süden gelangen, vorausgesetzt natürlich, daß es windstill war.

Ortygia kommt aus den angegebenen Gründen nicht in Frage, und andere Inseln gibt es vor dieser Küste keine außer der winzigen Isola Correnti, vor Kap Passero am südlichsten Zipfel von Sizilien. Sie weist dieselben Nachteile auf wie Ortygia; sie liegt zu nahe am Festland und hätte nie als »mitten im Meer« oder als »schön bewaldet« bezeichnet werden können. Über Sizilien hinaus gibt es nichts als die Maltesische Gruppe und die blaue Weite des Mittelmeers bis zur nordafrikanischen Küste.

Malta, die nächste Insel von Kap Passero aus, liegt etwa 150 Meilen von der Straße von Messina entfernt. Bei einer Stromversetzung von einem Knoten ergibt sich in neun Tagen und Nächten plus einem ganzen Tag eine Strecke von 228 Seemeilen. Bei einem halben Knoten kommt man in neun Tagen und Nächten plus einem ganzen Tag auf 114 Meilen. Mit irgendeiner Stromversetzung zwischen diesen beiden Punkten scheint es deshalb möglich, daß einer, der von der Straße von Messina her auf einem Floß dahintreibt, nach den Maltesischen Inseln gelangen könnte.

Gegen die Bestimmung Maltas oder seiner Schwesterinsel Gozo als die Heimat der Kalypso ist vor allem geltend gemacht worden, daß es in der »Odyssee« von dieser ausdrücklich heißt, es sei weit und breit die einzige Insel gewesen. Wie kann man Malta oder Gozo »vereinzelt« nennen, wo sie doch nahe beieinander liegen und von kleinen Nebeninseln wie Comino und Filfla umgeben sind? Die Frage hat Samuel Butler beschäftigt: »Jetzt muß ich nur noch die Insel der Kalypso finden, die in der ›Odyssee‹ der Nabel des Meers genannt wird, ein Vergleich, der sich nur auf eine einsame Insel beziehen kann und Malta oder Gozo samt ihren Nebeninseln ausschließt. Kalypso lebt für sich allein, von jedem Verkehr abgeschnitten – Odysseus kann nicht andere Inseln in Sichtweite gehabt haben, wenn er am Ufer saß und unter Tränen auf das Meer hinausschaute...« Gemäß seiner Theorie, nach welcher die »Odyssee« in Trapani entstanden ist, kommt Butler dann dazu, Pantelleria als Kalypsos Insel zu bezeichnen. Der triftige Einwand dagegen ist, daß Pantelleria nahezu 300 Meilen von der Straße von Messina entfernt liegt. Es ist mehr als unwahrscheinlich, daß Odysseus diese Strecke auf seinem Behelfsfloß überstanden haben könnte, geschweige denn in neuneinhalb Tagen. Was ebenfalls dagegen spricht, ist der Umstand, daß das Floß dann, nachdem es der Ostküste Siziliens entlang südwärts versetzt worden war, eine andere Richtung hätte einschlagen müssen, um 150 Meilen weit westwärts zu treiben. Das ist zur Not möglich, aber höchst unwahrscheinlich. Der nach Süden setzende Strom hätte ihn, wie gesagt, nach der Südspitze Siziliens gebracht, doch von dort »besteht meistens ein leichter, nach Südost setzender Strom«. Dieser Strom hätte Odysseus zwar nach Malta bringen können, niemals aber nach Pantelleria.

Aus wetter-, erd- und meereskundlichen Gründen scheint mir keine Insel oder Inselgruppe als Kalypsos Heimat in Frage zu kommen außer den Maltesischen Inseln. Was soll man dann mit dem Ausdruck »allein auf weiter See« anfangen, der Malta oder Gozo auszuschließen scheint? Es würde sie ausschließen, wenn der Dichter aus Erfahrung spräche und die beschriebenen Orte selber gesehen hätte. Das behauptet aber niemand. Er bezog seine Kenntnisse aus der Reiseschilderung eines Seefahrers, aus Sprüchen, wie sie unter Seeleuten gang und gäbe waren, oder möglicherweise sogar aus der ursprünglichen Berichterstattung des Odysseus selber, falls sie sich in mündlicher Überlieferung erhalten hatte.

Was Odysseus anbetraf, hätte er geradesogut auf einer vereinzelten Insel schmachten können. Ob er nach Malta oder Gozo verschlagen wurde, spielt vorläufig keine Rolle. Welche es immer war, er hätte auf die andere hinüberschwimmen können – schwierig ist es nicht, ich habe es selber getan, und ich bin im Schwimmen nicht tüchtig. Auf der anderen Insel angelangt (ob es nun Malta oder Gozo war), hätte er immer noch ringsum »die große Wüste des Meeres« vor sich gehabt. Er wäre Ithaka nicht näher und überhaupt nicht besser dran gewesen.

Ich weiß von keiner Stimme aus dem Altertum, die Malta oder Gozo für die Insel der Kalypso erklärt. »Die Chronisten dieser Inseln«, schreibt Vittorio Boron, »haben auch behauptet, Gozo sei das Ogygia Homers ... Mit dieser Behauptung wollten sie, wie die Geschichtsschreiber im Mittelalter allgemein, für ihr eigenes Land einen vorteilhaften Platz in der – wirklichen oder erfundenen – Geographie des Altertums sichern; und so ist denn auch Kalypso zu mindestens zwanzig Heimatinseln gekommen. Jedenfalls wird Gozo von den Maltesen heute die Insel der Kalypso genannt, und ihre Grotte kann dort von Leichtgläubigen jederzeit bewundert werden.«

Ich habe sie selber bewundert; es ist eine schöne Grotte in reizvoller Umgebung, aber für mich ebensowenig überzeugend wie irgendeine Grotte. Man kann höchstens sagen: »Gewiß, das kann sie gewesen sein – wie noch ein Dutzend andere Grotten auf Malta oder Gozo auch.« Es handelt sich da um ein Stück mittelländischen Volksglaubens, und um dergleichen geht es mir nicht. Es geht mir um die Maltesischen Inseln, weil diese die einzigen sind, auf die jemand verschlagen werden konnte, der zehn Tage lang auf einem Floß von der Straße von Messina her auf dem Meer getrieben hatte. Daß es mehrere Inseln sind, ändert nichts an der Tatsache, daß sie »allein auf weiter See« liegen, fern von jedem Festland und meilenweit entfernt von Odysseus' langersehnter Heimat.

Der Name Ogygia, wie Kalypsos Insel bei Homer heißt, wird von einigen von derselben Wurzel wie »Okeanos«, der Ozean, abgeleitet. Der sagenhafte Urkönig von Theben hieß Ogyges, was auf zwei bemerkenswerte Sachverhalte führt. Erstens soll die Große Überschwemmung, eine Sintflut, während der Herrschaft des Ogyges stattgefunden haben. Zweitens war es Theben, wo die Griechen durch die Phönizier den Gebrauch der Buchstabenschrift kennengelernt haben sollen. Besteht irgendein

Grund, um Malta oder den Maltesischen Archipel mit der Sintflut oder mit den Phöniziern in Verbindung zu bringen? Es bestehen deren mehrere. Die Maltesischen Inseln waren schon jahrhundertelang bewohnt, ehe das Mittelmeerbecken überschwemmt wurde, wie aus bemerkenswerten Funden neolithischer Kultur hervorgeht, die hier gemacht wurden. Malta ist das Stück einer alten Landbrücke, die einst Italien und Afrika verband. Es ist deshalb ein Ort, wo die Kunde von der Großen Überschwemmung sehr wohl überliefert werden konnte. Zweitens, und das ist besonders wichtig, bestehen gute Gründe, um Malta mit den Phöniziern in Verbindung zu bringen. Es waren die Phönizier, die als erste die großartigen Häfen Maltas benutzten und diese den Griechen jahrhundertelang vorenthielten.

»Das erste Auftreten der Phönizier auf Malta geht auf den Anfang des ersten vorchristlichen Jahrtausends zurück«, schreibt T. D. Kendrick. »Städte wurden jedoch erst später gegründet, das heißt, ungefähr im 8. und 7. Jahrhundert v. Chr. Die Insel war offenbar eine bedeutende Kolonie, und die Überreste phönizischer Kultur sind von beträchtlichem Interesse.« Mit andern Worten, Malta gelangte in der phönizischen Welt damals zu großer Bedeutung, als Homer an der Arbeit war – dabei war es den Phöniziern schon mehrere Jahrhunderte vorher bekannt gewesen.

Es waren die Phönizier, die der Insel zuerst ihren Namen gaben: Maleth oder Malet – was Hafen oder Versteck heißt. Als dann die phönizische und karthagische Macht abnahm und griechische Händler nach Malta kamen, machten sie sich den Namen als »Melita« mundgerecht, was Honig heißt, ein Erzeugnis, für das die Insel berühmt war. (Erst unter arabischer Besetzung erhielt der Name seine jetzige Form.) Nun hängt der Name »Kalypso« mit dem griechischen *kalyptein* (verbergen, verstecken) zusammen, und *nesos Kalypsous*, wie die Insel der Kalypso bei Homer heißt, läßt sich am besten mit »die Insel des Verstecks« wiedergeben. *Nesos Kalypsous* ist deshalb nichts anderes als eine Übersetzung von »Maleth« ins Griechische. Homer hatte von dem entlegenen Hafen oder Versteck gehört, hatte aber keine Ahnung, wo das war oder daß es zu einer kleinen Inselgruppe gehörte. Karl Kerényi beschreibt Kalypso als eine der Töchter des Okeanos und sagt von ihr, sie habe »die bergende Höhle« im Namen. Sie ist die Göttin der Höhle auf der Insel Maleth, dem Schutzhafen, wo der Seefahrer geborgen ist.

Die merkwürdige, aber unverwechselbare Bezeichnung von Kalypsos Insel als »Nabel des Meers« kann sich nur auf einen einzigen Ort im Mittelmeer beziehen. Fünfzig Meilen südlich Siziliens, in beherrschender Stellung zwischen Ost und West, sind die Maltesischen Inseln fast gleich weit entfernt von Gibraltar einerseits und Zypern anderseits. Maltas Bedeutung als der sicherste Hafen im Mittelpunkt der Seewege entging den Phöniziern nicht, ebensowenig wie 2000 Jahre später Sultan Soliman dem Großen, dem vorschwebte, als Herr der Welt könne er oder sein Nachfolger »von dieser nicht unangenehmen Felseninsel aus seine Gesetze erlassen und auf die Schiffe im sicheren Hafen herunterschauen«.

Es ist begreiflich, daß die Phönizier, die die Häfen von Malta als erste gebrauchten, die Insel als ein »Versteck«

andern vorenthalten wollten. Es gibt im ganzen Mittelmeer nichts, was sich dem *Grand Harbour* von Malta an die Seite setzen ließe, und es ist ein natürlicher Hafen. Er bedurfte nie künstlicher Anlagen, um als idealer Hafen zu dienen, ein unschätzbarer Vorteil zu einer Zeit, als man sich noch nicht darauf verstand, künstliche Hafenanlagen zu errichten. Den Phöniziern der Frühzeit war Malta noch aus einem andern Grunde wichtig: es lag nur zweihundert Meilen von der nordafrikanischen Küste entfernt, an der sie auf ihren Seefahrten vorbeisegelten, die sie von Tyros und Sidon aus unternahmen. Malta war für sie ein idealer Wasserplatz auf dem Weg nach Sizilien, besonders seit Karthagos Gründung. Kein Wunder, daß der Name »Maleth« in ihrer Seeliteratur verzeichnet oder von Seefahrern mündlich überliefert wurde.

Wenn also aus allen diesen Gründen Malta sich für die Rolle als Kalypsos Insel eignet, darf man doch wohl nicht auch noch erwarten, hier Anklänge an einen Mutter-Kult zu finden, wie es ihn auf dem Monte Circeo gab? Indessen deutet alles darauf hin, daß es genau das auf Malta gegeben hat, sowohl vor dem Auftreten der Phönizier als auch nachher. Die auffälligsten unter den Statuetten und Statuen, die auf Malta ausgegraben wurden, sind solche, die sogenannte »Kabiren« darstellen – »Gestalten, so dick wie tunesische Jüdinnen, die wie chinesische *poussahs* auf dem Boden sitzen. Diese haben bestimmt mehr mit Ceres als mit Vulkan, mehr mit Fülle und Fruchtbarkeit als mit unterirdischer Arbeit zu tun. Im Ortsmuseum wird auch ein Altar aufbewahrt, der mit einer von Voluten flankierten, eiförmigen Gestalt verziert ist, als Symbol des Weltalls« (W. K. R. Bedford).

Diese Dinge wurden gegen Ende des 19. Jahrhunderts in Hagiar Kim ausgegraben. Sie bringen dieses uralte Heiligtum deutlich in einen Zusammenhang mit der Verehrung jener Mutter-Göttin, deren Schatten unverkennbar auf dem ganzen Mittelmeergebiet lag, bevor die Griechen und Römer ihm ihren Stempel aufdrückten. »Es gibt noch einen andern, gut erhaltenen Tempel, einige hundert Meter von Hagiar Kim entfernt, was auf eine dichte Bevölkerung in dieser Gegend schließen läßt, und alle Bodenerhebungen am Süd- und Westufer stekken voller Grotten, Höhlen und Grüfte, die auf die Zeit der Phönizier zurückgehen.« Wer die Grotte der Kalypso suchen will, hier kann er sie finden. Ist es wiederum nur Zufall, daß der griechische Held hier von einer heiligen Priesterin festgehalten wird, die in einer Grotte wohnt?

Ein weiterer Zusammenhang besteht zwischen Odysseus' Fahrt zu den Säulen des Herakles und der Insel der Kalypso. Es ist das der Melkarth-Kult, den die Phönizier auf Malta ebenfalls einführten. Hier wurde im 17. Jahrhundert eine zweisprachige Inschrift gefunden, bei der die griechische Übersetzung des sidonischen Textes dazu beitrug, daß man die phönizische Sprache verstehen lernte. Angerufen wird in dieser Inschrift »Mein Herr, Melkarth, Herrscher von Tyros«, wobei die griechische Übersetzung für Melkarth »Herakles« einsetzt.

Es gibt einen weiteren Punkt, der einen Zusammenhang zwischen Kalypsos Grotte und Malta herzustellen scheint. Man hat in Kalypso unter anderem auch eine Todesgöttin sehen wollen, was sie bestimmt nicht war. Im Gegensatz zu den Griechen, die ihre Toten begruben oder verbrannten, pflegten jedoch die Phönizier sie in Grotten zu bestatten, meistens horizontal, mit den Füßen nach Westen.

Homer hat so oder so von einer verborgenen Insel gehört, über die eine Göttin oder Priesterin herrschte. Während jedoch auf Kirkes Insel die Priesterin in einem Tempel oder einem vornehmen Haus wohnte, wohnt die Priesterin dieser andern Insel in einer Grotte. Nun haben die hauptsächlichsten Tempel aus phönizischer oder vorphönizischer Zeit auf Malta alle etwas Grottenähnliches, auch wenn sie nicht buchstäblich aus dem Felsen ausgehöhlt sind. Bei so viel Anzeichen, die alle in der einen Richtung deuten, besteht für mich kein Zweifel mehr, daß Malta die Insel der Kalypso war. Hier wurde Odysseus auf seinem behelfsmäßigen Floß an den Strand gespült.

KALYPSO

Sieben Jahre lang wurde Odysseus von der schönen Kalypso auf ihrer Insel festgehalten. Die Zahl hat an sich wenig zu bedeuten, obwohl sich vielleicht denken läßt, daß sie etwas mit dem Mondzyklus zu tun hat und somit einen weiteren Hinweis auf die Mutter-Göttin darstellt. Das weibliche Prinzip, dem Kalypso oder die Priesterin auf Malta diente, scheint eine Doppelgottheit gewesen zu sein (wie Isis und Nephthys in Ägypten); eine Anzahl der maltesischen Tempel sind nämlich paarweise gebaut. Es gibt solch ein doppeltes Heiligtum in Borg en Nadur und ein weiteres in Tal Bakkari. M. A. Murray kommt in seinen »*Excavations in Malta*« zum Schluß, das göttliche Paar auf Malta sei wohl weiblich gewesen, und beschreibt dann eine der Statuetten, indem er sagt, »die stehende Figur läßt den einen Arm hängen, den andern hat sie unter den Brüsten quer über den Leib gelegt. Es ist dies eine im östlichen Mittelmeer bei (meist weiblichen) Gottheiten häufige Haltung.«

Wenn die »hehre, melodische Göttin« Kalypso, die so viele Jahre ihr Lager mit Odysseus teilte, wie die auf Malta ausgegrabenen weiblichen Statuetten aussah, dann begreift man vielleicht, warum Odysseus so sehr daran lag, in die Arme der Penelope zurückzukehren. Diese Figuren leiden eine wie die andere an Steatopygie; sie weisen alle den übertriebenen Fettsteiß auf, den die afrikanischen Pygmäen noch als Kriterium weiblicher Schönheit betrachten. Merkwürdigerweise ist dieser Typ trotz jahrtausendelanger Fremdbesetzung auf der Insel heute noch zu sehen. Im Laufe des Jahres, als ich in dem Dorf St. Paul an der Ostküste Maltas wohnte, habe ich täglich solche Kalypsos gesehen – die Frau in der Kolonialwarenhandlung, diejenige in der Dorfwirtschaft, die Bäckersfrau, die den ganzen Tag unter der Tür saß und strickte. Überhaupt, wohin ich immer schaute, sah ich unter den verheirateten Frauen genau dieselben kurzbeinigen, fettsteißigen Gestalten wie die vor dreitausend Jahren, die jetzt im Museum zu sehen sind. Als junge Mädchen sind die Malteserinnen indessen oft schlank und bezaubernd; erst nach einigen Jahren kinderreicher Ehe gehen sie so grotesk in die Breite.

Es fällt auf, daß Odysseus, der mit Kirke vollkommen glücklich gewesen zu sein scheint – er mußte ja von seinen Gefährten zur Weiterreise gedrängt werden –, für Kalypso offenbar gar nicht die gleichen Gefühle aufbrachte. Ähnlich wie Edward Lear, ein anderer Einzelgänger, der auf Malta zu Besuch war (und die Insel in einem seiner schönsten Aquarelle festgehalten hat), sitzt Odysseus da und »weint am Strande des Meeres, er weint hoch oben am Berg...«

Ist es frivol, die Vermutung zu äußern, Kalypso habe ihre Reize verloren, nachdem sie Kinder zur Welt gebracht hatte? Der Überlieferung zufolge soll sie Odysseus Zwillinge geschenkt haben, Nausithoos und Nausinoos, den draufgängerrischen Seemann und den schlauen Seemann. Nach andern soll sie ihm noch einen dritten Sohn, Latinus, geboren haben, den Urahn der Latiner. Wahrscheinlich muß es als Beweis seiner Männlichkeit aufgefaßt werden, daß Odysseus niemals Töchter zeugte – Penelope gebar ihm den Telemachos; Kirke den Telegonos und nun Kalypso mindestens einen, möglicherweise drei Söhne. – Noch heute gilt es in Griechenland, wie auch anderswo, als das größte Unglück, keine Söhne zu haben. Ein alter Fischer auf Leukas sagte mir einst, er habe keine Kinder, worauf ihm der Hafenmeister des Ortes bedeutete, er habe doch drei Töchter. »Frauenzimmer zähle ich nicht«, erwiderte der alte Mann. Was auch immer Odysseus im Laufe seines Lebens an Unglück erleben mußte, daß er Töchter gezeugt habe, wurde ihm nie vorgeworfen.

Man hat das Gefühl, Odysseus hätte nach den entbehrungsreichen Jahren froh sein können, auf der Insel zu bleiben, auch wenn er sich von Natur aus gegen das häusliche Leben sträubte. Die Schilderung der Höhlenbehausung, die ihm Kalypso bot, gehört zu den reizvollsten Stellen des Gedichts: »Rings um die Grotte wuchs ein Hain voll grünender Bäume, Pappelweiden und Erlen und düftereiche Zypressen. Unter der Laube wohnten die breitgefiederten Vögel, Eulen und Habichte und breitzüngichte Wasserkrähen, welche die Küste des Meers mit gierigem Blicke bestreiften. Um die gewölbete Grotte des Felsens breitet' ein Weinstock seine schattenden Ranken, behängt mit purpurnen Trauben. Und vier Quellen ergossen ihr silberblinkendes Wasser, eine nahe der andern, und schlängelten hiehin und dorthin. Wiesen grünten umher, mit Klee bewachsen und Eppich ...« Doch Odysseus konnte die Seegeräusche nicht vergessen. Er dachte an Wasser wie Glas an einem strahlenden Morgen, er vermeinte wieder den Wohlgeruch des Tannenholzes wahrzunehmen und des Teers, fingerdick auf dem Kiel aufgetragen.

Wenn es überhaupt in Betracht käme, Kalypsos Wohnstätte auf Malta ausfindig zu machen, würde ich mich mit irgendeinem Ort an der Westküste zufrieden geben, vielleicht in der Gegend von Dingli oder sonstwo. Auf dieser Seite der Insel fällt mehr Regen und die Landschaft ist mancherorts fast üppig, was eine Überraschung bedeutet für den Fremden, der die kahle Gegend um Grand Harbour gewohnt ist und die nordafrikanische Trostlosigkeit, wie sie zum Teil an der Ostküste herrscht. Die Steilküste auf der Westseite der Insel ist voller Höhlen, von solchen aus der Urzeit bis zu den phönizischen Grabgewölben und so weiter durch die Jahrhunderte, nicht zu vergessen die Höhlen, in denen im zweiten Weltkrieg Flüchtlinge Unterschlupf fanden.

Homer hatte die Insel nie gesehen und ergeht sich nur in lustvollen Fabeleien, indem er dem Zuhörer alles das vorgaukelt, was im ausgedörrten östlichen Mittelmeer am begehrtesten ist – Trauben und üppige Bäume, wildwuchernde Wiesen und kristallklare Quellen.

Man hätte also erwarten können, daß Odysseus nach Jahren auf der wüsten See sich in dieser angenehmen Umgebung wohl gefühlt hätte. Wein war vorhanden und Obst und die vorzüglichen Fische, die noch heute in diesen Gewässern vorkommen – Thun, *lampuki* und Seebarbe – was will ein Schiffbrüchiger mehr? Anfänglich wird auch Odysseus sich glücklich geschätzt haben, daß es ihn an die Gestade der Kalypso verschlagen hatte. Aber die »Odyssee«, und das ist vielleicht die Hauptsache daran, ist als die Geschichte von einem guten Familienvater und einer guten Familie gedacht. Sie ist auf einen Gegensatz angelegt zwischen der Geschichte von

Agamemnon, Klytämnestra und Orestes (der unglücklichen Familie) und der von Odysseus, Penelope und Telemachos, die als Vorbilder häuslichen Sinnes dargestellt werden. Nur bei Kirke läßt Odysseus sein Familiensinn vorübergehend im Stich. Als Prinzgemahl der Priesterin oder Göttin Kalypso hingegen ist ihm keine glückliche Rolle zugeteilt.

Auch als sie ihm Unsterblichkeit verhieß, wollte er nichts davon wissen; zweifellos war ihm bekannt, wie es Tithonos ergangen war. Auch ohne zu den Unsterblichen zu gehören, erhielt Odysseus einen Vorgeschmack der Langeweile, wie sie die Götter heimsucht. Wenn er im Sommer über die heiße Insel und die endlose Bläue der See hinblickte, mag er mit Tennysons Tithonus geseufzt haben:

»Ich welke in deinen Armen dahin
an dieser stillen Grenze der Welt...«

Nach sieben Jahren Verbannung wurde er von seinem Urahn Hermes erlöst, der von Zeus ausgesandt worden war, um Kalypso den Befehl zu überbringen, Odysseus ziehen zu lassen. Bei Kalypsos Begegnung mit dem Götterboten erhalten wir einen Begriff davon, was Homer wirklich von den Unsterblichen hielt. Nachdem Hermes gesprochen hatte, erwiderte Kalypso: »Grausam seid ihr vor allen und neidischen Herzens, ihr Götter! Jeglicher Göttin verargt ihr die öffentliche Vermählung mit dem sterblichen Manne, den sie zum Gatten erkoren.«

Dennoch muß sich Kalypso dem Gebot des allmächtigen Zeus fügen. Sie wendet zwar ein, sie verfüge ja gar nicht über ein Schiff; doch wird ihr das Versprechen abgenötigt, sie werde Odysseus die Heimkehr ermöglichen und ihm »mit Rat beistehn, daß er ohne Gefahr die Heimat wieder erreiche«. Nachdem Hermes gegangen ist, begibt sie sich an den Strand, wo Odysseus seine Tage vertrauert. Er hat es längst aufgegeben, so zu tun, als fühle er sich auf ihrer Insel wohl; sein Verhalten kann sogar als höchst ungalant bezeichnet werden: »Ach, in Tränen verrann sein süßes Leben, voll Sehnsucht heimzukehren. Schon lange nicht mehr gefiel ihm die Nymphe; sondern er ruhte des Nachts in ihrer gewölbeten Grotte ohne Liebe bei ihr, ihn zwang die liebende Göttin; aber des Tags saß er auf Felsen und sandigen Hügeln und zerquälte sein Herz mit Weinen und Seufzen und Jammern...« Kalypso kann einem geradezu leid tun, und man muß zugeben, daß sie sich trotz allem tadellos benimmt.

Ohne Odysseus Vorwürfe zu machen, gibt sie ihm sogleich Anweisungen, wie er von der Insel wegkommen kann. Odysseus allerdings ist auch jetzt noch mißtrauisch. Ihr Vorschlag, er solle ein Floß bauen und sich damit auf die hohe See hinausbegeben, kommt ihm verdächtig vor; er sagt ihr rundheraus, sie habe es damit wohl auf etwas anderes als seine Rettung abgesehen. Daß er ihre Beweggründe verdächtigt, bestärkt sie aber nur in ihrer Liebe zu ihm. Wer je in der Levante gelebt hat, weiß, daß Verschlagenheit und Arglist dort in hohem Ansehen stehen. Die Eigenschaften, wie sie bei uns ein König Arthur, ein Karl der Große oder ein Abraham Lincoln verkörpern, gehören nicht zu denen, die im östlichen Mittelmeer am meisten verehrt werden. Das Verhalten des Odysseus, das uns manchmal eher schäbig als bewundernswert vorkommt, wurde von den Zeitgenossen Homers ganz anders gesehen; auch heute noch denken die Griechen da übrigens anders als wir.

Kalypso führt nun Odysseus in eine Gegend der Insel, wo Bäume wachsen, deren Holz sich für den Schiffbau eignet. Erlen, Pappeln und Tannen stehen da, und obwohl es der Dichter nicht sagt, waren es sicher die Tannen, die Odysseus als erste fällte, mit der »mächtigen Axt, von gehärtetem Erze geschmiedet, unten und oben geschärft«, die ihm Kalypso zur Verfügung stellte. Zwanzig Bäume in allem fällte er und machte sich dann mit dem Beil und den Bohrern, die ihm Kalypso ebenfalls besorgte, daran, sich ein Floß zu zimmern. Die Beschreibung Homers, wie Odysseus dabei vorging, ist so sachlich und fachgemäß, als stammte sie aus einem Lehrbuch. »Zwanzig Bäume fällt' er, umhaute mit eherner Axt sie, schlichtete sie mit dem Beil und nach dem Maße der Richtschnur. Jetzo brachte sie Bohrer, die hehre Göttin Kalypso. Und er bohrte die Balken und fügte sie wohl aneinander, und verband nun das Floß mit ehernen Nägeln und Klammern. Von der Größe, wie etwa ein kluger Meister im Schiffbau zimmern würde den Boden des breiten räumigen Lastschiffs, baute das breite Floß der erfindungsreiche Odysseus. Nun umstellt' er es dicht mit Pfählen, heftete Bohlen ringsherum, und schloß das Verdeck mit langen Brettern. Dann verfertigte er den Mast, von der Rahe durchkreuzet. Endlich zimmert' er sich ein Steuer, die Fahrt zu lenken. Beide Seiten des Floßes beschirmt er mit weidenen Flechten gegen die rollende Flut, und schüttete trocknes Gezweig ein.« Aus Tuch, das ihm Kalypso gab, verfertigte er ein Segel. Darauf setzte er den

Mast ein und verstagte ihn und brachte das laufende Gut an.

Die Frage, wie Odysseus im einzelnen vorging, ist von E. H. Warre gründlich untersucht worden, der auch eine einleuchtende Zeichnung des fertigen Floßes herstellte. Die berühmte Fahrt mit dem »Kon-Tiki« genannten Floß hat den heutigen Leser mit dem Aufbau eines solchen Fahrzeugs vertraut gemacht, wie auch mit dessen Seetüchtigkeit. Ich möchte deshalb nur noch einmal betonen, daß mir Homers Beschreibung durchaus zutreffend erscheint. Klar und knapp wird hier ein Verfahren geschildert, wie man es auch heute noch beim Bau eines ähnlichen Fahrzeugs anwenden würde.

Das von Homer beschriebene Floß ist ganz ähnlich gebaut, wenn auch in verkleinertem Maßstab, wie die Lastkähne, die heute noch auf dem Nil verkehren. Es ist durchaus möglich, daß der Dichter durch griechische Freibeuter, die in Ägypten gewesen waren, von solchen Fahrzeugen gehört hat. Auch auf dem Euphrat sind Flöße von ähnlicher Bauart seit Menschengedenken verwendet worden; und die Phönizier kannten solche Segelflöße sicher lange vor den Griechen.

Einwände, wie sie im 19. und 20. Jahrhundert gegen die Glaubwürdigkeit der Fahrt des Odysseus erhoben wurden, waren auf Unkenntnis gegründet. Stubengelehrte hatten damals noch keine Ahnung, was der Mensch alles aushalten kann. Genau wie an dem Floß des Odysseus nichts Unseemännisches dran ist, so ist auch an all seinen Abenteuern auf See nichts, was den Überlebenden unseres Jahrhunderts unglaubwürdig vorkäme.

Bemerkenswert ist, daß der Verfasser der »Odyssee« jene wichtigen Einzelheiten nicht übergeht, die in Dichtwerken oft fehlen – das Essen und Trinken. Kaum war das Floß fertig und auf Gleitbohlen zu Wasser gebracht, als Kalypso auch schon zur Hand war mit dem Mundvorrat. Zwei Lederschläuche legte sie ihm ins Boot, einen voll Wein und einen voll Wasser. Und auch hier wieder dieser wirklichkeitsgetreue Zug – »es war der größere, der voll Wasser war«. Klar! Wein ist zwar anregend, aber nicht durststillend, und wer mit einem Floß auf große Fahrt geht, wird lieber genügend Wasser mitnehmen. Auch einen Sack Getreide gab ihm Kalypso und eine Menge »herzerfreuender Speisen«. Vernünftig, wie sie war, hatte sie ihn auch noch gebadet und mit frischen Kleidern ausgestattet.

»Frischgebadet und angetan mit duftenden Kleidern«, war Odysseus reisefertig. Er hatte alles, was einer braucht, der allein eine lange Seefahrt antritt.

ÜBERS IONISCHE MEER

Es war vermutlich Sommer, als Odysseus von Kalypsos Insel ablegte. Zu dieser Jahreszeit war der Versuch, das Mittelmeer auf einem gutgebauten Holzfloß zu überqueren, nicht allzu gewagt. Ich bin im Juli mit einer offenen Jolle rund um Malta gesegelt und habe mir von einer Überfahrt von Sizilien nach Malta erzählen lassen, die zwei junge Leute mit einem Faltboot bewältigten.

Kalypso hielt Wort und gab ihm auch noch seine Segelanweisung. Verglichen mit Kirkes Ratschlägen war ihr Rat die Einfachheit selber. Es ist auch nicht einzusehen, warum er es nicht hätte sein sollen; um von Malta nach Griechenland zu kommen, brauchte man nur nach Osten zu halten. Irgendein Kurs zwischen Ost und Nordost mußte Odysseus an die Westküste Griechenlands bringen, und einmal dort – ob nun vor dem Peloponnes oder etwas nördlicher –, kannte Odysseus sich aus. In den Gewässern westlich Griechenlands war er zu Hause, und auf dem Weg in den Trojanischen Krieg war er neunzehn Jahre vorher rund um den Peloponnes gekommen. Sirenen, Vulkane und Strudel, vor denen man ihn hätte warnen müssen, gab es da nicht. Zwischen Malta und Griechenland hat man außer den üblichen Gefahren von Wind und Wetter nichts zu befürchten.

Kalypsos Anweisung hatte gelautet, Odysseus solle dafür sorgen, »daß er auf seiner Fahrt den Bären, auch Wagen genannt, immer zur Linken behalte«. Solange er dieses Sternbild, das »allein von allen sich nimmer im Ozean badet«, immer an Backbord habe (das heißt links, in der Fahrtrichtung gesehen), werde er nach Hause gelangen. Das stimmte, und wenn heute einer mit einem kleinen Boot ohne Kompaß von Malta nach Griechenland wollte, würde er es genauso halten. Mit dem Sternbild des Großen Bären zur Linken, würde er ohne weiteres Osten anliegen.

Aus der Segelanweisung ergibt sich ein weiterer, nicht unwesentlicher Punkt. Ein Seemann – das gilt wohl für damals so gut wie für heute – faßt alles mit Bezug auf seine Fahrtrichtung auf. Um diese geht es ihm, und wenn man einem Segler heute sagte, er solle einen bestimmten Stern oder ein Licht an Backbord halten, dann würde er das nicht so auffassen, als sei damit »*irgendwo* zur Linken, von vorn bis fast achtern« gemeint. Im allgemeinen würde er so steuern, daß er das betreffende Ding an Backbord querab hielte, das heißt, in einem Winkel von fünfundvierzig Grad zur Fahrtrichtung. Nun genügte es, wie gesagt, wenn Odysseus nach Osten hielt, um nach Griechenland zu gelangen. Aber die Anweisung, die er erhielt, war noch etwas deutlicher; es wurde ihm gesagt, er solle den Bären »zur Linken« halten, was damals wohl dasselbe hieß, was es heute heißen würde, nämlich irgendwo an Backbord voraus. Das war als Anweisung noch nützlicher, gab es ihm doch einen Nordostkurs – und die Ionischen Inseln liegen nordöstlich von Malta.

So legte denn Odysseus von der Insel ab und hielt auf das Ionische Meer hinaus, wobei ihm tagsüber die Sonne ungefähr, und nachts der Große Bär ziemlich genau die Himmelsrichtung angab. Kalypso, die sich bei seiner Abreise des Jammerns enthalten hatte, kehrte vermutlich in ihre heilige Grotte zurück, wo die Dienerinnen ihrer

harrten, und zweifellos zwei, vielleicht sogar drei kleine Halbgriechen sich im Sande tummelten.

Mit einem »lauen Lüftchen«, Kalypsos letztem Geschenk, kam Odysseus von der Insel ab, und »freudig spannte der Held im Winde das schwellende Segel«. Wahrscheinlich handelte es sich um einen Westwind, kommt doch vor Malta der Wind im Sommer meistens aus dieser Richtung. Jedenfalls war ein Westwind das, was er brauchte; so konnte er entweder backstagsweise oder vor dem Wind segeln. Die Fahrt verlief ereignislos, und man kann sich vorstellen, daß er jeweils längere Zeit, wahrscheinlich tagsüber, das Steuer festzurrte, während er sich Schlaf gönnte. Nachts mußte er unbedingt wach bleiben, um nach dem Großen Bären steuern zu können. Solange der Westwind anhielt, hätte er allerdings auch das Segel bergen und sich ausruhen können, da mitten auf dem Ionischen Meer keine Strömungen vorkommen, außer solchen, die durch den Wind verursacht werden. Diese örtlichen Strömungen können recht beträchtlich sein, wenn der Wind mehrere Tage lang aus derselben Richtung geweht hat; Odysseus hätte also ohne weiteres schlafen können, um sich unterdessen sachte ostwärts treiben zu lassen. Im Text heißt es allerdings, er habe nie geschlafen, sondern stets die Sterne und vor allem den Großen Bären im Auge behalten. Ich betrachte das als Bestätigung, daß er hauptsächlich des Nachts segelte, wo er genauer Kurs halten konnte. Kein Mensch kann sich siebzehn Tage und Nächte lang wach halten, und das war die Zeitspanne, die Odysseus brauchte, um die Westufer Griechenlands zu erreichen. »Siebzehn Tage befuhr er die ungeheuren Gewässer. Am achtzehnten erschienen die fernen schattigen Berge von dem phäakischen Land.«

Ich bin überzeugt, daß mit dem Land der Phäaken Korkyra gemeint ist, oder Korfu, wie man es meistens nennt. Nehmen wir vorläufig an, daß das so sei, um die Fahrt auf dem Floß näher zu betrachten, was Wind, Wetter und Entfernung anbetrifft. Auf geradem, nordöstlichem Kurs sind es von Grand Harbour, Malta, bis zu einem Punkt vor der Nordwestküste Korfus 330 Seemeilen. Natürlich ist es nicht möglich, die Fahrtleistung eines Floßes zu berechnen, bei dem man weder Länge über alles noch Segelfläche kennt und auch nicht weiß, welche Kurse gesteuert wurden und wie es mit Windstärke und Windrichtung stand. Geht man aber von den wenigen Angaben aus, die vorliegen – Fahrtdauer und Entfernung –, dann kommt man auf eine täglich zurückgelegte Strecke von etwas unter zwanzig Meilen. Das heißt, daß das Floß des Odysseus durchschnittlich etwa dreiviertel Knoten Fahrt machte.

Das ist nicht viel, für ein kleines Floß mit nur einem Mann an Bord und einem nicht sehr leistungsfähigen Segel aber durchaus angemessen. Es muß offenbar Zeiten gegeben haben, wo das Floß zwei oder mehr Knoten Fahrt machte, während es ein andermal vielleicht fast still lag oder sogar zurückfiel. Wenn Kalypso Odysseus geraten hätte, den Großen Bären zur *Rechten* zu halten oder auf ihn zuzusteuern, dann hätte man füglich behaupten können, »alles das spielt sich im Reich der Fabel ab«. Sinnlos wäre es auch gewesen, wenn Odysseus die Strecke in fünf Tagen bewältigt hätte. Ebenso wären fünfzig Tage unglaubhaft gewesen, schon weil dafür seine Vorräte wohl nicht ausgereicht hätten. Aber siebzehn Tage hat in jeder Hinsicht seinen guten Sinn.

»Dunkel erschien ihm das Land, wie ein Schild, im Nebel des Meeres...« Eine wunderbar zutreffende Beschreibung von Korfu, von der See her gesehen. Doch davon später, denn kaum war Odysseus in Sichtweite der Ionischen Inseln, als, wie schon einmal, ein Wetterumschlag eintrat. Aus dem, was folgt, geht hervor, daß er sich etwas nördlich der Insel befand, als er Korfu sichtete, wahrscheinlich im Kanal zwischen Fano und Korfu, der immer gefährlich ist, wenn die Bora weht. Von den Wetterverhältnissen in diesem Gebiet war bereits die Rede, so daß nur noch einmal festgestellt sei, daß Gewitter, Fallböen und plötzliche Sturmwinde diesen Teil des Ionischen Meers kennzeichnen.

Poseidon, heißt es, hatte den Äthiopiern einen Besuch abgestattet und befand sich auf dem Rückweg nach dem Olymp, als er Odysseus auf seinem Floß erblickte, wie er auf das Land der Phäaken zusteuerte. Der Meeresgott wußte, daß dies der Ort war, wo es Odysseus beschieden sein sollte, das Ende seiner Leidenszeit zu erleben, was ihn sogleich zum Aufbrausen brachte. »Unter sich stürmten der Ost und der Süd und der sausende Westwind...« Soweit mag dichterische Freiheit vorliegen. Doch die Zeile, »auch der hellfrierende Nordwind wälzte gewaltige Wogen«, hat viel für sich. Der gefährlichste Wind in dieser Gegend ist die Bora, der Nordwind, der die ganze Adria herunter weht, von Triest weg (wo ich erlebt habe, daß auf den Straßen der Stadt Halteleinen gespannt wurden, damit es die Leute nicht umwarf).

In dem tobenden Aufruhr fällt eine bergehohe See über

Odysseus' Floß her, das Steuerruder wird ihm aus der Hand gerissen, Mast, Rah und Segel gehen über Bord, und er selber wird außenbords geschleudert. Verzweifelt schwimmt er hinter dem Floß her, und es ist ein Glück, daß das Segel weg war, sonst hätte er erlebt, was es heißt, seine einzige Rettungsmöglichkeit nach Lee davontreiben zu sehen. Doch es gelingt ihm, das Floß wieder zu erreichen, er schwingt sich drauf und kauert sich mittendrin hin, wo er sich am sichersten fühlt. Er ist jetzt ein Spielball von Wind und Wellen, aber immer noch in Sichtweite des Ufers.

Gerettet wird Odysseus durch das Dazwischentreten der Leukothea, der Weißen Göttin, einer Meeresgottheit, die vermutlich mit dem weißen Gischt zu tun hat, der bei hohem Seegang entsteht. »Ziehe die Kleider aus«, rät sie ihm. »Da, umhülle die Brust mit diesem heiligen Schleier; spring in die Flut und schwimme ans Ufer.« Sinnvollerweise erscheint die Göttin in der Gestalt einer Sturmmöwe. Nachdem sie ihm den Schleier und ihren Rat gegeben hat, taucht sie wieder unter – ganz wie eine Möwe zu tun scheint, wenn ein Wogenschwall sie dem Blick entzieht. Der Zauberschleier ist ein dichterischer Zug, doch im übrigen ist der Ratschlag der Weißen Göttin durchaus stichhaltig. Das Ufer ist in Sicht, das Floß wird nicht mehr lange standhalten, und das beste, was Odysseus tun kann, ist, sich seiner schweren Kleider zu entledigen. Daß sie ihn beschwerten, wird im Text schon erwähnt, als er über Bord geschwemmt wird. Offenbar findet Odysseus, es sei besser, er entledige sich der Kleider und schwimme an Land.

Er ist im Begriff, es zu tun, als er sich nochmals besinnt;

angesichts des doch ziemlich fernen Ufers beschließt er, so lange als möglich auf dem Floß zu bleiben, in der Hoffnung, es werde unterdessen näher ans Ufer herangetrieben. Doch kurz darauf bäumt sich eine gewaltige See über dem Floß auf und bricht binnenbords. Unter dem Aufprall der Sturzsee geht das Fahrzeug aus den Fugen. Odysseus wirft die Kleider ab, wickelt sich den Schleier um den Leib und hält sich an einer der Planken fest.

Die erste Wucht des Sturms ist vorüber. Die Kreuzseen beruhigen sich. Zwei Tage und Nächte lang treibt Odysseus auf seiner Planke vor dem stetigen Nordwind dahin. Doch »als nun die Morgenröte des dritten Tages emporstieg, siehe, da ruhte der Wind, und von heiterer Bläue des Himmels glänzte die stille See«. Jetzt erlebte er, wie wunderbar es sein kann, sich die Sonne warm auf den Rücken scheinen zu lassen und zu spüren, wie wieder Leben in die vom Wasser schrumplige Haut kommt, während sich darauf eine weiße Salzschicht bildet. Aber auch so war seine Not noch nicht zu Ende, denn die Küste, auf die er zutrieb, war steil und felsig. Da waren weder Strand noch Bucht, wo er an Land gehen konnte.

Die hohe Dünung, die der Sturm hinterlassen hatte, donnerte gegen eine unzugängliche Küste, zerbarst zu Sprühwasser, das dann als Dunstschleier in der Luft schwebte. Zerklüftete Felsen säumten eine senkrechte Steilwand. Er geriet bereits in die tosende Brandung und verspürte unter sich den Sog der Widersee. Ein Brecher hob ihn empor und trug ihn auf die Klippen zu. Indem er die Planke fahren ließ, gelang es ihm, von der Brandungswelle klarzukommen und sich an einem vorspringenden Felsstück festzuhalten. Kurz darauf, als die Welle zurückrollte, wurde er von dem Fels losgerissen und seewärts davon geschwemmt. Wie die Kiesel an den Saugnäpfen eines Tintenfischs hängen bleiben, wenn er aus seinem Felsenloch herausgerissen wird, »also blieb an dem Fels von den angeklammerten Händen abgeschunden die Haut...«

Die Widersee schwemmte Odysseus aus dem Bereich der Brecher hinaus. Er vermochte die Küste entlang zu schwimmen, ohne nochmals von der Brandung erfaßt zu werden. Plötzlich bemerkte er eine Veränderung an der Wasseroberfläche vor ihm – das Wasser fühlte sich wohl auch anders an. Kühler war es, von dem Fluß, der hier ins Meer mündete. Wo aber ein Fluß einmündet, ist stets auch ein Zugang zum Land vorhanden; und wo immer ein Fluß einmündet, glättet er die vorhandenen Wogen.

Odysseus schwamm landeinwärts, in die Mündung des Süßwasserflusses hinein. Endlich war er in Sicherheit. Nach neunzehn Jahren setzte er zum erstenmal wieder seinen Fuß auf eine der Ionischen Inseln.

DAS LAND DER PHÄAKEN

»Dunkel erschien ihm das Land, wie ein Schild, im Nebel des Meeres...« So lautet die Beschreibung der Insel Scheria, der Heimat der Phäaken, wie sie Odysseus von seinem Floß aus zuerst erblickte. Eine Insel so groß wie beispielsweise Sizilien hätte nie mit diesen Worten beschrieben werden können. Sie deuten darauf hin, daß die ganze Insel in Sicht ist, beiderseits vom Meer eingerahmt. Auch auf Ustica, Stromboli, Monte Circeo oder sonst eine der in der »Odyssee« vorkommenden Inseln hätte diese Beschreibung nicht gepaßt. Ustica ließe sich mit einem Helm vergleichen; Stromboli ist ein Feuerkegel, und Monte Circeo eine Brust. Bei einem »Schild« denkt man an eine allmähliche Wölbung, mit einem Buckel in der Mitte, nach allen Seiten abfallend. Genauso sieht Korfu aus, wenn man es von Westen oder Nordwesten her ansteuert, mit dem 914 Meter hohen Pandokrator als Buckel des Schildes. Im Altertum war Korfu auch unter dem Namen Drepanon, die Sichel, bekannt, da es mondsichelförmig der albanischen Küste zugekehrt liegt. Ich bin vom Absatz Italiens aus nach Korfu gesegelt und kann den Homerischen Vergleich bestätigen. Er ist ebenso treffend wie anschaulich.

Wie aus dem Text deutlich genug hervorgeht, befand sich Odysseus nach Überquerung des Ionischen Meers etwas nördlich der Insel, als er zum erstenmal wieder Land sichtete. Nun sind aber die Gewässer nördlich von Korfu höchst tückisch; sie liegen in der Mündung der Adria, und wenn die Bora weht, wälzen sich eine hochgehende See und eine gewaltige Dünung heran und werfen sich gegen die Insel. Genau unter diesen Umständen wurde das Floß des Odysseus zertrümmert und er selber weggeschwemmt, um zuerst auf einer der vielen Klippen zu landen, die die Nordwestküste der Insel umsäumen. Die Steilküste, wie sie im Text beschrieben wird, könnte Akra Angelokastro gewesen sein, die, wie es im Segelhandbuch heißt, »in steilen Felswänden aus dem Meer aufragt«. Die ganze Küste ist hier durch vorgelagerte Klippen und gischtig-weiße Inselchen gekennzeichnet.

Odysseus' Entschluß, sich außerhalb der anbrandenden Brecher zu halten, spricht für seinen gesunden Menschenverstand. Seit mehreren Tagen herrschte Sturmwind von Norden her. Die Oberflächenströmung trug deshalb dazu bei, Odysseus südwärts der Küste entlangzuschwemmen. Natürlich schwamm er mit dem Strom, und nach einer Weile geriet er in die Nähe einer kleinen Flußmündung. Dieser Fluß gehört zu den am leichtesten zu findenden Dingen in der ganzen »Odyssee«. Flüßchen oder auch nur Bäche sind nämlich in diesem Teil der Welt so selten, daß die Erwähnung eines solchen ein Indiz darstellt, wie es nicht einmal Dr. Watson hätte übersehen können.

Nach dem Text befindet sich dieser Fluß südlich der gefährlichen Steilküste im Norden der Insel. Er weist »nimmerversiegende Wasserbecken« auf und mündet an einem Punkt ins Meer, wo ein schöner Strand vorhanden ist. Odysseus, der sich ins Gebüsch verkrochen hatte und eingeschlafen war, wird am nächsten Tag von Gelächter und Frauenstimmen geweckt. Nausikaa und ihre Gehilfinnen sind gekommen, um Kleider zu waschen. Diese breiten sie dann zum Trocknen auf dem Kieselstrand aus und vergnügen sich nach getaner Arbeit am Flußufer mit Ballspiel.

Neunzehn Kilometer südlich der Akra Angelokastro, dem Nordwestkap von Korfu, befindet sich eine sanfte Einbuchtung, und in der Mitte dieser Bucht mündet der Ermones ins Ionische Meer. »Ormos Ermones, mit einer etwa 800 Meter breiten Einfahrt, liegt etwas nördlich der Akra Ayios Yeoryios; ein Flüßchen durchläuft ein fruchtbares Tal und mündet in die Mitte dieser Bucht ein...« Es ist eine der reizvollsten Gegenden im Mittelmeer und die einzige auf Korfu, die der Beschreibung im Text entspricht. Außerdem ist es genau der Ort, wo einer, von einer nördlichen Dünung geschoben, an Land gespült würde. Kein vernünftiger Mensch wird unter den genannten Umständen versuchen, an der Nordwestküste von Korfu zu landen, wo er unfehlbar zerschmettert würde. Doch wo könnte man einen günstigeren Landungsplatz finden als in der Bucht von Ermones – an einer Flußmündung, mit einem sicheren Strand nahebei.

Mit seiner Ankunft auf der Insel Scheria sind für Odysseus die langen Jahre der Mühe und Not vorüber. Gleichzeitig ist es für den Abschluß meiner geographischen Schlußfolgerungen wesentlich, daß es mit der Bestimmung Korfus als der Insel Scheria seine Richtigkeit hat. Nachdem ich über das Ionische Meer hierher gesegelt bin, wobei ich mich der Insel von Norden her näherte, und nachdem ich die ganze Westküste Korfus entlanggefahren bin – sogar rings um die Insel herum –, leidet es für mich nicht den geringsten Zweifel, daß dies das Land der Phäaken ist. Dabei ist es beruhigend, sich mit den alten Schriftstellern im Einklang zu wissen. Im Altertum war man fast ebenso einstimmig der Meinung, Scheria sei mit Korfu gleichzusetzen, wie man Skylla und Charybdis mit der Straße von Messina gleichsetzte, oder, was das anbetrifft, Troja mit der Gegend, wo Schliemann es dann gefunden hat.

Es gibt Leute, die sich ungern mit dem Selbstverständlichen abfinden, man denke an die Anhänger der abgeschmackten Theorie, nach welcher Bacon die Stücke Shakespeares geschrieben hat. Thukydides indessen zweifelte nicht daran, daß mit Scheria die Insel Korfu gemeint war, ebensowenig wie Strabon. In neuerer Zeit hat Alexander Shewan darüber geschrieben: »Nach dem Text besteht kein Grund zur Annahme, daß mit Scheria und den Phäaken etwas Überwirkliches gemeint war. Hier trete ich dafür ein, daß das Bild nicht erfunden ist, daß der Dichter ein Volk beschrieb, das auf Erden wohnte, und daß Bérard recht hatte, wenn er es, wie schon die Alten, der Insel Korkyra zuwies.« Ich finde, wenn Nausikaa etwas Überwirkliches an sich haben soll, dann kann man geradesogut die ganze Weltliteratur ins Feuer werfen.

In der Ermonesbucht gibt es viele Olivenbäume, und unter einen Olivenbaum schleppte sich Odysseus, bevor er einschlief. Die Wasserbecken, in die der Ermones stürzt, wurden in neuerer Zeit benutzt, um Mühlräder anzutreiben, doch sind sie wohl von Frauen schon immer für die große Wäsche benutzt worden. Ich bin diesen Becken entlang bis an die Flußmündung hinuntergeklettert. Der Strand besteht aus Sand und Kieseln, und ich bin überzeugt, daß hier Nausikaa und ihre Gehilfinnen die Kleider zum Trocknen auslegten.

Mit der Stadt der Phäaken verhält es sich genauso, wie Nausikaa sie dem Odysseus schilderte: »An jeglicher Seite ist ein trefflicher Hafen, und die Einfahrt ist schmal.« Sie liegt etwa zwölf Kilometer entfernt, an der Ostküste Korfus. Dort findet man die zwei natürlichen Häfen beiderseits von Garitsa, der modernen Vorstadt von Korfu. Der eine eignet sich für die Sommermonate, der andere ist das ganze Jahr hindurch geschützt. Und hier war es, in dem schon lange verschwundenen Palast des Königs Alkinoos, wo Odysseus die Geschichte seiner Irrfahrten erzählte.

Von der bezaubernden Nausikaa eingeführt, wird Odysseus, Städteverwüster und Urbild aller Fahrensleute, am Hofe ihres Vaters begrüßt und bewirtet. Hier wird ihm die Heimkehr in einem der Schiffe der Phäaken zugesichert. Dieses ist offenbar bedeutend größer als das, in welchem er im Mittelmeer umhergetrieben wurde. Es hat zweiundfünfzig Ruderer (sechsundzwanzig auf jeder Seite), ist aber insofern seinem eigenen ähnlich, als es »schwarz« oder geteert ist, Lederschlingen für die Riemen hat und ein weißes Rahsegel.

Ob die Phäaken frühe phönizische Siedler waren, wie behauptet worden ist, ändert nichts an meiner Überzeugung, daß wir es bei Korfu mit dem Homerischen Scheria zu tun haben. Es ist klar, daß Korfu, am Eingang vom Ionischen ins Adriatische Meer, in beherrschender Stellung an dem Kanal zwischen der Insel und Albanien, und mit Zugang zum Handelsweg nach Süditalien, von jeher eine bedeutende Rolle spielte. Wozu hätten es sonst die Briten im 19. Jahrhundert zur Hauptstadt ihrer sogenannten »Republik der Ionischen Inseln« gemacht? Korfu ist fruchtbar wie keine andere der Ionischen Inseln, und an der Beschreibung der üppigen Schönheit Scherias ist nichts, was sich nicht auch von dem heutigen Korfu sagen ließe.

Nachdem er sich erholt hatte, geht Odysseus an Bord des Schiffes, das ihm König Alkinoos zur Verfügung gestellt hat. Nach all den Jahren der Not, nachdem er vom Befehlshaber eines Geschwaders von zwölf Schiffen zu einem verlassenen Schiffbrüchigen herabgekommen war, soll er nun nach seinem geliebten Ithaka zurückgebracht werden. »Da stieg er hinein und legte sich schweigend auf sein Lager. Nun setzten sich alle hin auf die Bänke, nach der Ordnung, und lösten das Seil vom durchlöcherten Steine.« Zum erstenmal in seinem Leben Fahrgast, überließ Odysseus andern die Führung des Schiffs und machte es sich bequem. Ein wunderbar tiefer Schlaf, »fast dem Tod zu vergleichen«, schloß ihm die Augen, während die Ruderer sich in die Riemen legten. Das große Schiff, mehr wie die Galeeren der Phönizier als wie die einfachen Langboote, die Odysseus kannte, zog den Kanal von Korfu hinunter.

Sie kamen nachts an Paxos und Antipaxos vorbei, zwei grauen Buckeln, auf denen sich die knorrigen Olivenbäume wie Ringkämpfer an den kargen Boden klammern. Jahrhunderte später, zur Zeit des Tiberius, hörte der Führer eines nach Italien gehenden Schiffes vor Paxos die Worte, die das Ende der heidnischen Welt verkündeten. Er hieß Tammuz, und als er in nächtlicher Stille hier vorüberfuhr, rief ihm eine Stimme zu: »Tammuz! Tammuz! Der große Pan ist tot!« Von dieser Zeit an verstummten die Orakel. Doch als der schlafende Odysseus hier vorüberkam, sprachen die Götter noch aus jeder Grotte, jedem Fels. Sie offenbarten sich im Flug der Vögel, in der Art, wie der Nebel sich von einer Bergkuppe hob, in den Delphinen und den gischtgekrönten Wellen, überhaupt in jeder Stimmung und Bewegung der See. Odysseus selber erfüllte ein Orakel, als er »allein, auf fremdem Schiff, nach zwanzig Jahren der Irrfahrt« nach Ithaka zurückkehrte.

Sie näherten sich dem weißen Steilufer am äußersten Vorgebirge von Leukas, und dann tat sich die schmale Durchfahrt zwischen Ithaka und Kephallenia vor ihnen auf. Sie hielten nach Backbord, um den Hafen am Ostufer von Ithaka zu erreichen. Die Nacht begann dem Tage zu weichen, und von der zerklüfteten Insel her kam der Duft von Tannen und feuchtem Gras. »Als nun östlich der Stern mit funkelndem Schimmer emporstieg, welcher das kommende Licht der Morgenröte verkündet«, setzten die Phäaken ihr Schiff in der Bucht des Phorkys auf Ithaka ans Ufer.

Auf dem wahrscheinlichsten Weg (landwärts an Paxos und Antipaxos vorbei und durch den Kanal zwischen Leukas und Ithaka) beträgt die Entfernung zwischen Korfu und Ithaka etwa siebzig Meilen. Eine große Galeere konnte die Strecke ohne weiteres in einer Nacht bewältigen. Wir wissen es zwar nicht genau, wann sie von Korfu ablegten, aber offenbar war es am Abend, da die Sonne gerade untergegangen war, als Odysseus den König Alkinoos bat, ihn ziehen zu lassen. Bei dem hier üblichen, nach Süden setzenden Strom und dem vorherrschenden Nordwind liegt eine zwölfstündige Fahrt in einer schnellen Galeere durchaus im Bereich der Möglichkeit. Die Phäaken ruderten nicht nur, sie setzten auch ihr Segel. Wenn ihnen Wind und Strom zustatten kamen, konnten sie leicht die erforderlichen sechs oder sieben Knoten Fahrt machen.

Die Phäaken legten den schlafenden Helden in der Bucht des Phorkys auf den Sand. Endlich in Sicherheit, im zwanzigsten Jahr, nachdem er Penelope und den kleinen Telemach verlassen hatte, befand sich Odysseus wieder auf Ithaka.

Nachdem sie ihre gute Tat vollbracht hatten, gingen die Phäaken wieder an Bord und traten die Rückfahrt an. Doch als sie sich schon dem Hafen von Scheria näherten, tauchte Poseidon auf, rachsüchtig bis zuletzt, und versteinerte ihr Schiff, weil sie seinem Erzfeind Odysseus geholfen hatten. Wer Gefallen findet an solchen Geschichten, kann Pondikonisi, die Mausinsel, immer noch dort sehen; sie liegt unmittelbar vor der Einfahrt in den alten phäakischen Hafen. Schaut man am Abend zu ihr hinaus, wenn die Sonne gerade hinter die Hügel von Korfu gleitet, kann man sich ohne weiteres einbilden, es sei ein in den Hafen einlaufendes Schiff. Doch hat man das versteinerte Schiff der Phäaken ohne Schwierigkeit auch an manch anderen Orten gefunden. Samuel Butler fand es vor Trapani. Es ist begreiflich, daß gewisse kleine Inselchen an versteinerte Boote gemahnen, selbst wenn man nicht nach solchen Ausschau hält.

Als Odysseus schließlich erwachte, sah er die Hügelpfade seiner Heimat, die schmalen Buchten und den hohen, bewaldeten Gipfel des Neriton. Das Wiedersehen mit Penelope und Telemachos und die Rache an den Freiern standen ihm noch bevor. Doch seine Fahrt war zu Ende. Mit den zerfurchten Händen, der Narbe am Oberschenkel, dem vorspringenden Spitzbart und dem unbezähmbaren Herzen steht er da auf dem kahlen Boden seiner Heimatinsel – Odysseus, wo er hingehört.

DIE BLUMEN DES MEERES

Am Schluß der »Odyssee« steht ein siegreicher Odysseus, der die Freier umgebracht hat und von den Ithakern als Herr anerkannt wird. Er ist wieder mit Penelope vereint, mit Telemachos und dem alten Laertes. Der Held hat sich auf seinen Sockel geschwungen, und man könnte meinen, daß über ihn weiter nichts zu sagen bleibt. »Und wenn er nicht gestorben ist...«

Doch die Geschichte von Odysseus, dem großen Fahrensmann, hat so von uns Besitz ergriffen, daß man ihn nicht in Ruhe lassen konnte. Infolgedessen sind über sein Alter und seinen Tod immer wieder Mutmaßungen angestellt worden.

Nichts im Text läßt darauf schließen, daß Odysseus etwas anderes als ein glückliches und geruhsames Alter beschieden war. Als Teiresias am Ende der Welt über die dunkle Opfergrube hinweg zu ihm sprach, weissagte er ihm: »Zuletzt wird außer dem Meere kommen der Tod und dich, vom hohen behaglichen Alter Aufgelösten, sanft hinnehmen, wenn ringsum die Völker froh und glücklich sind. Nun habe ich dein Schicksal verkündet.«

Nach späteren Erzählern fand Odysseus indessen ein gewaltsames Ende, umgebracht von Telegonos, Kirkes Sohn, der auf der Suche nach seinem Vater auf Ithaka landete, ihn aber nicht erkannte, als er ihn sah. (Hier haben wir eine Parallele zur Ödipusfabel, da Telegonos nachher Penelope geheiratet haben soll.) Nach einer andern Sage soll Odysseus später von Ithaka auf das Festland verbannt worden sein, wo er starb. Keine dieser Fortsetzungen der Geschichte braucht uns zu beschäftigen, da sie nichts mit Odysseus, dem großen Fahrensmann, zu tun haben, der heimkehrte, um sein Inselreich zurückzuerobern.

Nur wenn die weitere Ausgestaltung der Geschichte von einem großen Dichter stammt, verdient sie unsere Beachtung. Hier möchte ich dem beipflichten, was Keats einst Leigh Hunt gegenüber äußerte: »Wenn ein Dichter wie Dante eine Geschichte aus dem Altertum bereichert oder fortführt, hat er ein Recht, als klassische Autorität betrachtet zu werden. Wenn er uns zum Beispiel in einem der Gesänge des ›Inferno‹ von dem charakteristischen Tod des Odysseus erzählt, sollten wir die Mitteilung als authentisch anerkennen und froh sein, daß wir mehr von Odysseus erfahren, als wir erwarteten...«

Als Dante in das Inferno hinabstieg, fand er Odysseus unter den falschen Ratgebern und Ränkeschmieden. Zu seinen namentlich bezeichneten Sünden gehörte es, daß er das Palladium geraubt, die Kriegslist mit dem hölzernen Pferd ersonnen und Achill von Skyros weggelockt hatte. Dennoch war Odysseus offenbar eine Gestalt, für die Dante größte Achtung empfand, und die Stelle, wo er ihm in der Hölle begegnet, ist eine der schönsten in dem ganzen Werk. Sie hat auf Tasso und Tennyson weitergewirkt und dazu beigetragen, daß Odysseus für alle Zeiten zum Urbild des Ewigen Weltenwanderers, des menschlichen Forschergeistes wurde.

Dante sieht da eine Doppelflamme herankommen, von denen die eine Diomedes umhüllt, der beim Raub des Palladiums mithalf, während die andere Odysseus birgt. Er wird als »das größere Horn« der gespaltenen Flamme bezeichnet.

»Das größere Horn an der antiken Flamme
begann zu flackern, und es flüsterte,
wie wenn vom Winde heftig es bewegt,

Und so die Spitze hin und wider führend,
als wäre es die Zunge, die da redet',
gab's eine Stimme von sich, sprechend ...«

Die Flammenzunge, die Odysseus ist, erzählt Dante, wie er von Kirke zwölf Monate bei Gaeta festgehalten wurde und wie dann nach seiner Heimkehr

»Nicht Liebe zu dem Sohn, und nicht Verehrung
des alten Vaters, nicht die Gattenliebe,
an der Penelope sich freuen sollte,

Vermochten mir den heißen Drang zu löschen,
der mich die Erde zu erforschen trieb,
der Menschen Sünden und der Menschen Wert.«

Er ging wieder auf See und fuhr westwärts, an Sardinien vorbei zur marokkanischen Küste und schließlich nach Spanien und den Säulen des Herakles. Dort fuhr er auf den Atlantischen Ozean hinaus und wandte sich nach Süden, um der Küste Afrikas entlangzuhalten. Dante, der im 14. Jahrhundert mit all seinen neuen geographischen Kenntnissen schrieb, war in der Lage zu schildern, wie des Nachts das Kreuz des Südens über den Horizont heraufkam und wie der Polarstern, nach dem Odysseus sich bisher immer gerichtet hatte, außer Sicht geriet. Immer weiter südwärts segelte Odysseus, bis schließlich voraus der Läuterungsberg auftauchte.

»Wir freuten uns, doch sollten bald wir weinen,
ein Wirbelsturm kam von der neuen Erde,
der schlug die vordre Spitze unsres Schiffs,

Dreimal dreht er's herum mit allen Wassern,
beim vierten hob's den hintern Teil nach oben,
den Bug nach unten – wie's ein andrer wollte –,

Und dann schlug über uns das Meer zusammen.«

Übertragen von Ida und Walther von Wartburg

Man muß sich der Meinung von Keats, von Dante, von Tasso und von Tennyson anschließen, daß dieses Ende Odysseus auf den Leib geschrieben scheint. Was immer seine Mängel waren, und er hatte deren viele, er gehörte nicht zu denen, die sich ohne Not zur Ruhe setzen.

Von dem Halbgott, wie er im Altertum auf seinem heimatlichen Ithaka verehrt wurde, sollte er zum Urbild menschlichen Forschungstriebes werden. Man meint seinen gewaltigen Schatten hinter zahllosen Künstlern auftauchen zu sehen. Von der Romantik an wird Odysseus zu der Gestalt, an welcher der Mensch sich mißt. Aus Dichtern, die zeitlich und auch innerlich so weit auseinanderliegen wie Byron und Matthew Arnold, Baudelaire und Rimbaud, ist etwas von seiner Stimme herauszuhören. Bei Byron wehmütig:

»So, we'll go no more a-roving
so late into the night...«

Bei Arnold neidvoll:
»Yet on he fares, by his own heart inspired.«

Bei Baudelaire bewundernd:
»Mais les vrais voyageurs sont ceux-la seuls qui partent pour partir...«

Bei Rimbaud mit der Gewißheit dessen, der es ihm gleichzutun gedenkt:
»Mais pourquoi regretter un éternel soleil, si nous sommes engagés à la découverte de la clarté divine – loin des gens qui meurent sur les saisons.«

Odysseus ist zu einem Bestandteil des allgemeinen Bewußtseins geworden, und auch wer die »Odyssee« nie gelesen hat, mag dennoch seine Nähe schon einmal verspürt haben. »Ich verliere zwar die Früchte der Erde«, schrieb Admiral Boscawen während des Siebenjährigen Krieges, »aber ich pflücke dafür die Blumen des Meeres.« Daß die Fahrensleute aller Länder und aller Zeiten in Odysseus ihr Vorbild gefunden haben, ist nicht erstaunlich. Er ist jedoch zur Verkörperung eines Dranges geworden, der weit vielschichtiger ist als die bloße Bezwingung der Meere. Mit den Worten Henri Bergsons: »Ich kenne nur ein Verfahren, um herauszufinden, wie weit man kommen kann, nämlich aufzubrechen und hinzukommen.«

Die »Odyssee« kann als Dichtung von mancherlei Seiten angegangen werden. Mir lag lediglich daran, den Nachweis zu führen, daß die von Homer beschriebenen Fahrten ihren Ursprung in feststellbaren Tatsachen gehabt haben. Ich habe die besten Jahre meines Lebens auf dem Mittelmeer verbracht, ohne jede Absicht, jemals in die heiligen Gefilde der Altertumswissenschaft einzubrechen. Es verhielt sich lediglich so, daß ich im Laufe dieser Jahre immer wieder die Erfahrung machte, daß ich Häfen, Ankerplätze, Inseln und Küstenstriche auf einmal mit andern Augen als den meinen sah. Ein Erlebnis, zuweilen so unheimlich, als hätte mir jemand plötzlich ein fremdes Fernglas vor die Augen geschoben, um mir eine neue und schärfere Anschauung von etwas zu geben, das ich für altbekannt gehalten hatte. Phantastisch? Gewiß, aber es ist meine, vielleicht unzeitgemäße, Meinung: »Die Phantasie kann mit Adams Traum verglichen werden – als er aufwachte, war alles Wirklichkeit.«

Odysseus hatte den Lichtklicks im Olivengezweig fern von Ithaka gekannt, die schwarze Schnauze der Tümmler, wenn sie längsseit mit heiserem Laut hoch heraus-rundeten, den Duft von Feigen und Trauben, vom Wind herangetragen, und die Sterne, groß wie Monde in heißen, stillen Nächten. Er hatte die Sirenen singen hören, über den Katzenpelz einer herbstlichen See herüber. Er hatte den Sand einsamer Inseln gekannt, getrieben wie gehämmertes Kupfer, und wenn er von seinem Boot in wildfremden Buchten in die Tiefe schaute, hatte er unter den mit Seegras bewachsenen Felsstücken seltsam bunte Fische sich bewegen sehen. Die Glätte sizilianischen Bernsteins hatte er zwischen den Fingern verspürt, und als Liebhaber wie auch als heiliger König hatte er die Geheimnisse der Tiergöttin und der großen Erd-Mutter erfahren.

»Denn jedes Trachten hat mich reicher gemacht als der – ohnehin falsche – Besitz dessen, wonach ich trachtete.« Ich glaube nicht, daß er zufrieden war. Eines Nachts schoben sie das schwarze Schiff ins Wasser hinunter und warfen die Ankertrosse los vom durchlöcherten Steine. Sie richteten die Augen des Schiffs nach Westen, setzten sich der Reihe nach hin und schlugen das graue Meerwasser.

Literatur

Bérard, V., Did Homer Live? trad. B. Rhys, 1931
Bérard, V., Introduction à l'Odyssée, 3 Bde., 1924
Bérard, V., Les navigations d'Ulysse, 5 Bde., 1929
Browne, H., Handbook of Homeric Study, 1905
Butler, S., The Authoress of the Odyssey, 1897
Dörpfeld, W., Alt-Ithaka, 1927
Farrington, B., Samuel Butler and the Odyssey, 1929
Finley, M.I., The World of Odysseus, 1956
Gell, Sir W., Topography and Antiquities of Ithaca, 1807
Graves, R., The Greek Myths, 1955
Gruppe, O., Griechische Mythologie, 1906
Guerber, H.A., The Myths of Greece and Rome, 1929
Harrison, J.E., Myths of the Odyssey – Art and Literature, 1882
Hole, R., Essay on the Character of Ulysses, 1807
Jebb, Sir R., Introduction to Homeric Studies, 1887
Kerényi, K., Die Mythologie der Griechen, 1951
Larousse Encyclopaedia of Mythology, 1959
Leaf, W., Homer and History, 1915
Lorimer, H.L., Homer and the Monuments, 1950
Page, D.L., The Homeric Odyssey, 1942
Rodd, Sir R., Homer's Ithaca, 1927
Schliemann, H., Ithaka, der Peleponnes und Troja, 1869
Shewan, A., Homeric Essays, 1935
Taylor, E.G.R., The Haven-Finding Art, 1956
Thomson, J. A.K., Studies in the Odyssey, 1914
Wace, A.J.B. und Stubbings, F.H. (ed.), A Companion to Homer, 1962
Webster, T.B.L., From Mycenae to Homer, 1958
Whitman, C.H., Homer and the Homeric Tradition, 1958
Admiralty, Hydrographic Dept., Mediterranean Pilot, Bd. I-IV, 1951-1957

Stammtafel des Odysseus

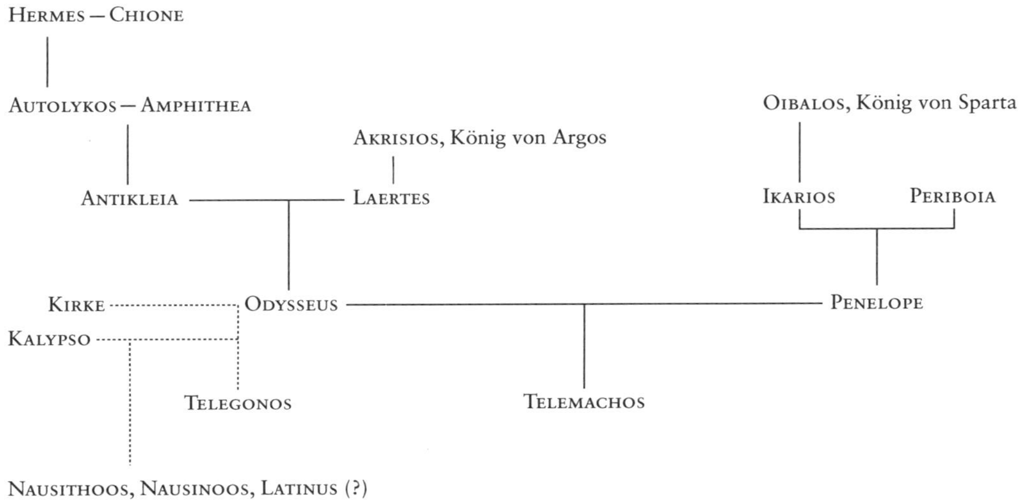

ZEITTAFEL
DER FAHRTEN DES ODYSSEUS

Untergang Trojas ca 1200 v. Chr.

1. Jahr. Frühling (?)

Odysseus verläßt Troja und überfällt Ismaros, die Stadt der Kikonen, in Thrakien.

Mit stürmischem Nordwind kommt er südwärts durch die Ägäis.

Er versucht, um Kap Malea herum nach Ithaka zu gelangen, wird aber neun Tage lang über das Mittelmeer abgetrieben.

Am 10. Tag gelangt er zum Land der Lotosesser.

Sommer

Von dort läuft er fast sofort wieder aus und segelt nach dem Land der Zyklopen, wo er auf der Ziegeninsel landet.

Begegnung mit Polyphem; sechs seiner Gefährten finden den Tod.

Er verläßt die Ziegeninsel und gelangt zur Insel des Äolus, wo er einen Monat lang bleibt.

Er läuft bei günstigem Westwind aus und ist neun Tage unterwegs, bis er am 10. Tag seine Heimat sichtet.

Durch widrige Winde abgetrieben, kehrt er wieder zur Insel des Äolus zurück.

Sechs Tage lang rudert sein Geschwader über das Mittelmeer und gelangt am 7. Tag zum Land der Lästrygonen.

Schiffe und Mannschaft werden von den Lästrygonen vernichtet, mit Ausnahme von Odysseus' Schiff und Mannschaft.

Herbst

Nach einiger Zeit gelangt er zur Insel der Kirke.

Ende des 1. Jahres

Er verbringt mit seinen Leuten den Winter an Land.

2. Jahr. Frühling

Aufenthalt auf Kirkes Insel.

Sommer

Fahrt zu den Säulen des Herakles und zurück zu Kirkes Insel.

Herbst (September?)
Er kommt an den Sirenen und an den Irrenden Klippen vorbei.
Skylla und Charybdis.
Er läuft in eine geschützte Bucht auf der Insel des Sonnengottes ein.
Einen Monat lang weht Südwind und danach nichts als südliche und östliche Winde.

Spätherbst/ Anfang Winter
Er verläßt die Insel des Sonnengottes, und sein Schiff geht in einem Sturm unter.

Winter
Die ganze Nacht hindurch wird er auf einem Behelfsfloß zu Skylla und Charybdis zurückgetragen.

Ende des 2. Jahres
Er wird aus dem Bereich von Skylla und Charybdis hinweggeschwemmt und treibt neun Tage dahin; am 10. Tag wird er auf Kalypsos Insel verschlagen.

3.-9. Jahr
Odysseus wird sieben Jahre lang auf Kalypsos Insel festgehalten.

10. Jahr Sommer (?)
Er verläßt Kalypsos Insel auf einem Floß. Siebzehntägige Fahrt. Am 18. Tag sichtet er Scheria, das Land der Phäaken. Sein Floß wird in einem Sturm zertrümmert; zwei Tage und Nächte lang treibt er auf einer Planke dahin. Am Morgen des 3. Tages wird er an einer Flußmündung an Land gespült.
Odysseus verläßt Scheria und wird nach einer nächtlichen Fahrt auf Ithaka ausgebootet.

Zu dieser Ausgabe

insel taschenbuch 2508: Der vorliegende Band folgt der Ausgabe: Ernle Bradford, Reisen mit Homer. Auf den wiederentdeckten Fährten des Odysseus zu den schönsten Inseln, Küsten und Stätten des Mittelmeers. Einzig berechtigte Übertragung aus dem Englischen von Fritz Güttinger. Scherz Verlag, Bern, München, Wien 1964 und 1989. Titel der Originalausgabe: Ulysses Found. © 1963 by Ernle Bradford. Fotografien der Farbtafeln: Miquel Gonzalez, Frank Tophoven (2), Hedda Eid, Martin Kirchner, Gernot Huber, Gerd P. Müller, R. Celentano; sämtlich: laif. Umschlagfoto: IFA-Bilderteam.

Literatur und Reisen
im insel taschenbuch

Alt-Prager Geschichten. Gesammelt von Peter Demetz. Mit Illustrationen von Hugo Steiner-Prag. it 613

Alt-Wiener Geschichten. Gesammelt von Joseph Peter Strelka. Mit sechs farbigen Abbildungen. it 784

Ernst Batta: Römische Paläste und Villen. Annäherung an eine Stadt. Mit zahlreichen Abbildungen. it 1324

Bodensee. Reisebuch. Herausgegeben von Dominik Jost. Mit zahlreichen Abbildungen. it 1490

Bonn. Ein Städte-Lesebuch. Herausgegeben von Doris Maurer und Arnold E. Maurer. Mit zahlreichen Abbildungen. it 1224

Budapest. Reisebuch. Herausgegeben von Wilhelm Droste, Susanne Scherrer und Kristin Schwamm. Mit zahlreichen Fotografien. it 1801

Friedrich Dieckmann: Dresdner Ansichten. Spaziergänge und Erkundungen. Mit farbigen Fotografien. it 1766

Dresden. Ein Reisebuch. Herausgegeben von Katrin Nitzschke. Unter Mitarbeit von Reinhard Eigenwill. Mit zahlreichen Abbildungen. it 1365

Flandern. Lesarten einer Stadt. Herausgegeben von Werner Jost und Joost de Geest. it 1254

Florenz. Lesarten einer Stadt. Herausgegeben von Andreas Beyer. Mit zahlreichen Illustrationen. it 633

Florida. Reisebuch. Herausgegeben von Katharina Frühe und Franz Josef Görtz. Mit zahlreichen Abbildungen. it 1492

Theodor Fontane: Jenseit des Tweed. Bilder und Briefe aus Schottland. Mit zahlreichen Abbildungen und einem Nachwort herausgegeben von Otto Drude. it 1066

– Ein Sommer in London. Mit einem Nachwort von Harald Raykowski. it 1723

Georg Forster: Reise um die Welt. Herausgegeben und mit einem Nachwort von Gerhard Steiner. it 757

Frankfurt. Reisebuch. Herausgegeben von Herbert Heckmann. Mit zahlreichen Abbildungen. it 1438

Johann Wolfgang Goethe: Italienische Reise. Mit vierzig Zeichnungen des Autors. Herausgegeben und mit einem Nachwort versehen von Christoph Michel. it 175

Johann Wolfgang Goethe: Tagebuch der Italienischen Reise 1786. Notizen und Briefe aus Italien. Mit Skizzen und Zeichnungen des Autors. Herausgegeben und erläutert von Christoph Michel. it 176

– Kampagne in Frankreich 1792. Belagerung von Mainz. Herausgegeben und mit einem Nachwort von Jörg Drews. Mit zeitgenössischen Abbildungen. it 1525

158/1/12.96

Literatur und Reisen im insel taschenbuch

Walter Haubrich / Eva Karnofsky: Die großen Städte Lateinamerikas. Sechzehn Städtebilder. Von Walter Haubrich und Eva Karnofsky. Mit farbigen Fotografien. it 1601

Hamburg. Ein Städte-Lesebuch. Herausgegeben von Eckart Kleßmann. it 1312

Victor Hehn: Olive, Wein und Feige. Kulturhistorische Skizzen. Herausgegeben von Klaus von See unter Mitwirkung von Gabriele Seidel-Leimbach. Mit farbigen Abbildungen. it 1427

Heidelberg-Lesebuch. Stadt-Bilder von 1800 bis heute. Herausgegeben von Michael Buselmeier. it 913

Heinrich Heine: Italien. Mit farbigen Illustrationen von Paul Scheurich. it 1072

Hermann Hesse: Luftreisen. Berichte und Gedichte. Herausgegeben und mit einem Nachwort versehen von Volker Michels. Mit zahlreichen Abbildungen. it 1604

– Mit Hermann Hesse durch Italien. Ein Reisebegleiter durch Oberitalien. Mit farbigen Fotografien. Herausgegeben von Volker Michels. it 1120

– Tessin. Betrachtungen, Gedichte und Aquarelle des Autors. Herausgegeben von Volker Michels. it 1494

Mit Hermann Hesse reisen. Betrachtungen und Gedichte. Herausgegeben von Volker Michels. it 1242

Erhart Kästner: Griechische Inseln. Aufzeichnungen aus dem Jahre 1944. Mit einem Nachwort von Heinrich Gremmels. it 118

– Kreta. Aufzeichnungen aus dem Jahre 1943. Mit einem Nachwort von Heinrich Gremmels. it 117

– Ölberge, Weinberge. Ein Griechenland-Buch. Mit Zeichnungen von Helmut Kaulbach. it 55

– Ölberge, Weinberge. Die Stundentrommel vom heiligen Berg Athos. 2 Bände in Kassette. it 55/56

– Die Stundentrommel vom heiligen Berg Athos. it 56

Harald Keller: Die Kunstlandschaften Italiens. Toskana. Florenz. Umbrien. Rom. Lombardei. Emilia. Venedig. Zwei Bände in Kassette. Mit zahlreichen Abbildungen. it 1576

Kunstführer durch Sachsen und Thüringen. Herausgegeben von Katharina Flügel. Mit farbigen Abbildungen. it 1327

London. Eine europäische Metropole in Texten und Bildern. Herausgegeben von Norbert Kohl. it 322

158/2/12.96

Literatur und Reisen
im insel taschenbuch

Doris Maurer / Arnold E. Maurer: Literarischer Führer durch Italien. Ein Insel-Reiselexikon. Mit zahlreichen Abbildungen, Karten und Registern. it 1071

Günter Metken: Reisen durch Europa. Andere Wege zu Kunst und Kultur. Von Günter Metken. Mit zahlreichen Fotografien. it 1572

Mit Fontane durch die Mark Brandenburg. Herausgegeben von Otto Drude. Mit farbigen Fotografien von Christel Wollmann-Fiedler. it 1798

Mit Rilke durch das alte Prag. Herausgegeben von Hartmut Binder. Mit zahlreichen Abbildungen. it 1489

Michel de Montaigne: Tagebuch einer Reise durch Italien. Aus dem Französischen von Otto Flake. it 1074

Moskau. Ein literarischer Führer. Von Sigrun Bielfeldt. Mit zahlreichen Abbildungen. it 1382

München. Ein Lesebuch. Herausgegeben von Reinhard Bauer und Ernst Piper. Mit zahlreichen Abbildungen. it 827

Ernst Penzoldt: Sommer auf Sylt. Liebeserklärungen an eine Insel. Mit farbigen Zeichnungen des Verfassers. Herausgegeben von Volker Michels. it 1424

Potsdam. Ein Reisetagebuch. Herausgegeben von Doris Maurer und Arnold E. Maurer. Mit farbigen Abbildungen. it 1432

Prag. Ein Lesebuch. Herausgegeben von Jana Halamicková. Mit zahlreichen Abbildungen. it 994

Reisen durch Deutschland. Von Gustav Faber. Mit farbigen Fotografien. it 1595

Reisen mit Mark Twain. Für Reiselustige ausgewählt und zusammengestellt von Norbert Kohl. it 1594

Rom. Ein Städte-Lesebuch. Herausgegeben von Michael Worbs. it 921

Salzburg. Ein Städte-Lesebuch. Herausgegeben von Adolf Haslinger. Mit zahlreichen Abbildungen. it 1326

Schwarzwald und Oberrhein. Literarischer Führer. Herausgegeben von Hans Bender und Fred Oberhauser. Mit zahlreichen Abbildungen. it 1330

Sommerliebe. Zärtliche Geschichten. Für den Reisekoffer gepackt von Franz-Heinrich Hackel. it 1596

Südtirol. Ein literarisches Landschaftsbild. Herausgegeben von Dominik Jost. it 1317

Toskana. Ein literarisches Landschaftsbild. Herausgegeben von Andreas Beyer. Mit Fotografien von Loretto Buti. it 926

158/3/12.96